实战型电子商务系列"十二五"规划教材

李建忠　牟凤瑞　安　刚◎著

电子商务网站建设与维护

E-commerce Website Construction and Maintenance

清华大学出版社
北　京

内 容 简 介

本书系统介绍了电子商务网站建设基础知识、电子商务网站基本建站技术及电子商务网站后期维护三部分内容。全书采用模块化、任务驱动模式编写，从企业实际案例出发，通过真实的操作展示来归纳总结电子商务网站建设与维护的相关技术与步骤。所选案例由浅入深、循序渐进，从静态网站到动态网站，从简单网站到综合性网站，突出了"以建站流程为主线，以技能应用为核心"的特点。书中的每一个项目都精心设计了项目实训模块，有利于教师指导学生实训的开展，并通过对每个项目的重点和难点训练，帮助读者掌握电子商务网站开发的基本过程和方法。

本书可作为应用型本科院校和高职高专院校电子商务、计算机等相关专业学生的教材或教学参考书，还可供电子商务网站设计和开发人员参考使用。

图书在版编目（CIP）数据

电子商务网站建设与维护/李建忠，牟凤瑞，安刚著. —北京：清华大学出版社，2014（2023.9重印）
实战型电子商务系列"十二五"规划教材

ISBN 978-7-302-33956-4

Ⅰ. ①电… Ⅱ. ①李… ②牟… ③安… Ⅲ. ①电子商务-网站-高等学校-教材 Ⅳ. ①F713.36
②TP393.092

中国版本图书馆 CIP 数据核字（2013）第 222444 号

责任编辑：陈仕云
封面设计：刘　超
版式设计：文森时代
责任校对：张兴旺
责任印制：沈　露

出版发行：清华大学出版社
　　　　　网　　　址：http://www.tup.com.cn，http://www.wqbook.com
　　　　　地　　　址：北京清华大学学研大厦 A 座　　　邮　　编：100084
　　　　　社 总 机：010-83470000　　　　　　　　　邮　　购：010-62786544
　　　　　投稿与读者服务：010-62776969，c-service@tup.tsinghua.edu.cn
　　　　　质 量 反 馈：010-62772015，zhiliang@tup.tsinghua.edu.cn
　　　　　课 件 下 载：http://www.tup.com.cn，010-62788951-223
印 装 者：天津鑫丰华印务有限公司
经　　销：全国新华书店
开　　本：185mm×260mm　　　　印　　张：20.75　　　字　　数：477 千字
版　　次：2014 年 2 月第 1 版　　　　　　　　　　印　　次：2023 年 9 月第 16 次印刷
印　　数：37301～37700
定　　价：59.00 元

产品编号：048934-03

丛书编委会

特邀专家： 陈　禹　李　琪

主　　任： 宋文官

副 主 任： 方玲玉　冯英健

秘 书 长： 张　磊

委　　员：（排名不分先后）

商　玮（浙江经贸职业技术学院）

段　建（北京博导前程信息技术有限公司）

宋　卫（常州信息职业技术学院）

范小青（浙江经济职业技术学院）

胡宏利（西安文理学院）

邵兵家（重庆大学）

张　利（西安邮电大学）

王冠宁（陕西工业职业学院）

吴洪贵（江苏经贸职业学院）

肖　旭（广州民航职业学院）

盘红华（浙江经贸职业学院）

张仙峰（海南师范大学）

刘四青（重庆工商大学）

李琳娜（海南职业技术学院）

李　艳（太原城市学院）

李建忠（沧州师范学院）

孟　飞（东营市技师学院）

毕建涛（大连理工大学城市学院）

闫　寒（天津开发区职业技术学院）

王　桃（海南职业技术学院）

宫　强（沈阳市信息工程学校）

许　伟（武汉长江工商学院）

曹　晟（武汉东湖学院）

钟　莹（南宁市第一职业技术学校）

何　牧（南宁市第六职业技术学校）

黄　伟（广西职业技术学院）

覃其兴（广西银行学校）

梁春贤（广西卫生职业技术学院）

马继刚（江苏省徐州财经高等职业技术学校）

常　军（淮阴师范学院）

李　丽（江苏省扬州技师学院）

吕成文（江苏财经职业技术学院）

王　彤（浙江育英职业技术学院）

刘东明（中国电子商务协会 PCEM 网络整合营销研究中心）

史大展（中国投资网）

范　峰（速途网）

丛 书 序

伴随着信息技术的发展，电子商务服务手段不断创新、用户体验不断提升，加上资本力量的推动、引导，电子商务企业间的竞争日益加剧，市场格局不断变化，合作与竞争、利润与规模、细分与平台、综合与垂直、微创新与大颠覆，电子商务企业不断在博弈中选择，在选择中变化。然而，在这种变化中，电子商务专业人才成了企业追逐的热点。

培养适应电子商务发展需要的各类人才，是高等院校及培训机构的重要任务，它直接影响到未来经济的发展。然而，目前国内外对于电子商务专业课程体系的研究还处于初级阶段，特别是对于技能型人才培养模式的研究，与实际还有较大的距离。

因此，我们尝试使用案例式教学方法进行细致引导，使学生深入情景之中，将企业实际工作的具体步骤、策划思路以及实施细则呈现出来，既符合电子商务的特质，帮助学生举一反三地掌握模块化的专业技能，也满足实际教学的需要。之所以能有如此多的企业案例编写到本套教材之中，有赖于每年中国互联网协会主办、北京博导前程信息技术有限公司承办的中国网络营销大会的支持。也正是在网络营销大会上，形成了企业与院校交流、沟通、合作的平台与机制，让本套教材的内容更加丰富。

相对于传统案例教学，本套教材的内容组织具有以下特点。

1. 系统性。本套教材经过充分调研与挖掘，对电子商务的运作过程进行了结构优化。从硬件基础到策划、建站、运营、推广，系统涵盖了运作细节。

2. 现实性。本套教材以企业实际项目为依托，内容组织以企业实际完成的项目作为基点，在复述项目实施的过程中增加了教学思考，无论从操作步骤还是具体实施方法上，都能够让学生有所领会。所体现的内容不仅是企业电子商务运作中的实际情况，同时也是对学生思维过程的引导。

3. 实用性。本套教材以实战为基础，以案例为导向，对实训项目进行了改善，使之与案例内容遥相呼应，降低了实训的门槛，但达成的效果并没有打折扣，学生不仅要掌握每项技能，还需要学会团队协作。

本套教材的编写得到了诸多专家、企业家和一线教师的支持，感谢陈禹教授、李琪教授等专家的帮助，感谢诸多企业愿意分享他们的案例，企业名称不一一列举，最后感谢诸位老师的参与和执笔。

虽然经过作者的努力，教材中的内容仍然会有不足之处，还望各位读者批评指正，我们愿意将本套教材持续地完善下去，共同推动国内电子商务实践教学的快速发展。

丛书编委会主任

宋文官

前　言

作为互联网中最重要也最具活力的应用，电子商务已经渗透到各行各业。越来越多的传统企业选择了电子商务，企业因为电子商务的介入而改变了组织结构和运作方式，提升了集约化管理程度，得以实现高效经营。电子商务网站，尤其是营销型网站，作为企业的窗口，不仅能够实现产品的展示和企业形象的宣传，而且通过网站在线交易，能够降低企业经营成本，拓宽发展空间，提高企业内部的生产、管理和服务水平。"电子商务网站建设与维护"是电子商务专业的核心技术课程，通过本课程的学习，学生将掌握如何规划网站、建设网站与管理维护网站等相关知识和技能，从而为将来在各类企事业单位从事电子商务网站构建与维护等工作奠定坚实的基础。

全书分三篇，共七个项目。

第一篇电子商务网站建设基础知识（项目一、项目二），内容包括电子商务网站的基本概念、电子商务网站建设的工具、网站的规划与设计、网站服务器方案的选择及建站流程等。

第二篇电子商务网站基本建站技术（项目三至项目六），内容包括静态网站制作、动态网站开发及电子商务网站综合开发等多个项目，每个项目均由多个案例组成。

第三篇电子商务网站后期维护（项目七），内容包括电子商务网站的安全、运营与维护。

本教材采用模块化、任务驱动模式编写，每个项目都有若干实际案例支撑。每个案例设有如下五个模块：

- 支持企业。以实际企业案例导入，直观形象。
- 企业背景。通过背景介绍，使学生明确任务主题。
- 案例详解。将案例流程化、任务化，引领学生动手操作和实践。
- 相关术语。用简洁语言介绍案例中的专业术语。
- 案例分析。帮助学生掌握网站开发的重点和难点，更好地把握网站建设流程。

本书遵循"以就业为导向，以职业能力为本位，以职业实践为主线"的教改方向和"理论够用、注重应用、任务驱动"的原则，根据电子商务专业的岗位需求，突出教学实践性，注重对学生进行实际项目开发能力的引导与岗位职业能力的培养。围绕网站开发，书中采用了大量典型案例，突出技能应用，循序渐进地介绍了电子商务网站开发过程中的方法和技巧。此外，本书的每个项目后面都精心设计了技能实训模块，主要是针对每一章的重点和难点进行训练，便于读者掌握电子商务网站开发的基本过程和方法。

需要强调的一点是，对于书中案例及章后的技能实训模块，一定要亲自上机实践，只有多上机才能发现问题、解决问题，这样才能取得事半功倍的效果。为了方便教学，本书配备有电子课件、案例源代码。所有的电子课件与教材配套,可以在课堂教学中直接使用。

本书由李建忠、牟凤瑞和安刚著。具体编写分工如下:项目一,安刚;项目二,安刚、牟凤瑞;项目三、四、五、六,李建忠;项目七,牟凤瑞。

本书主要面向应用型本科院校和高职高专院校电子商务、计算机等相关专业的学生,同时也可供从事电子商务网站设计和开发的人员参考使用。

本书在编写过程中得到了北京博导前程信息技术有限公司领导的大力支持,公司技术人员为本书的编写提供了丰富案例和大量的帮助,在此深表谢意。另外,本书的出版得到了清华大学出版社的领导与编辑的大力支持和帮助,在此一并表示诚挚的感谢。

由于编者水平有限,书中难免会有疏漏和不足之处,敬请各位老师和同学批评指正。

编　者

2013 年 10 月

目　录

第一篇　电子商务网站建设基础知识

第二篇　电子商务网站基本建站技术

第三篇　电子商务网站后期维护

第一篇　电子商务网站建设基础知识

▶▶ 项目一　电子商务网站建设基础

▶▶ 项目二　电子商务网站规划与设计

项目一 电子商务网站建设基础

能力目标

📖 掌握电子商务网站建设的基础工作。

知识目标

📖 了解电子商务网站的一般概念；
📖 了解电子商务网站的盈利模式；
📖 掌握不同类型电子商务网站的运营内容和差异。

本项目的工作任务是让学生了解和掌握电子商务网站在建设时需要了解的基础知识和技能，有助于后续建设工作的展开。

模块一 案例学习

| 案例一 | 阿里巴巴 B2B 网上购物平台 | |

（一）支持企业

阿里巴巴。

（二）企业背景

阿里巴巴 Logo 如图 1-1 所示。

图 1-1 阿里巴巴 Logo

阿里巴巴是于 1999 年创立的企业对企业的网上贸易市场平台，现在主要通过旗下三个交易市场，协助世界各地数以千万计的买家和供应商从事网上生意，阿里巴巴中国网站是中国领先的 B2B 网上交易市场。

（三）案例详解

目前，阿里巴巴集团旗下包括三个主要交易市场：集中服务全球进出口商的国际交易市场（www.alibaba.com），集中国内贸易的中国交易市场（www.1688.com），以及在国际交易市场上为规模较小、需要小批量货物快速付运的买家提供服务的全球批发交易平台（www.aliexpress.com）。截至 2012 年，所有交易市场形成一个拥有来自 240 多个国家和地区、接近 7 970 万名注册用户的网上社区。随着电子商务支撑服务业的完善，很多企业选择第三方电子商务平台作为他们发现商机、寻找买家、沟通交易、走出国门的重要途径，而阿里巴巴正是很好地适应了这种需求，得到了快速发展，多次被相关机构评为"全球最受欢迎的 B2B 网站"。本案例着重帮助学生了解和认知 B2B 电商平台的基本特点。

任务一 阿里巴巴的形象宣传

阿里巴巴是目前国内，甚至全球最大的专门从事 B2B（企业对企业）业务的服务运营商。阿里巴巴的运行模式，概括起来即为注册会员提供贸易平台和资讯收发，使企业和企业通过网络做成生意、达成交易。服务的级别则按照收费的不同，针对目标企业的类型不同，由高到低、从粗至精阶梯分布。为阿里巴巴下一个定义，其实它就是：把一种贴着标有阿里巴巴品牌商标的资讯服务，贩卖给各类需要这种服务的中小企业、私营业主。为目标企业提供了传统线下贸易之外的一种全新的途径——网上贸易。阿里巴巴首页如图 1-2 所示。

图 1-2　阿里巴巴首页

任务二　认知阿里巴巴服务分类

　　功能上，阿里巴巴在对企业需求做了充分调研的基础上，将企业登录汇聚的信息整合、分类，形成网站独具特色的栏目，使企业用户获得有效的信息和服务。如图 1-3 所示，阿里巴巴信息服务栏目主要包括以下内容。

　　（1）商业机会。有 27 个行业、700 多个产品分类的商业机会供查阅，通常提供大约 50 万条供求信息。

　　（2）产品展示。按产品分类陈列展示阿里巴巴会员的各类图文并茂的产品信息库。

　　（3）公司全库。公司网站大全，目前已经汇聚 4 万多家公司网页。用户可以通过搜索寻找贸易伙伴，了解公司详细资讯。会员也可以免费申请将自己的公司加入到阿里巴巴"公司全库"，并链接到公司全库的相关类目中方便会员了解公司全貌。

　　（4）行业资讯。按各类行业分类发布最新动态信息，会员还可以分类订阅最新信息，直接通过电子邮件接收。

　　（5）价格行情。按行业提供企业最新报价和市场价格动态信息。

　　（6）以商会友。商人俱乐部。在这里会员可以交流行业见解，谈天说地。其中"咖啡时间"每天为会员提供新话题，并分析如何做网上营销等话题。

　　（7）商业服务。航运、外币转换、信用调查、保险、税务、贸易代理等咨询和服务。这些栏目为用户提供了充满现代商业气息、丰富实用的信息，构成了网上交易市场的主体。

图1-3　阿里巴巴服务分类

阿里巴巴为窄众群体提供了个性化的选择机会，对需求量小的商品进行了精细的划分，从而延展了供销渠道。这种"无物不销，无时不售"的模式为消费者提供了无限制的多样性选择。相对于传统的人为界定的有限选择，这种无限制性的选择更侧重于从客户的需求出发，注重客户的体验。

任务三　认知阿里巴巴客户体验

阿里巴巴采用本土化的网站建设方式，针对不同国家采用当地的语言，简易可读，这种便利性和亲和力将各国市场有机地融为一体。阿里巴巴已经建立并运作着五个相互关联的网站：

- 英文的国际网站（http://www.alibaba.com）：面向全球商人提供专业服务；
- 简体中文的中国网站（http://china.aliaba.com）：主要为中国市场服务；
- 全球性的繁体中文网站（http://chinese.alibaba.com）：为中国台湾、中国香港、东南亚及遍及全球的华商服务；
- 韩文的韩国网站（http://kr.alibaba.com）：针对韩文用户服务（目前不可用）；
- 日文的日本网站（http://japan.alibaba.com）：针对日文用户服务。

另外，阿里巴巴即将推出针对当地市场的欧洲语言网站和南美语言网站。

这些网站相互链接，内容相互交融，为会员提供一个整合一体的国际贸易平台，汇集全球178个国家（地区）的商业信息和个性化的商人社区，如图1-4所示。

此外，阿里巴巴商人社区及商业资讯频道的建立也为阿里巴巴注入了更多的活力，在提供大量商业资讯的同时，方便了客户交流沟通，使得用户对网站更有粘性。

图1-4　阿里巴巴商业社区

在网络诚信方面，阿里巴巴突出诚信目标，努力打造阿里巴巴信用体系平台。诚信通是阿里巴巴为从事中国国内贸易的中小企业推出的会员制网上贸易服务，主要用以解决网络贸易信用问题。诚信通的建立使得用户之间的贸易沟通具有更高的可信度，帮助用户了解潜在客户的资信状况，找到真正的网上贸易伙伴；进行权威资信机构的认证，确认会员公司的合法性和联络人的业务身份，用业务伙伴的好评成为公司实力的最好证明。如图1-5所示。

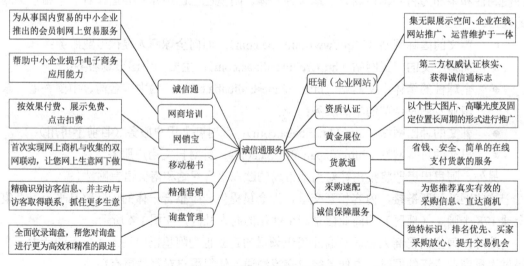

图1-5　阿里巴巴诚信通服务

任务四　认知阿里巴巴网上支付功能

在线交易从询价的付款流程来看比较复杂，为了提供便捷的交易环境，阿里巴巴推出了众多商务工具，包括即时沟通的阿里旺旺、第三方支付平台支付宝等。阿里旺旺的介入，使得用户间能够即时在线沟通，接收买家和卖家资讯、洽谈生意，同时支付宝所提供的担保交易，使得交易支付更安全。

任务五　认知阿里巴巴经营模式

在起步阶段，网站放低会员准入门槛，以免费会员制吸引企业登录平台注册，从而汇聚商流，活跃市场，会员在浏览信息的同时也带来了源源不断的信息流并创造了无限商机。电子商务经历三个阶段——信息流、资金流和物流阶段，目前还停留在信息流阶段，交易平台在技术上虽然不难，但没有人使用，企业对在线交易基本上还没有需求，这是阿里巴巴最大的特点，就是做今天能做到的事，专做信息流，汇聚大量的市场供求信息，循序渐进地发展电子商务。阿里巴巴采用本土化的网站建设方式，针对不同国家采用当地语言，简易可读，这种便利性和亲和力将各国市场有机地融为一体。

任务六　认知阿里巴巴盈利模式

阿里巴巴的盈利项目主要是：中国供应商、委托设计公司网站、网上推广项目和诚信通。网上推广项目，是由邮件广告、旗帜广告、文字链接和模块广告组成。邮件广告是由网站每天向商人发送的最新商情特快邮件插播商家的广告；文字链接将广告置于文字链接中。新推出的诚信通项目能帮助用户了解潜在客户的资信状况，找到真正的网上贸易伙伴；进行权威资信机构的认证，确认会员公司的合法性和联络人的业务身份；展现公司的证书和荣誉，用业务伙伴的好评作为公司实力的最好证明。

（四）相关术语

1．B2B（Business to Business）

B2B 指网站进行的交易活动是在企业与企业之间进行的，即企业与企业之间通过网站进行产品或服务的经营活动，这里的网站通常是通过第三方提供的平台，企业不需要为建立和维护网站付出费用，只需向第三方交付年费或每笔交易的费用即可。类似的平台有阿里巴巴、慧聪网、中国化工网、敦煌网等。对于中小型企业来讲，第三方平台无疑提供了一条实施电子商务的捷径。

2．诚信通

诚信通是阿里巴巴为从事中国国内贸易的中小企业推出的会员制网上贸易服务，主要用以解决网络贸易信用问题。诚信通是建立在阿里巴巴上的一个摊位，会员通过这个摊位可直接销售产品，并宣传企业和产品。

（五）案例分析

阿里巴巴作为中国电子商务发展史上的一个神话，其成功的原因不仅仅在于马云过人的领导才能，更得力于其准确的市场定位及前瞻性的远见。阿里巴巴在中国电子商务萌芽阶段就商业化地切入，并且脚踏实地。在 21 世纪的最初几年，中国电子商务迅速发展，阿里巴巴抓住了这一机会，成就了今天的业绩。一个错误就可以造成一个失败，但一个成功必然是许多成功的原因和因素带来的。

1. 网站定位

阿里巴巴网站的目标是建立全球最大最活跃的网上贸易市场，不同于早期互联网公司以技术为驱动的网络服务模式，它从一开始就有明确的商业模式。阿里巴巴具有明确的市场定位，在发展初期专做信息流，绕开物流，前瞻性地观望资金流并在恰当的时候介入支付环节。运营模式是遵循循序渐进的过程，依据中国电子商务界的发展状况来准确定位网站。首先抓基础，然后在事实过程中不断捕捉新的收入机会。从最基础的替企业架设站点，到随之而来的网站推广以及对在线贸易资讯的辅助服务，交易本身的订单管理，不断延伸。其出色的盈利模式符合强有力、可持续、可拓展的特点。

2. 网站特色

易观国际 CEO 于扬曾经说："越来越多的中国企业正在开始感受到互联网帮助他们提高业务的强大力量，这促使阿里巴巴服务越来越受欢迎。"阿里巴巴的免费模式为众多企业带来了商机，低门槛的要求，为众多小企业及个人商户带来更多利润的同时，坚持在阿里巴巴上的老客户，也愿意投入更多，其代表的是阿里巴巴所提供的本土化优势及阿里巴巴更多的服务价值。

3. 用户体验

（1）页面与频道。阿里巴巴的网站风格与淘宝如出一辙，主题鲜明，版式、整体色调清新，简单、分类、板块明确是整个网站的设计风格；其强大的搜索引擎及高级筛选功能成为用户搜索目标商家或买家的主要入口；强大的用户群体及其较强的用户粘性，其商业资讯与商人社区所做出的贡献不可小觑。

（2）商品量与商家数。阿里巴巴作为全球最大的中小企业电子商务平台，汇集了国内外大量的中小企业。它们带来了数量众多、品种齐全的商品，也成为阿里巴巴网站增强粘性的巨大优势。阿里巴巴卖家和买家是分不开的，很多企业都是以供应商及采购商双重身份出现在阿里巴巴平台上。买家可以利用网站寻找自己需要的商品，在这一过程中可以将自己喜欢的商品以及公司加入收藏夹中，方便下次查看及购买。网站为买家提供了商机快递，买家可以设定自己需要商品的关键词，订阅有关商品的最新动态。此外，买家可以享受到进货单、导购资讯、物流服务、阿里贷款、找供应商以及发布求购信息等方面的服务。

4. 诚信通

阿里巴巴突出诚信目标，努力打造阿里巴巴信用体系平台。诚信通是阿里巴巴为从事中国国内贸易的中小企业推出的会员制网上贸易服务，其会员优势有：会员可随时查看阿里巴巴网上买家发布的求购信息和联系方式；享有集顶级域、无限空间展示、20G 企业邮局、企业在线于一体的网站；在阿里巴巴网上交易平台发布的买卖信息排在普通会员之前；获得权威第三方认证机构核实资质，独享诚信标识；拥有自己的网上信用档案。

5．网站不足

（1）信息冗余。阿里巴巴虽然信息更新快，信息量大、真实，但大多是死信息，不能够主动引导企业，企业还必须自己去寻找信息。尽管阿里每天会给网站会员发送商机速递，但是大量冗杂的信息当中企业很难及时准确地筛选出有价值的信息，泛滥的垃圾邮件造成卖方与买方极度的反感。

（2）客户过于庞大，往往不重视或忽略了个别小企业基本服务。

（3）"诚信通"的诚信问题。由于付费用户的快速增长，买家在搜索信息时靠前的信息常常都是诚信通用户的诚信问题。目前阿里的诚信通认证仅仅对供应商的一些静态信息进行认证，如商家的工商注册信息、地址、联系人等，也发生过买家被诚信通用户诈骗的案例。相比国内买家，国外买家对于认证是高度信任的，如果这类案例时有发生，长此以往会严重影响阿里认证系统在国外买家心中的可信度。

案例二	苏宁易购 B2C 网上购物平台	

（一）支持企业

苏宁易购。

（二）企业背景

苏宁易购 Logo 如图 1-6 所示。

图 1-6　苏宁易购 Logo

苏宁易购，是苏宁电器旗下新一代 B2C 网上购物平台（www.suning.com），现已覆盖传统家电、3C 电器、日用百货等品类。自 2011 年起，苏宁易购通过强化虚拟网络与实体店面的同步发展，不断提升网络市场份额。接下来，苏宁易购将依托强大的物流、售后服务及信息化支持，继续保持快速的发展步伐；到 2020 年，苏宁易购计划实现 3 000 亿元的销售规模，成为中国领先的 B2C 平台之一。

（三）案例详解

根据艾瑞咨询发布的 2012 年第三季度中国网络购物市场数据，第三季度中国网络购物市场交易规模为 2 842.2 亿元，较第二季度增长 5.9%，较 2011 年同期增长 43.9%。其中 B2C市场规模为 1 011.0 亿元，环比增长 13.2%，同比增长 123.5%，B2C 部分仍保持高速增长，网络市场交易规模不断扩大，在显示出巨大市场前景和利润的同时，也暗示着传统家电卖场正遭受严重冲击，所以在巨大利益的诱惑和电子商务步步紧逼下，传统家电企业开始进军网购。

苏宁易购是苏宁电器电子商务大步骤中的核心环节，苏宁易购具有苏宁品牌优势，上千亿元的采购规模优势，遍及全国 30 多个省、自治区、直辖市，1 000 个配送点，3 000 多个售后服务网点的服务优势，持续创新优势等。和实体店面线性增长模式不同，苏宁易购将建成符合互联网经济的独立运营体系，组建 B2C 专业运营团队，能够快速形成全国销售规模，呈现几何式增长，同时依托线下既有的全国性实体物流、服务网络，苏宁易购能够共享现有资源，快速建立自己的盈利模式，成为中国最大的 B2C 网站之一。本案例着重帮助学生了解和认知 B2C 电商平台的基本特点。

任务一　苏宁易购的形象宣传

企业网上的形象即网站的形象，是十分重要的。它的定位与设计直接影响着企业在电子商务应用推广中的成败，苏宁从准备到发展 B2C 业务经历了四个阶段。最早是十年前嫁接门户尝试网购，但主要目的还是在于宣传；之后自立门户、树立网络销售形象，随着全国实体网络的建立以及会员制数据库营销的建立，初步启动网上平台的运营，探索经验，优化系统平台；最后是在当前内外部条件完全成熟的背景下，全面升级、力推网购，苏宁连锁网络的"空军"兵种全面起飞。全新的 B2C 模式将帮助商家直接充当卖方角色，把商家直接推到与消费者面对面的前台，最终让最广大的消费者获益，将苏宁易购作为 3C 网购 B2C 一线平台。利用网站平台，苏宁易购可向外宣传企业文化、企业概况、产品品牌、服务品质以及新闻等方面的内容，并将苏宁经营理念——"至真至诚，苏宁服务"传递给广大客户。苏宁易购首页如图 1-7 所示。

图 1-7　苏宁易购首页

任务二　认知苏宁易购商品分类

苏宁易购是建立在苏宁电器长期以来积累的丰富的零售经验和采购、物流、售后服务等综合性平台上的，同时由行业内领先的合作伙伴 IBM 合作开发了新型网站平台。在品类规划上，苏宁易购着眼于打造大型综合 B2C 网站，以家电、3C 商品为主业，同步进军百货和虚拟商品 B2C 市场。在传统家电领域，在布局好一、二级市场的同时不断向三、四级市场渗透；在 3C 领域，将提升 3C 商品与关联配件搭载率；在生活类家电领域，将为消费者提供整体厨房解决方案；同时，将大力发展 OA 办公商品，针对中小企业和家庭用户提供 OA 办公整体解决方案；在百货领域，苏宁易购将加强消费者行为和需求研究，在准确定位消费者需求的前提下开发标准化商品；在虚拟商品市场，快速拓展应用软件、游戏点卡、机票、充值等增值业务，满足顾客所需。不拘泥于家电零售，在快速消费品、百货商品、家居产品、娱乐产品等领域，全面布局，利用 B2C 网络平台便捷的优势，实现由家电 3C 零售商向综合产品零售商的转型。

如图 1-8 所示，苏宁易购的商品分类主要分为手机数码、电脑办公、电视冰箱洗衣机空调大家电、厨卫电器等。其中对于主流网购人群，手机、数码产品必定是他们的第一需求；大家电、电脑办公作为苏宁销售主体，排列在第二；户外运动、图书、保险充值等作为次级消费商品，不作为销售主体，故放置在栏目最后。

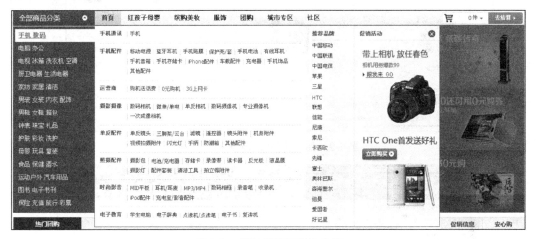

图 1-8 苏宁易购的商品分类

目前，依托传统零售商平台与强大的供应链支撑，以及与厂商良好的合作关系，苏宁易购已拥有较高品牌信誉度，品牌种类丰富。

任务三 认知苏宁易购客户体验

苏宁 B2C 利用强大的采购平台，根据多年家电零售经验和网上消费者特点，采购适合网上销售的新、奇、特且有价格优势的商品，为消费者展示丰富的商品，所想即可得。与行业领先企业合作，页面设计更加人性化、产品分类更加合理化。利用实体店对顾客行为的研究结果，设定合理的 B2C 购物流程。在客户体验上，苏宁易购着力打造综合的电子商务门户，从丰富商品品类、拓宽服务、提供全面的专业知识、内容资讯以及建立易购社区等各个方面完善网站的功能和增值会员积分服务。

苏宁易购除了借助非实时的电子邮件（E-mail）与客户沟通外，还利用网上客服、客户留言板、在线调查和 BBS 与客户进行深度沟通，洽谈交易事务。所面对的不再是被动的读者，而是有目的的主动客户。苏宁易购能满足客户多方面需求，达到双向充分沟通的目的。如图 1-9 和图 1-10 所示分别为苏宁易购用户体验提升计划和论坛社区及调查问卷。

图 1-9　苏宁易购用户体验提升计划

图 1-10　苏宁易购论坛社区及调查问卷

苏宁易购用户体验提升计划是由苏宁易购用户体验研发中心推出的，旨在与用户沟通交流的项目。在此项目中会组织不同类型的活动，不间断地深入理解用户的观点、行为和需求，以此为基础持续不断地做出改进，让用户获得更愉快的购买和使用体验。

任务四 认知苏宁易购网上订购功能

苏宁易购在网站上运用文字、图片、动画等方式宣传商品，随时更新产品宣传资料、发布产品信息、促销信息等，将第一手的商品信息及商家活动呈现在顾客面前。

网上商品的订购功能是电子商务网站的核心功能。苏宁易购在商品介绍的页面上提供十分友好的订购提示信息和订购交互式表格，并可以通过导航实现所需功能。当用户填完订购单后，系统回复确认信息单表示订购信息已收悉，如图1-11和图1-12所示。

图1-11 苏宁易购网上订购页面

图 1-12　苏宁易购订单确认页面

苏宁易购在订单确认页面呈现了特惠商品及收藏商品，特惠商品的呈现增加了用户的购买欲，而"我的收藏"中，用户收藏的商品也是提醒用户：关心的商品是否需要立刻购买，以增加用户对网站页面的停留，为网站带来实际交易，从而提升流量转化率。

苏宁易购购物路线图如图 1-13 所示。

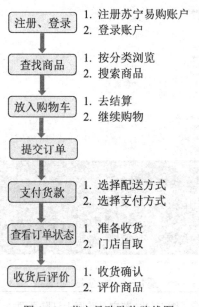

注册、登录	1. 注册苏宁易购账户 2. 登录账户
查找商品	1. 按分类浏览 2. 搜索商品
放入购物车	1. 去结算 2. 继续购物
提交订单	
支付货款	1. 选择配送方式 2. 选择支付方式
查看订单状态	1. 准备收货 2. 门店自取
收货后评价	1. 收货确认 2. 评价商品

图 1-13　苏宁易购购物路线图

任务五　认知苏宁易购网上支付与服务传递功能

　　企业在电子商务网站中实现网上支付是电子商务交易过程中的重要环节，苏宁易购支持网银支付、苏宁易付宝、货到付款以及电话付款等，网上电子支付的方式节省了交易的开销。电子账户通过用户认证、数字签名、数据加密等技术措施的应用保证操作的安全性。同时，门店支付对习惯于线下支付的客户更有吸引力，多种支付方式使得苏宁易购在众多B2C商城中脱颖而出。同时，苏宁易购依托苏宁电器千家连锁门店、300余座城市物流配送网络有效地覆盖了全国一、二、三线城市，甚至四线以下城市，苏宁电器通过易购这一辅助台阶将进一步扩张全国市场。在自提货方式中的同城免费送货方面，凭相关订单直接到苏宁线下门店提货均是其特有的物流配送服务。

（四）相关术语

B2C（Business to Consumer）

　　B2C是指网站进行的交易活动是在企业与消费者之间进行的，即企业通过网站为消费者提供产品或者服务的经营活动。

（五）案例分析

　　苏宁易购是建立在苏宁电器长期以来积累的丰富的零售经验和采购、物流、售后服务等综合性平台上的，虚拟经济无实体店支撑很难发展起来，苏宁B2C的优势在于可以把实体经济和虚拟经济结合起来，共同发展。

1．网站定位

　　苏宁易购定位明确，2010年2月1日，公司的B2C网购平台"苏宁易购"网站正式上线。网站采用自主采购、独立销售、共享物流服务为特点的运营机制，以商品销售和为消费者服务为主，同时在与实体店面协同上定位于服务店面、辅助店面，虚实互动，为消费者提供产品资讯，服务状态查询，以及作为新产品实验基地。将消费者购物习惯、喜好的研究反馈给供应商设计，提升整个供应链的柔性生产、大规模定制能力。

2．网站特色

　　鉴于苏宁电器公司目前已经建立了良好的零售品牌形象，拥有强大的采购平台和供应链管理能力，建立了较为完善的客服、售后、物流的平台，同时在运营效率、盈利模式和信息化建设方面也具有较大的优势。对消费者来说，网上购物的产品、服务、质量等都将更有保障。苏宁在发展家电与数码3C类的B2C业务上是具有独特的"先发优势"与"渠道优势"的。

　　除同城销售外可实现异地购物、异地配送。而且购买商品出库城市和收货城市一致并在主城区时，苏宁易购可以免费配送。

　　苏宁易购现在代表了苏宁多元化发展的经营，基于线上运营、线上开店，拥有一套自己的采购销售体系，甚至包括信息系统。

3．用户体验

　　（1）页面与频道。苏宁易购网站主色调与苏宁易购Logo相仿，整体色调清新、简单、分类明确是整个网站的设计风格，整站仅有 1 个 Flash 效果，但其传达了整个苏宁易购的网站信息，其目的就是为了在给用户一个舒爽的页面浏览体验的同时达到最好的商品展现效果。

网站的频道规划比较全面，能够方便用户快速地找到产品及对应栏目。首页采用 F1、F2（Floor）的方式对产品类别进行区分，也能表现出以实体店为基础的苏宁电商与淘宝、京东商城的区别。

（2）商品量与种类。苏宁易购是苏宁转型的一个关键部分。目前，苏宁易购已经迅速开拓了图书、母婴、服饰、家居等品类。根据统计，服装、家居、母婴等行业的增长率、用户重复购买率和需求产生的频率等均远远超过 3C 电器，苏宁易购依托传统零售商采购平台与强大的供应链支撑，与厂商合作，并拥有较高品牌信誉度，品牌种类更丰富。

4. 交流互动

苏宁易购特有的社区模块配合在线客服系统，使消费者得以信赖苏宁易购的公正及能够对消费者认真负责。其所代表的便是苏宁易购坚定的服务理念"至真至诚，苏宁服务"。

5. 网站不足

苏宁易购的背后，也暴露出许多潜在的问题。

（1）网站系统投诉量巨大。用户对苏宁易购的投诉集中在网站系统问题，占比高达67%。苏宁易购应该是传统卖场式的订单处理流程，要通过层层审批及系统价格判定过程，这样处理的好处是将企业风险降低。而从适应互联网环境下的爆仓型处理方式来看，网购需要采用批量审批处理方式。从这个角度看，苏宁易购的信息化显然还要跟上互联网业务的发展速度，否则很难应付订单爆仓局面。

（2）支付方式的不足。目前苏宁易购零售业务的销售环节依靠其 B2C 网站进行，消费者通过登录网站下单订购。在支付环节上，苏宁易购与其他网上商城有一定的差别，以京东商城为例，苏宁易购与京东商城支付方式对比如表 1-1 所示。

表 1-1　苏宁易购与京东商城支付方式对比

企 业 名 称	支 付 方 式
苏宁易购	网银支付、易付宝支付、12 大银行电话支付、货到付款、分期付款
京东商城	货到付款、在线支付（财付通、快钱、支付宝、环迅支付）、银行转账、邮局汇款、公司转账、分期付款

从表 1-1 可看出京东商城在支付方式方面比苏宁易购更加丰富，这与其线上运营经验不可分割。然而苏宁易购特有的门店支付（即易付宝门店充值）对习惯于线下支付的客户更有吸引力。

（3）经济屏障。传统行业做电商，线上业务占线下业务比重 1% 是一个节点。电子商务份额占到全部份额的 1%，表示电子商务开始起步；10% 表示电子商务处在比较良性和成熟的状态；超过 30%，对线下业务会有很大的冲击。当线上业务目标定得很高时，就有可能将线下交易刻意引导到线上来，打破了二者之间的隔离，进而引发线下与线上之间的利益冲突。

案例三　淘宝 C2C 网上购物平台

（一）支持企业

淘宝网。

（二）企业背景

淘宝网 Logo 如图 1-14 所示。

图 1-14　淘宝网 Logo

淘宝网成立于 2003 年 5 月 10 日，由阿里巴巴集团投资创办。经过 8 年的发展，截至 2011 年年底，淘宝拥有注册会员 4.8 亿，研究咨询机构 IDC（国际数据公司）与阿里巴巴集团研究中心（简称阿里研究中心）联合发布数据显示，淘宝网和天猫在线购物 2011 年全年交易额达到 6 100.8 亿元人民币，是亚洲最大的网络零售商圈。国内著名互联网分析机构艾瑞咨询调查显示，淘宝网占据国内电子商务 80%以上的市场份额，至此，淘宝网奠定了其国内第一 C2C 平台巨头的宝座。

（三）案例详解

淘宝网是中国电子商务服务业的典型代表。淘宝网典型的 C2C 模式最能够体现互联网的精神和优势。淘宝网所采用的运作模式主要是通过为买卖双方搭建在线交易平台，充当市场创建者，卖家以免费或比较少的费用在网络平台上销售自己的商品，给网购者带来更多、更便宜的商品，支付系统安全便捷。

淘宝网作为中国最大的 C2C 网站，成为中国电子商务的一个符号，与 B2C 网站的区别在于，淘宝网搭建的是消费者与消费者之间的电子商务平台，用户可以通过淘宝网平台开设自己的店铺，从而将自己的商品出售给他人，本案例着重帮助学生了解和认知 C2C 电商平台的基本特点。

任务一　淘宝网的形象宣传

淘宝网提倡诚信、活跃、快速的网络交易文化，坚持"宝可不淘，信不能弃"。在为淘宝会员打造更安全高效的网络交易平台的同时，淘宝网也全力营造和倡导互帮互助、轻松活泼的家庭式氛围。每位在淘宝网进行交易的人，不但交易更迅速高效，而且可交到更多朋友。淘宝网已成为广大网民网上创业和以商会友的首选，特别是 2008 年的金融危机之下，通过淘宝网进行的消费，无论从数量还是金额却都在逆势而升。截至 2011 年年底，淘宝网创造了超过 200 万个直接就业机会，为相关产业链创造了超过 500 万个就业岗位。淘宝网首页如图 1-15 所示。

图 1-15　淘宝网首页

淘宝网站设计方案主题鲜明，版式、目录结构设计紧密，网页形式与内容相统一，多媒体功能的利用，总体的界面给人的感觉友好。

任务二　认知淘宝网商品分类

作为国内第一大 C2C 平台，淘宝网拥有的商家数量及产品种类是其他平台不可比拟的，淘宝网主要采用了按照商品种类进行分类，总共分为 15 个大类，每个大类下又细分了许多小类（共 93 小类）及三级、四级分类等，如按照样式、品牌等，总的来说商品种类划分十分详细，从首页的"所有类目"导航区域开始，就可以逐层进入到各个详细的分类中。如图 1-16 所示。

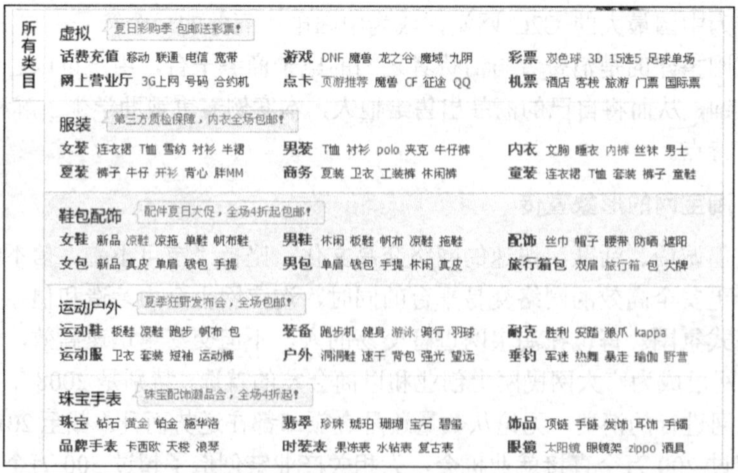

图 1-16　淘宝网商品分类目录

淘宝网首页的搜索工具条提供了宝贝、店铺等搜索方式，在搜索框中输入会实时显示相匹配的热门搜索词条及其搜索结果数量，十分贴心，如图 1-17 所示。而在高级搜索中，淘宝网提供了十分详细的搜索辅助选项，除了常规的关键字、类别、卖家会员名、是否促销等，还提供了买卖方式、价格范围、运费、发货及付款方式、卖家所在地、卖家级别等丰富的选项，可以让用户根据自己的需要进行组合搜索，找到满足不同购物需求的商品。同时淘宝网热搜榜也为客户提供了更详细的商品排行。

图 1-17　淘宝网排行榜及搜索

任务三　认知淘宝网客户体验

淘宝网利用了多种网页技术，带来了更多的页面内容承载量，提供了非常丰富的信息。首页上呈现的不仅仅有商品分类、导航入口，还有点卡、话费充值快速购买方式；还提供多种形式和内容的热卖、促销、推介信息（见图 1-15），以及淘宝大学、精彩资讯、社区精华等相关购物资讯等（见图 1-18）。

淘宝 C2C 网购平台页面设计更加人性化、产品分类更加合理化。通过搜索引擎或商品分类列表，加之更加详细的筛选条件，用户可直接找到对应的商品，节省了大量时间，其多样的排序方式也满足了用户需求。

在用户体验上，淘宝网 C2C 网购平台着力打造一流的 C2C 电子商务门户，从丰富商品品类、商品品牌及建立社区等各个方面完善网站的功能和客户服务。淘宝网在呈现给用户商品信息的同时，注重用户体验，其搭建的智能机器人资讯平台及意见反馈页面亦是将淘宝尽善尽美的客户服务体现得淋漓尽致，如图 1-18 所示。

在商品种类的浏览页面下，淘宝针对不同的商品采用了不同的页面。如家具、零食、衣物等大家经常关注的商品，淘宝网则通过类似于专题的页面进行展现而不是仅仅给我们一个生冷、单调的商品列表，让我们在购买的时候更方便、同时也可获得更多推荐和参考。淘宝网的二级页面注重资讯，供客户参考，并非一味地"卖"商品，保障客户的最好购物体验，如图 1-19 所示。

图 1-18　淘宝网社区论坛

图 1-19　淘宝网数码门户

　　注重用户体验，服务优势明显。淘宝之所以在两年多时间内迅速崛起成为中国 C2C 市场第一，坚持免费原则是一个原因，更与淘宝网在注重用户社区体验以及客服中心的建设上的努力是分不开的，如图 1-20 所示。

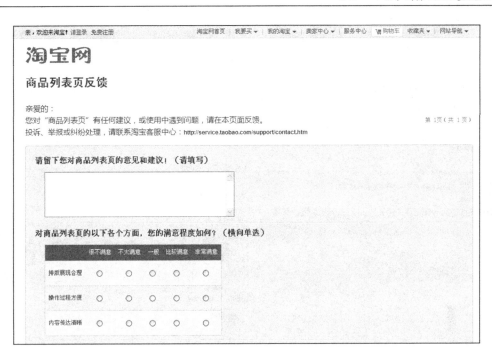

图 1-20　淘宝网意见反馈界面

任务四　认知淘宝网网上订购功能

淘宝网网上订购功能也很强大，如图 1-21 和图 1-22 所示。个人网店模式支持商家自定义网店模板、设计等，在给商家带来完善的商品展示信息的同时，也能够满足商家根据商品风格设计网店样式的需求。其不可编辑的用户评价模块，使消费者能够直观了解商户的信誉、商品质量等信息。

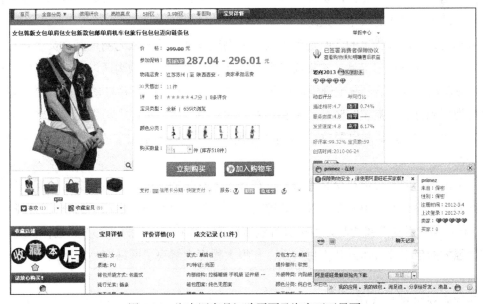

图 1-21　淘宝网商品订购页面及淘宝旺旺界面

图 1-22　淘宝网商品评价页面

淘宝网推出的商品介绍的页面及宝贝详情、评价详情、成交记录等导航信息模式，更是被后来的各大网上商城相继采用。

除此之外，淘宝推出的即时通信工具——淘宝旺旺，是一款为淘宝网会员量身定做的个人网上交易即时通信工具，它集成了即时的文字、语音、视频沟通以及交易提醒、快捷通道、最新商讯等功能。淘宝网凭借对即时通信工具的模仿创新并将它带入 C2C 市场，使自己成为了先行者。淘宝旺旺拉近了买卖双方的距离，使会员在交易中感觉到轻松活泼的家庭式文化氛围。正如淘宝网前 CEO 孙彤宇所述："免费不是淘宝的优势，贴近客户才是优势所在。"

信用评价是淘宝会员在交易完成后，在评价的有效期限内，对该笔交易做互相评价的一种行为。评价分好、中、差三种，好评将加一分的信用积分，中评不加分，差评扣掉一分。这样，消费者在购买货品之前可进行浏览评价内容和信用积分，对卖家进行初步了解。淘宝独强大的信用评价体系和支付体系，在很大程度上解决了网络交易的瓶颈——交易诚信问题。

购物流程如图 1-23 所示。

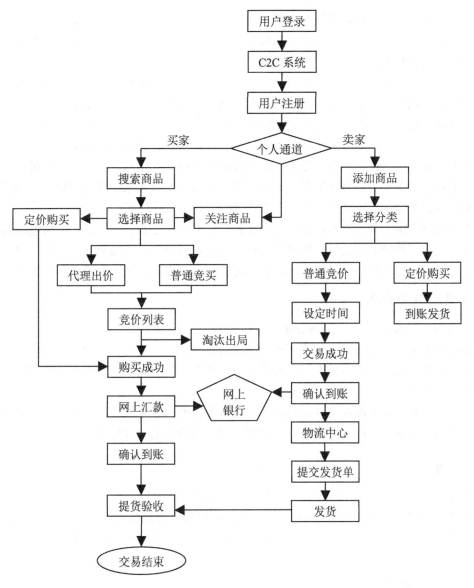

图 1-23 淘宝网购物流程

任务五 认知淘宝网网上支付与服务传递功能

淘宝网拥有强大的支付系统，保证了消费者购物安全性。除常用的网上银行支付功能及银联卡支付外，淘宝网推出的支付宝功能，更是开辟了网络支付新模式，"支付宝"是一种针对网上交易特别推出的安全付款服务，是淘宝与工行、建行、农行和招商银行等联手推出的一种在线交易安全支付工具。网上买家先将货款打到支付宝账户上，支付宝确认到账之后通知网上卖家发货，买家在收到货物并确认无误之后通知支付宝，支付宝再将货款转付卖家。支付宝的出现，无疑使得交易更安全、诚信，免去了交易双方的后顾之忧。随着支付宝规则的不断改进，现在已经成为国内事实上的网络支付标准，很多网上商城都提供有支付宝交易的接口，这当然也要向淘宝网支付服务费用。另外，支付宝庞大的沉淀资金，为淘宝提供了大量的现金流，也成为淘宝再投资的支柱。当然，这也是淘宝快速发展、脱颖而出的原因之一。

在淘宝上拍下商品后，即可登录"我的淘宝"，在"已买到的宝贝"中看到该商品的订单。在交易状态中会显示当前商品的基本状态，如买家已付款而卖家未发货的"买家已付款"以及"卖家已发货"等。如果商品处于"卖家已发货"状态，则可以查看物流信息。在物流信息的详情页面中，可以了解到物品的配送地址、快递公司、运单号等；此外，淘宝还提供了贴心的功能：可在页面上单击"跟踪运单信息"信息，直接打开快递公司的网页，查看商品订单配送的具体情况，如到达哪个城市、是否开始配送上门等。可以说，淘宝在购物跟踪上做得比较到位，不会让消费者额外担心。

"淘宝网"网上交易流程采用"拍前联系"方式，即通过即时聊天工具"淘宝旺旺"，买卖双方先对交易物品的特性、价格等进行沟通，再付货款；采用第三方支付平台为中介的支付方式，相比于传统的货到付款和款到发货的交易方式，平衡了买卖双方的利益。

（四）相关术语

1．C2C（Consumer to Consumer）

C2C 的意思就是个人与个人之间的电子商务。例如，一个消费者有一台旧电脑，通过网络进行交易，把它出售给另外一个消费者，此种交易类型就称为 C2C 电子商务。

2．阿里旺旺

阿里旺旺是将原先的淘宝旺旺与阿里巴巴贸易通整合在一起的新品牌。它是淘宝和阿里巴巴为商人量身定做的免费网上商务沟通软件，能帮使用者轻松找客户，发布、管理商业信息。

3．支付宝

支付宝（Alipay）最初是淘宝网公司为了解决网络交易安全所设的一个功能，该功能是首次使用的"第三方担保交易模式"，由买家将货款打到支付宝账户，由支付宝向卖家通知发货，买家收到商品并确认信息后指令支付宝将货款转付卖家，至此完成一笔网络交易。

（五）案例分析

淘宝网成立之初采取了对所有商户实行免费的策略。马云曾说："淘宝 3 年不收费。中国的 C2C 市场还处于市场培育阶段，免费模式更利于跑马圈地。"正是采取这一免费策略，使淘宝网在极短的时间内聚集起了大量的商户，迅速扩大了其在 C2C 市场的占有率。短短几年内，淘宝已占有整个 C2C 市场 80%的份额。

1．网站定位

2003 年 5 月 10 日，阿里巴巴集团投资创立了淘宝网，并确立了其 C2C 的电子商务业务模式。淘宝网是典型的 C2C 业务模式，这种模式是一种终端个人用户对终端个人用户的网上交易行为，淘宝网通过为终端个人用户买卖双方搭建交易平台，以赚取交易服务费、特色服务费用、增值服务费以及网络广告费等。

2．网站特色

淘宝拥有了更多其他网购平台如易趣等所没有的本土优势。例如，淘宝网开发的"旺旺"交易软件可以使用户之间在交易时进行讨价还价，符合了中国人的交易习惯。而相比之下，易趣则是一种典型的美国文化和网购特点的结合，虽然后面也推出了 Skype 交易聊天软件，但可以看出，他们在本土化上是有些滞后的。淘宝的成功在很大程度上归功于淘宝对中国文化及中国网民消费习惯的深入体会，以及对网上购物的发展状态的预期。

3．用户体验

（1）页面与频道。淘宝网站设计方案主题鲜明，版式、目录结构设计紧密，网页形式与内容相统一，多媒体功能的利用，总体的界面给人的感觉很友好。整体色调清新，简单、分类、板块明确是整个网站的设计风格，其网站首屏体现了最基本的用户任务，即 70%以上目标用户所需使用的功能和网站服务。首屏焦点图的不断更新，也体现了淘宝 C2C 的活力。

淘宝网搜索与产品明细分类是用户上搜索目标商品的主要入口，其体现的是淘宝认真的顾客体验及人性化设计。

网站的频道规划比较全面，能够方便用户快速地找到产品及对应栏目。淘宝网首页并没有使用较多的图片，因此有较快的加载速度，但宝贝分类等一些重要信息采用不同颜色处理，各个分类拥有详细的子分类，这也是淘宝网与拍拍网等 C2C 平台的区别。

（2）服务优势。注重用户体验，服务优势明显。淘宝之所以在两年多时间内迅速崛起成为中国市场第一，坚持免费原则是一个原因，更与淘宝网在注重用户社区体验以及客服中心的建设上的努力是分不开的，其所拥有的用户社区，更多的是提供给用户资讯及相关信息，从顾客角度考虑，更贴合用户行为。

4．交流互动

淘宝所推出的阿里旺旺（淘宝旺旺）聊天系统使得淘宝在其他网络购物平台中脱颖而出，会员注册之后淘宝网和淘宝旺旺的会员名通用，如果用户进入某一店铺，正好店主也在线的话，会出现掌柜在线的图标，可与店主即时地发送、接收信息，会员在交易过程中感觉到轻松活泼的家庭式文化氛围。淘宝旺旺具备了查看交易历史、了解对方信用情况、个人信息、头像、多方聊天等一般聊天工具所具备的功能。

5．网站不足

（1）关键领域里的竞争能力正在丧失。互联网的技术几乎是透明的、可复制的。

淘宝由于没有产品的核心的竞争优势，没有 eBay 大客户的忠诚，也没有拍拍的小额商品交易的优势；而新浪、搜狐和网易三大门户占据了中国网站流量的绝大多数，淘宝被排除在三大门户的广告平台之外，这无疑是一个劣势。

（2）售后服务难以保证。淘宝网所提供的仅仅是交易中的一个平台，无法保证商家出售货品后，买家一定能得到完善的售后服务，这也是大多 C2C 商城中无法顾及的一点。

（3）卖方资金压力。买方收到商品，通知"支付宝"后，"支付宝"才能与卖方结算，向卖方支付货款。因此，对于卖方而言，存在着支付周期过长、资金积压的问题。尤其是对于规模较小的卖方，资金的积压问题很有可能造成其无法持续经营，因此退出 C2C 市场。

（4）退货处理问题。淘宝网网上交易流程中未涉及对于退货情况的特殊处理，而退货情况是极为常见的。淘宝网交易流程中，若买方对商品不满意或有其他原因，买方需在"支付宝"要求的期限内申请"退款"，退款处理周期也较长。此外，若买方未在此期限内申请，那么"支付宝"将直接将货款汇至卖方账户，买方将无法追回此次交易的货款。

模块二　电子商务网站建设基础相关知识

一、电子商务网站的基本概念与分类

1. 电子商务网站的定义

电子商务网站是企业、机构或政府在互联网上建立的门户，通过网站可以宣传企业形象，发布、展示商品信息，实现电子交易，并通过网络开展与商务活动有关的各种售前和售后的服务，全面实现电子商务功能。

电子商务网站是企业从事电子商务活动的基本平台，建站对从事电子商务的企业来讲有利于改进企业的业务流程，提高企业管理水平，更好地为客户服务。网站的运营成功与否已经成为衡量一个企业综合素质的重要标志。

2. 电子商务网站的特点

电子商务网站除了一般网站所共有的特性外，还具有以下特点。

（1）商务性。电子商务网站最基本的特性为商务性，即提供买卖交易的服务。网站本身仅仅是一个平台，其本质仍是商务，目标仍是利润，这也是华尔街老板们日思夜想、念念不忘的两个字。正因如此，一个企业要发展电子商务，首要考虑的因素是这种商务模式能否赚钱，什么时候才能盈利。

（2）服务性。电子商务网站为客户提供的服务有一个明显的特征——方便。客户不再受地域、时间的限制，随时随地可以实现网上交易。

在价格透明的电子商务环境下，如何更好地提高网站服务质量成为关键的一个因素。如网站操作是否方便、发货配送是否及时等。要留住顾客，还需要网站能及时收集客户的资料信息，了解客户的爱好、消费倾向与习惯，为客户提供方便快捷的个性化服务。

（3）安全性。对于客户而言，无论网上的物品如何具有吸引力，如果网站交易的安全不能把握，网上交易是不可能进行的。对于企业与企业间的交易更是如此。电子商务网站中，安全性是必须要考虑的核心问题。病毒、木马、欺骗、非法入侵及钓鱼网站都是威胁交易能否正常进行的安全隐患。因此，需要一套完整的电子商务安全解决方案，如加密机制、签名机制、数字证书、防火墙及杀毒软件等手段与措施，以保证电子商务网站的安全运营。

（4）可扩展性。要使电子商务正常运营，必须确保其可扩展性。互联网上有数以亿计的用户，而传输过程中，经常会出现高峰状况。倘若一家企业原来设计每天可受理 10 万人次访问，而事实上却有 20 万人次，这就必须尽快配有一台扩展的服务器，否则客户访问速度将会急剧下降，甚至还会拒绝可能带来丰厚利润的客户的来访。对于电子商务来说，可扩展的系统才是稳定的系统。

3．电子商务网站的主要评价指标

电子商务网站的评价活动可以促进网站的整体水平和质量的提高。具体来讲，通过检查电子商务网站的各项指标是否达到理想要求，分析结果，找出薄弱环节，提出改进意见。常用的评价指标有以下几个。

（1）PR 值（PageRank）：是 Google 用于标识网页的等级与重要性的一种方法，是 Google 用来衡量一个网站的好坏的重要标准之一，级别从 0 到 10 级，10 级为满分。在考察诸如外链、Title 标识和 Keywords 标识等所有其他因素之后，Google 通过 PageRank 来调整结果，使那些更具"等级/重要性"的网页在搜索结果中的网站排名获得提升，从而提高搜索结果的相关性和质量。

（2）PV 值（Page View）：即页面浏览量，或点击量。在企业实施电子商务的过程中，网站建设好了，第一步就是要让更多的人知道、使用，也就是一定要有流量。网站流量就相当于传统线下购物中心的"客流量"指标。

（3）提袋率：提袋率是指一定时期内，将商品放入购物车的顾客人数占该时间段网站访问量的比例。虽然将商品加入购物车里的消费者并不一定要为它们买单，但它可以帮助企业分析哪些产品是消费者曾经感兴趣最终却放弃的，从而帮助企业进一步改进。

（4）流量转化率：即一定时期内的订单数占访问量的比例。如篱笆网每天 20 万人访问，订单数是 1 000 单，转化率是千分之五。这是反映流量商业价值最核心的指标，只有当流量转换为订单，企业才能收获真金白银。

（5）流量注册比：即一定时期内，网站注册人数占访问量的比例。消费人群的含金量则是按照普通网民、注册用户、经过身份认证的实名注册用户这几个层级组成的金字塔结构依次上升的。

（6）跳出率：跳出率指仅仅访问了单个页面如首页的用户占全部访问用户的百分比。跳出率通常用于评估网站的用户体验，可以用于指导网站以及页面的改善。跳出率越高就说明该网站对访问者的吸引力越低，当跳出率达到一定的程度时，就说明网站需要做些优化或者页面更新了。降低跳出率方法的最关键要点就是要提高用户体验，如访问速度、导航是否友好、网站内容是否丰富等。

（7）网站粘度：也叫网站黏性。顾名思义，就是指网站能"粘住"用户的程度，也就是指用户对某一网站的重复使用度、依赖度、忠诚度。

一般来讲，网站用户粘度主要体现在以下几个方面。

- 网站的用户回头率，即用户浏览网站的频率，主要是衡量用户是否经常性浏览某一网站。
- 用户深度阅读网站内容的程度，也就是说用户的访问是蜻蜓点水、来了就走，还是阅读了网站更多的页数。
- 用户与网站之间或用户之间互动性程度，如用户经常对网站内容作点评、留言等；
- 用户与网站建立起品牌认可，潜移默化地推广和宣传网站，并以该网站为品牌追随者。

4．电子商务网站的分类

按不同的分类方法，可将电子商务网站分为不同的类型。

（1）按照交易对象的不同分类。

- B2B（Business to Business），指网站进行的交易活动是在企业与企业之间进行的，即企业与企业之间通过网站进行产品或服务的经营活动，这里的网站通常是通过第三方提供的平台，企业不需要为建立和维护网站付出费用，只需向第三方交付年费或每笔交易的费用即可。类似的平台有阿里巴巴、慧聪网、中国化工网、敦煌网等。对于中小型企业来讲，第三方平台无疑提供了一条实施电子商务的捷径。

- B2C（Business to Consumer），指网站进行的交易活动是在企业与消费者之间进行的，即企业通过网站为消费者提供产品或者服务的经营活动。卖产品的网站差不多要占到 B2C 电子商务网站总量的 90%，如亚马逊网、当当网、京东商城、凡客诚品等。卖服务的网站要少一些，例如，携程网为消费者提供了旅行服务，如酒店预订、机票预订等，易美网则为人们提供了网上冲印等业务的服务。

- C2C（Consumer to Consumer），指网站进行的交易活动是在消费者与消费者之间进行的，即消费者通过网站进行产品或服务的经营活动，与 B2B 类似，这里的网站也是由第三方提供的平台，参与交易的双方也通常是以个人为主，如淘宝网、拍拍网、百度有啊等。

- B2G（Business to Government），即企业与政府之间通过网络所进行的交易活动的运作模式。如网上采购，政府机构在网上进行产品、服务的招标和采购。其他还有电子通关、电子纳税等企业与政府间的业务等。

电子商务网站类型很多，这里只能说是大致分类。实际上，很多网站发展很快，且存在相互融合、相互渗透的情况，因此很难对某个网站进行精确分类。例如，淘宝网通常来讲是 C2C，但随着淘宝商城（2012 年改名为天猫）的成立，众多品牌包括联想、惠普、迪士尼、Kappa、罗莱家纺在淘宝商城开设了官方旗舰店，淘宝商城整合了数千家品牌商、生产商，为商家和消费者之间提供一站式解决方案，此时的淘宝商城已经是 B2C 了。

（2）按产品线宽度与深度分类。

- 综合型网站。这类网站是能够提供多行业、多种产品类型的网上经营的网站，通常该类网站聚集了大量产品，类似于网上购物中心，旨在为用户提供产品线宽、可比性强的商务服务，在广度上下工夫。如阿里巴巴、慧聪网等都是 B2B 的综合型网站，易购网、当当网则是 B2C 的综合型网站。

- 垂直型网站。这类网站提供某一类产品及其相关产品（互补产品）的一系列服务，垂直型是指在一个分销渠道中，生产商、批发商、零售商被看作一个单一的体系。例如，销售汽车、汽车零配件、汽车装饰品、汽车保险等产品的商务网站，为顾客提供了一步到位的服务。

5．电子商务网站的实施意义

企业做电子商务，可以有很多选择，既可以借助阿里巴巴、慧聪网或淘宝这样的第三方平台，也可以搭建自己的电子商务网站。有了电子商务这一贸易平台就相当于在互联网上建立了一座厂房，需要每天去维护它、完善它。当一个陌生的客户前来时，它充当了一个推销员，它代表的是企业品牌形象。当老客户前来寻求帮助时，它充当的则是一个服务人员，可以提供各种个性化服务以满足客户的不同需要。

总的来讲，企业实施电子商务的意义表现在以下几点。

（1）有利于大幅提升企业知名度及影响力，提高销售额。

（2）有利于企业拓宽发展空间。大多数中小企业都是本地化企业，规模小、雇员少、资金薄弱，只为当地用户提供产品和服务，辐射范围较小。电子商务所具有的开放性和全球性特点，为中小企业的发展创造了更多的贸易机会，为中小企业打开了一扇通往全国乃至世界市场的窗口。

（3）减少了各种中间环节，交易成本显著降低。

（4）加强了与客户的沟通与联系，提供更优质的服务。

（5）有利于快速掌握市场反馈信息，对产品进行相应调整。

（6）有利于兼并上下游企业，形成产业链延伸。

二、电子商务网站的构成要素

电子商务网站的构成要素依据网站类型的不同和规模的不同而略有差异。一般情况下，企业特别是中小企业在建立电子商务网站时，并不一定要构建网络基础设施，可以借助互联网服务提供商（Internet Service Provider，ISP）提供的服务器搭建自己的网站运行平台。

从本质上讲，电子商务网站的制作与一般网站并没有太大的差别，也需要申请域名、申请网站空间、制作网页与维护管理等流程，但作为企业在 Internet 上建立的门户网站，应突出电子商务特色，在功能上突出电子商务的功能，在页面效果上突出商务的特点。因此，电子商务网站通常由前台网页和后台数据库等组成。前台网页可以接受客户的浏览、注册和登录，后台数据库可记录下客户的有关资料。具体来讲，主要由以下几个部分组成。

1．网站域名

域名是企业、机构或者个人在域名注册商上注册的名称，是互联网上企业或机构间相互联络的网络地址。域名必须向 ISP 申请。国内有许多网站接受域名申请，只有获得批准后，才是合法的域名。

2．网站物理地点

网站物理地点即网站空间，是存放网站的磁盘空间，由专门的服务器或租用的虚拟主机承担。

3．网页

每个网站都有许多网页文件组成。网页文件，即网站的源文件，网页之间以超链接相关联。电子商务网站一般分为前台与后台，前台页面提供客户注册登录、商品分类，如同进入一家大的商店，让客户能够迅速找到想要的商品进行购物，如图 1-24 所示。后台页面则包括了管理员的维护工作，如商品的添加、订单的管理等，如图 1-25 所示。

4．货款结算

客户通过购物车选购商品，然后结算，确定付款方式、送货地点、时间等。

5．客户资料管理

管理已注册客户的姓名、通信地址、电话、电子邮件地址等信息。

6. 商品数据库管理

经常及时盘点商品，做好商品配货和商品配送。

以上只是电子商务网站的大致结构。随着网站经营的商品及经营规模的变化，其构成要素也有所变化。

图 1-24、图 1-25 分别为某电子商务网站前台、后台。

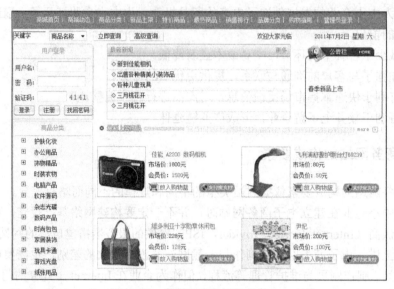

图 1-24　某电子商务网站的前台

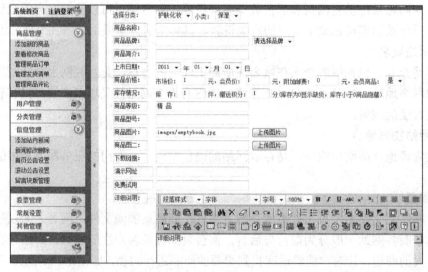

图 1-25　某电子商务网站的后台

三、电子商务网站的功能

尽管每个企业的产品、经营范围及商务模式可能大相径庭，但是，对于一个企业的电子商务网站而言，它们要实现的功能基本相同，主要表现在以下几个方面。

1．企业形象宣传

企业网上的形象即网站的形象，是十分重要的。它的定位与设计直接影响着企业在电子商务应用推广中的成败，纵观国内外知名企业的网站，我们不难发现这样的规律：企业的知名度和实力往往与其企业网站的设计制作水平成正比。利用网站，企业可向外宣传企业文化、企业概况、产品品牌、服务品质以及新闻等方面的内容。与其他各种广告形式相比，在网上的广告成本最为低廉，而给顾客的信息量却最为丰富。

2．产品展示与信息发布

企业在网站上可以用文字、图片、动画等方式宣传自己的产品，即使一个功能简单的网站至少也相当于一本可以随时更新的产品宣传资料。而且可以发布企业新闻、产品信息、促销信息、招标信息及人员招聘信息等。网站上的信息更新比任何传统媒介都快，通常几分钟之内就可以做到内容更新，从而使企业在最短的时间内发布最新的消息。

3．与客户互动进行咨询洽谈

企业在电子商务网站中除了可借助非实时的电子邮件与客户沟通外，还可利用网上客服、客户留言板、在线调查和 BBS 与客户进行深度沟通，洽谈交易事务。企业网站所面对的不再是被动的读者，而是有目的的主动客户。一个设计得当的企业网站，将能满足客户多方面需求，达到双向充分地沟通，这是一般传统媒体所做不到的。

4．网上商品订购功能

网上商品的订购功能是电子商务网站的核心功能。通常都是在商品介绍的页面上提供十分友好的订购提示信息和订购交互式表格，并可以通过导航实现所需功能。当用户填完订购单后，系统回复确认信息单表示订购信息已收悉。用户订购信息采用加密的方式使用户和商家的商业信息不会泄露。

5．网上支付功能

企业在电子商务网站中实现网上支付是电子商务交易过程中的重要环节，用户和商家之间可采用信用卡、电子钱包、电子支票和电子现金等多种电子支付方式进行网上支付，网上电子支付的方式节省了交易的开销。电子账户通过用户认证、数字签名、数据加密等技术措施的应用保证电子账户操作的安全性。

6．客户信息管理功能

企业在电子商务网站中通过客户信息管理系统可以完成对网上交易活动全过程中的人、财、物、用户及本企业内部的各方面进行协调和管理，实现个性化服务和管理。

7．服务传递功能

企业在电子商务网站中通过服务传递系统将客户所订购的商品尽快地传递到已订货并付款的用户手中。对于有形的商品，服务传递系统可以对本地和异地的仓库在网络中进行物流的调配并通过快递业完成商品的传送；而无形的信息产品如软件、电子读物、信息服务等则立即将商品通过网络直接传递到用户端。

8．销售业务信息管理功能

企业在电子商务网站中通过销售信息管理系统，可以及时地收集、加工处理、传递与利用相关的数据资料，并使这些信息有序并有效地流动起来，为组织内部的 ERP、MIS 等管理系统提供信息支持。

模块三 电子商务网站建设基础项目实训

一、实训概述

本实训为电子商务网站建设基础实训，学生通过教师提供的网站素材，认真学习，并结合本教材对相关网站的功能、结构、分类、盈利方式等方面进行分析与认知，通过实训平台完成学习报告。

二、实训流程图

网站建设基础实训流程图如图 1-26 所示。

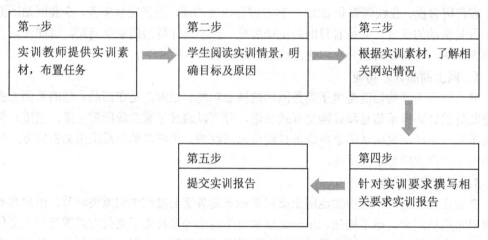

图 1-26　网站建设基础实训流程图

三、实训素材

1．学生机 PC 若干。

2．博星卓越电子商务网站建设实训平台。

3．实训调研站点：凡客诚品（vancl.com）、当当网（dangdang.com）、携程旅行网（ctrip.com）。

四、实训内容

任务一　认知实训网站

学生在浏览器中打开实训系统，仔细研究和分析每个网站的运营方式、电商类型、盈利模式等。

任务二 报表撰写

学生根据研究结果，填写如表 1-2 所示表单。

表 1-2 实训报告参考表

网　　站	运 营 模 式	盈 利 模 式	物 流 配 送	经 营 范 围
dangdang.com				
vancl.com				
ctrip.com				

任务三 了解电子商务网站建设相关职位

访问中华英才网、智联招聘网等人才招聘网站，分别以"电子商务"、"网站建设"等作为关键字对招聘单位和职位进行搜索，阅读前 100 条招聘信息，了解电子商务、网站技术从业人员和网站管理员的工作职责。看看招聘信息中对于岗位的要求是什么，然后记录下来并整理好，以便更好地明确自己的学习方向。

任务四 完成并提交报告

根据要求完成实训报告，并提交至教师。

项目二 电子商务网站规划与设计

能力目标

- 掌握电子商务网站规划与设计要点;
- 明确网站规划与设计的一般步骤。

知识目标

- 明确电子商务网站规划与设计的一般流程。

本项目着重帮助学生理解和掌握电子商务网站规划与设计的细节。电子商务网站的建设是一个复杂的系统工程,所涉及的内容很多,环环相扣,不允许脱节,必须有计划、有步骤,按规范进行实施。如同建设一座大楼,在动工之前,要规划好大楼的用途,设计好大楼的图纸,网站的建设也要在规划与设计的基础上进行。网站前期规划与设计的好坏直接影响着电子商务网站的设计与实施。

模块一　案 例 学 习

案例一　教研室网站

（一）支持企业

北京博导前程信息技术有限公司。

（二）企业背景

北京博导前程信息技术有限公司 Logo 及教研室 Logo 如图 2-1 所示。

图 2-1　北京博导前程信息技术有限公司 Logo 及教研室 Logo

北京博导前程信息技术有限公司是国内知名的教学软件研发、销售商，其前身为于 1999 年在西安成立的陕西博星卓越资讯有限公司。作为国内著名的教学软件公司，北京博导前程信息技术有限公司专业为高校提供教学软件产品，支持高校实训教学，致力于提升互联网环境下学生的综合竞争力，是国内高校教学软件的领跑者，代表着我国教学软件开发与实验教学研究的最新动向。

2009 年，在全面推进博星卓越品牌建设的同时，公司致力于为客户及目标群体带来更多的服务价值，建立了教研室网站（http://www.jiaoyanshi.com）。教研室是北京博导前程旗下经济管理教学社区的主要站点，是国内知名的经济管理专业教学资源分享家园，教研室在提供大量经济管理资讯的同时为高校教师学生提供了丰富的贴合教学的教辅材料与教学资源，为全国各地经济管理专业院校提供了一个交流的社区平台，是提高实践教学内容的重要网站。网站建立于 2009 年，经几次改版，现已成为国内知名的高校经管类教育教学门户网站。

（三）案例详解

自北京博导前程信息技术有限公司成立以来，博星卓越品牌已渐入人心，作为提供教学服务商的企业首先需要利用网络营销的手段为企业自身发展与业务提升创造价值，虽然博星卓越产品网站（www.boxingzhuoyue.com）的建立已让众多客户对博星卓越品牌有所了解，但为了让更多的高校用户发现博星卓越，让更多的高校用户受益于博星卓越，塑造博星卓越教学综合服务商的企业形象，拓展博星卓越品牌高校影响力，创建了教研室网站。

本案例通过介绍教研室网站的建设过程，通过网站设计前期策划，教会学生如何在网站开发前期制作完整周全的电子商务网站策划方案。

任务一　教研室网站分析

1．教研室网站实施背景

随着网站建设与运营的不断深化与发展，网络营销导向的企业网站渐渐地成为了推广企业产品的选择方向。企业需求以市场、业务的需求为导向，企业的网站更是需要达到实施营销型网站建设和运营以及帮助企业实现经营获利的目标。北京博导前程信息技术有限公司旗下博星卓越软件网站的建立虽然已达到该目标，但其商业性的氛围使得电子商务信息过于沉闷，无法完整地塑造博星卓越品牌活跃、阳光的另一面。

教研室网站建设的目的不单体现于使网络社区的用户活跃，其教学资源栏目下多种经管类资源库、教学大纲的资源整合，是教研室服务于教学、满足于实践教学的真实体现。

同时，竞争对手对辅助产品形象塑造这一类站点的忽视，也为博星卓越品牌及教研室的创建提供了机遇，于是，为了让更多的用户了解博星卓越品牌活跃的一面以及对经济管理专业教学的责任感，回馈社会，服务于更多的学校与学生，教研室网站的建立被提上日程。

2．教研室网站实施原因

教研室网站的建立为企业与院校之间架起一座沟通的桥梁，在为院校、教师及学生提供教学资源、教育资讯、学习资源的同时，架构起共同交流的平台社区，为博星卓越品牌的塑造及潜在客户的发掘拓宽了道路。

3．教研室网站实施资源

北京博导前程经历 10 余年的发展和积累，业已获得了业界与技术的双重资源。

（1）系统资源。博导前程拥有高性能配置服务器、虚拟主机空间、邮件群发推广系统、短信群发推广系统、QQ 群营销推广系统、博客论坛营销推广系统等。

（2）技术资源。博导前程拥有众多专业的软件开发工程师、网站开发工程师、美工、SEO 工程师、网站编辑、网站策划、系统管理员、网站运营经理、网络营销总监等高级技术人才。

（3）营销资源。博导前程下辖网络营销部，能够充分运用网络营销手段实现对博星卓越网站进行提升与推广。

4．教研室网站实施目的

（1）满足实践教学资源需求。

（2）增强校企及师生互动，提供交流平台。

（3）提升企业品牌荣誉度。

5．教研室网站实施受众

经济管理类专业院校、教师与学生。

任务二　教研室网站规划

1．网站域名及空间选择

（1）域名选择。教研室网站选择域名为 jiaoyanshi.com。前半段 jiaoyanshi 为域名的主体，之后的.com 为域名的后缀。

① 域名主体：jiaoyanshi。该段主体是教研室的全拼，之所以这样选择有如下原因：

● 以网站中文全拼为产品站域名好记、印象深刻。

● 教研室全拼便于记忆，同时能明确告知用户网站主要定位于教学方面。

② 域名后缀：.com。常见的域名后缀包括：.com、.cn、.net、.edu、.org、.gov 等。不同的域名后缀代表了不同的含义，如表 2-1 所示。

表 2-1 域名后缀及其含义

域 名 后 缀	域 名 名 称	含 义
.info	information	信息
.com	commercial organizations	商业组织，公司
.net	network operations and service centers	网络服务商
.org	other organizations	非盈利组织
.edu	educational institutions	教研机构
.gov	governmental entities	政府部门

博星卓越教学实验网选择了.com 的域名，有如下原因：

● .com 从互联网进入中国以来一直深入人心，便于记忆。

● .com 能够代表企业，若选择.gov、.org 等，与企业这种身份严重不符。

于是，经过上述两个步骤的融合，教研室网站的域名确定为：jiaoyanshi.com。

当域名确定好之后，就可以查询并购买。互联网上有很多提供域名服务的商家，但凡在百度或 Google 搜索"域名注册"或"域名"就会得到很多结果。对于企业而言，要的是性能稳定、服务好的域名供应商，可以直接选择万网；对于个人而言，要的是性价比，价格是重要因素，可以选择一些小型的 IDC 进行注册。

（2）空间的选择。这里所说的空间是一个广义的概念，网站终归到底是一个个页面，是文件，它们终归要放在一个地方。如果域名是名字，是地址，那么存放网站页面的空间就是家。

教研室网站是存放在公司自己的服务器上的。之所以选择独立服务器是因为：

● 公司部署的网站越来越多，需要更多、更大的空间放置网站文件和数据库文件，文件上传下载 FTP 文件系统的部署等。

● 因为公司是软件开发公司，许多开发环境及组件是虚拟主机所不能提供的，例如，使用 Java 开发的教学软件产品，需要 Tomcat 环境；ASP.NET 开发的软件产品需要有.NET 的环境；需要用到的数据库包括 MySQL、SQL Server、Oracle 等。

● 公司还承担着中国互联网协会网络营销的教学和培训工作，需要部署邮件服务供学员和高校师生进行 E-mail 营销实训使用等。

● 服务器独享所有资源，在网站的访问速度、同时在线人数、带宽、应用方面远超过虚拟主机。在网站数据的完整安全方面也是虚拟主机不能相比的。

考虑到上述种种原因，公司选择使用独立服务器。

2．网站主题定位

网络的最大特点就是新和快，目前最热门的个人主页都是天天更新甚至几小时更新一次。而最新的调查结果也显示，网络上的"主题站"比"万全站"更受人们喜爱，教研室网站明确定位于经济管理专业教学资源分享，主要的内容包括：各专业教学教育资讯、各专业实验室解决方案、各专业教学教育资源等。网站主题是：提供经济管理专业教育教学资源，着重分享电子商务、电子政务、市场营销、物流、国际贸易等相关教学计划、大纲、案例、教学课件及教学实验等资源。定位这样的主题的原因有以下两方面。

（1）与企业经营相关，公司定位于综合教育软件服务商，着手于对经济管理教学的服务与支持，为各大院校师生提供丰富教学资源，同时，提升品牌形象。

（2）与客户需求相关，公司的主要客户为学校、老师、学生，教研室提供教学案例、资源，实验室方案等，在很大程度上为学校的实验室建设、学校的教育提供了指导和支持，同时，发掘潜在用户。

3．网站栏目策划及网站功能

一般而言，我们在做任何一个网站前都会形成一定的认知，即网站上要放什么，要给用户展示什么。但对于哪些内容是重点，哪些是次重点，哪些并不重要可能并不明确。这个时候就要形成栏目。通过栏目来完善内容构思和策略。

网站栏目按照级别可分为三类：一级、二级和三级及以上栏目。

一级栏目简洁直观、节约网页空间、利于用户快速关注，但无法提供精确导航，信息量少。二级栏目相对清晰，导航形式更易于被用户接受，能够更好地起到引导作用，使用户进入二级分类目录后得到更多信息。三级及以上的栏目分类更加详细清晰，导航更加精准，在提供更多快速准确的导向的同时帮助用户了解更多分类，但在空间占用率与导航效率上找到一个平衡点是相对困难的，三级及以上栏目分类更多地被网络商城等电子商务网站所采用。

考虑到教研室网站栏目分类较少、栏目相似度较高，故采用二级栏目分类；教研室网站共分为八个栏目，每个栏目都有核心且相互关联，共同推举经济管理教学资源。如图 2-2 和表 2-2 所示。

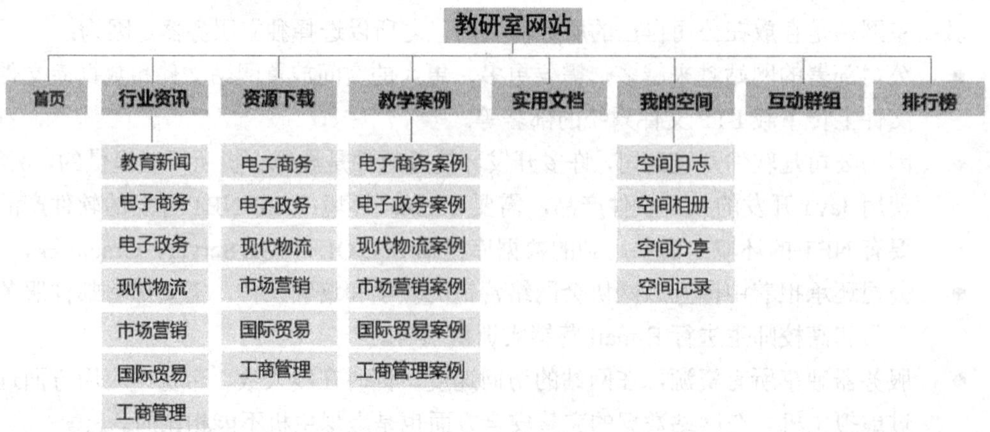

图 2-2　教研室前台拓扑图

表2-2 网站基本栏目设置

栏 目 构 成	设置原因与栏目价值
行业资讯	教研室行业资讯栏目的设立为用户带来更多的经济管理专业信息的同时，保持更新，为各高校教师、学生提供更多的专业资讯，提高了搜索引擎的收录
资源下载	网络的便捷便是资源共享，资源下载栏目的设立，方便院校师生对有利资源的直接下载，包括各专业研究报告、教学大纲等，教研室网站资源的提供来自于各个会员的自主上传，在管理员审核通过后便可直接发布于对应的二级栏目中。
教学案例	教研室网站主题紧扣经济管理专业教学资源的分享，提供大量的经管专业的教学案例，教学案例是教学组成中搜索比重较大的部分，将其单独地划分出来，更有利于用户直接查找，主题栏目占绝对优势，显示出教研室网站较强的专业性
实用文档	实用文档二级栏目的设置根据用户每期的搜索情况会进行相应的调整，一是方便用户，二是使其受到搜索引擎的重点青睐
我的空间	教研室网站点位于社区网络，其个人空间的开通，便于活跃用户，使用户对网站产生依赖感的同时方便用户沟通、交流
互动群组	互动群组栏目的设置主要为用户提供一个共同交流平台，基于BBS模式，教研网网站的确立，更多地方便用户与用户间的沟通，用户与用户间资源的分享
排行榜	开设排行榜栏目，主要是为了使老用户拥有依赖感，其精确导航至排行榜模块，照顾常访问的顾客

4. META 标签

META 标签是网站建设的重点要素之一，也是浏览器区别网页的方式之一，正确的 META 标签会给网站带来准确的搜索流量。教研室网站主要以经管类行业相关教学资源分享为主题、分享最新行业资讯，同时，互动群组及个人空间形式意在突出教研室 SNS 特性，故在撰写 META 标签时，为突出网站特点，教研室网站栏目对应的 META 信息如表 2-3 所示。

表2-3 网站META标签设置

栏目	标题（title）	关键词（keyword）	描述（description）
首页	教研室_经济管理专业教学资源分享家园	教研室，经济管理教学资源，电子商务课件，电子商务教学大纲，电子商务教学计划，市场营销课件，市场营销教学大纲，市场营销教学计划，国际贸易教学大纲，电子商务会议，实习报告，面试问题，面试技巧	教研室是国内经济管理专业教学资源分享家园，着重分享电子商务教学、电子政务教学、市场营销教学、物流教学、国际贸易教学的教学计划、教学大纲、教学案例、教学课件、教学实验等教学资源
行业资讯	行业资讯_经济管理专业_经济管理专业知识-教研室	经济管理教学新闻，电子商务教学新闻，电子政务教学新闻，市场营销教学新闻，物流教学新闻，工商管理教学新闻，国际贸易教学新闻	教研室网站"行业资讯"频道主要提供电子商务教学新闻、电子政务教学新闻、市场营销教学新闻、物流教学新闻、工商管理教学新闻、国际贸易教学新闻

续表

栏目	标题（title）	关键词（keyword）	描述（description）
资源下载	教学资源_教学资源下载_经济管理教学资源-教研室	教学资源下载，电子商务教学，电子政务教学，物流教学，市场营销教学，国际贸易教学，工商管理教学，教学计划，教学大纲，教学课件	教学资源下载栏目着重关注电子商务教学、电子政务教学、物流教学、市场营销教学、国际贸易教学、工商管理教学的教学计划、教学大纲、教学课件、教学实验、教学论文等经济管理专业教学资源
教学案例	电子商务案例|市场营销案例|现代物流案例|电子政务教学案例-教研室	电子商务教学案例，电子政务教学案例，现代物流教学案例，市场营销教学案例，国际贸易教学案例，工商管理教学案例	教学案例是教研室的栏目之一，着重关注经济管理专业教学过程中对教学案例的需要，包括电子商务教学案例、电子政务教学案例、现代物流教学案例、市场营销教学案例、国际贸易教学案例、工商管理教学案例等
实用文档	入党资料_求职简历_面试技巧_实习报告_实习自我鉴定等实用文档-教研室	入党资料，自我评价，自我鉴定，求职简历，面试资料	教研室"实用文档"栏目提供入党资料、自我评价、自我鉴定、求职简历、面试资料等高校师生常用文档
我的空间	个人空间_教研室	空间，个人空间，教研室	教研室为广大师生提供个人展示空间
互动群组	群组_教研室	群组，教研室	教研室群组频道

任务三　教研室网站设计

1. Logo

图 2-3 为教研室网站的 Logo。

图 2-3　教研室 Logo

创意：采用教研室汉语拼音，突出教研室拼音的同时，加以教研室汉字，显得 Logo 不那么空洞，对号的引用，意味着教学中正确的答案，点名教学主旨，.com 为网站域名后缀。同时 jiaoyanshi.com 也方便用户记忆。

色彩：蓝色，明亮色，给人以科技感及清新感，使教研室自身沉闷的感觉一扫而空，给人以亲近、阳光的另一面感受。

2. 网站前台布局

在确定了网站主题后，教研室以突出经济管理教学资源共享家园为主旨，网站从栏目设置到内容收录都要表现出教研室特色。从策划到实施做了完善部署，规划出网站布局及栏目后，美工按照策划设计首页效果图，切图、编写前台静态页面。开发人员写网站后台管理部分。

在网站布局策划方面，可以使用 Word 或专业工具，如 Visio 进行设计，最终形成《教研室网站策划实施方案》。教研室网站结构图策划中，考虑到网站的性质、反应速度、用户体验、网站易使用性以及 Discuz 系统的易用性等诸多方面的因素，布局采用简洁明了的框架式布局，表现出栏目内容的同时不失准确性。整体结构如图 2-4 所示。

Logo		登录信息
顶部导航		
搜索引擎		
滚动焦点图	热点资讯	微博信息
		电商会议记录
最近专题	最新资讯	
资源下载		电子期刊
热门下载	最近上传	
BANNER		
案例	群组	热门标签
BANNER		
空间		实用文档
友情链接		
底部导航		

释义：

Logo 首栏显示突出了网站标志，告诉用户访问到什么站点，另外，登录信息的显示也强调了网站的社区模块重要性；顶部导航采用二级栏目导航，方便用户精确查找目标栏目，加以搜索引擎辅助，成为用户进入其他栏目、查找内容的主要入口

网站首屏显示内容，重点资讯更新部分，网站的更新保证了搜索引擎对网站的收录；同时网站微博地址的显示，也为更多用户关注网站做出贡献

网站重点区域，提供经济管理专业教学资源下载以及互动群组、个人空间等用户讨论模块，完整体现网站策划中所要求的所有栏目内容；右侧电子期刊栏目采用邮件推广思路，保持老用户量，同时，增加回访次数；热门标签采用系统自动更新方式，方便用户浏览最近最热的关键词情况来查看热门文章

友情链接的设计凸显网站专业性，能够提高网站 PR 及访问量

底部信息的设置，方便用户联系，加强了用户与企业的沟通

图 2-4　教研室首页布局及释义

教研室首页栏目设置充分印证网站更新的重要性，栏目结构划分明确，采用三栏式排版，排版整洁，用户访问第一印象良好。

教研室网站行业资讯栏目页布局及释义如图2-5所示。

图2-5　行业资讯栏目页布局及释义

"我的空间"栏目设置参考国内各大SNS社交平台界面，保持一致设计风格，在"我的空间"首页信息页面，显示当前状态、空间最新日志更新、文章发布索引信息，并包含推荐空间等系统功能。

"我的空间"栏目页页面布局及释义如图2-6所示。

互动群组栏目的设置为用户群体交流提供一个平台，针对不同的热点资讯及类别，用户可自行发布群组信息及相关主帖，互动群组栏目布局及释义如图2-7所示。

图 2-6 "我的空间"栏目布局及释义

图 2-7 互动群组栏目布局及释义

栏目内容列表注重于资讯、文档等收录信息的展示、索引，栏目内容列表页界面布局及释义如图2-8所示。

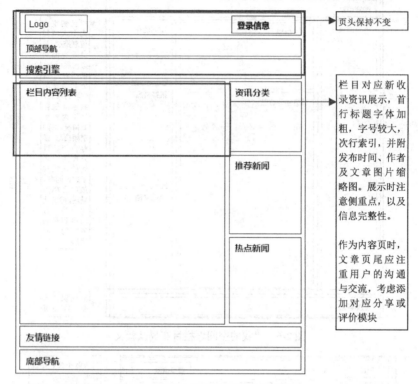

图2-8　栏目内容列表页面布局及释义

其他栏目页、内容页界面布局相同。

3．网站后台设计

一般来说，动态网站均由前、后台组合而成。前台，即普通用户可见层；后台，则是网站管理层所用。

根据网站主题和栏目设置，教研室网站后台主要有如下功能，如图2-9和表2-4所示。

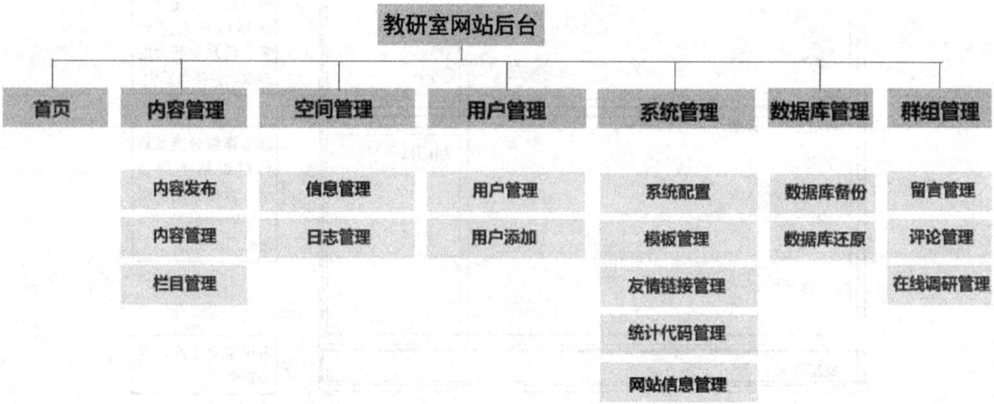

图2-9　教研室网站后台拓扑图

表 2-4　教研室网站功能分析

网 站 功 能	功 能 描 述
内容管理功能	主要用于网站内容更新与管理
空间管理功能	用于学生、教师等注册登录空间并经营自己的专属空间
用户管理功能	用于注册用户的管理（增加、删除、改密码等）
系统管理功能	主要用于配置网站参数、更换网站模板等
栏目管理功能	主要用于网站栏目的增加、修改、删除等
数据库管理功能	主要用于数据库的备份与还原
群组管理功能	主要用于群组中用户留言、回复，以及在线调查管理
日志管理功能	主要用于空间日志的查询、删除、导出等
友情链接功能	管理友情链接（包含添加、删除等）
统计代码管理功能	管理统计代码（启用或关闭、修改、删除等）
网站信息管理功能	管理网站 SEO 信息等

根据网站功能及栏目策划，结合教研室网站定位，研发人员决定先从网上寻找免费开源代码查看是否有符合网站基础功能的并加以修改。从教研室栏目设置看，教研室网站属于"产品站+教研室门户+SNS"模式，结合当下互联网门户社区类开源代码产品，研发人员考虑使用"SuperSite+Ucenter Home"传统组合模式或使用"Discuz!"模式。

分析两种组合概念：组合传统概念及优势组合概念。

组合传统概念模式为：产品站+教研室门户+SNS Home、产品站+门户+SNS Home。采用 SuperSite（教研室）+Ucenter Home 的缺点是使得教研室和 SNS 把用户分隔为两部分，也没有论坛部分，不能和产品站紧密配合，应用较少，逐渐不能满足未来发展。

优势组合概念模式为：产品站+Discuz! X1.5。其优点在于用户集中在 Discuz! X1.5，应用众多，论坛部分更可与产品站紧密配合，可承载力更强。

结合教研室前、后台模块功能设计，研发人员决定使用 Discuz! 开发教研室网站。Discuz! X1.5（Discuz! X 是康盛创想（Comsenz）推出的一个以社区为基础的专业建站平台，让论坛（BBS）、社交网络（SNS）、门户（portal）、群组（group）、开放平台（open platform）应用充分融合于一体，帮助网站实现一站式服务。除了一般论坛所具有的功能外，Discuz! 还提供了很大限度的个性化设定。众多功能在后台预留开关，可按企业需要启用。前台全部采用编译模板技术构建，根据界面、结构、展示效果、SEO 效果以及功能要求进行再度开发，更换界面易如反掌。完善的权限设定，使管理员可控制到每个用户、每个组及所在每个分论坛的各种权限。在社区互动上，Discuz! X 除了让论坛（BBS，产品 Discuz!）与社交网络（SNS，产品 Ucenter Home）之间实现以往的数据统一之外，在用户体验方面也能够更加自然地过渡，有效处理页面格式，保证页面及表格的完整性。

任务四 教研室网站静态页

1. 网站策划实施开发

（1）关键词与 URL 的关系。关键词融合到 URL 除了给搜索引擎授予权重外，也是访客直接认清站点 URL 的一种方式。

（2）目录深度。网站目录深度最好变现为 URL，网站的目录结构应该越简单越好，扁平化的结构是 SEO 的关键。深度越复杂，被搜索引擎蜘蛛快速检索到的机会也就越小，网址的分层不要超过三层，http://主页/产品大类/具体产品页，这样的分层是很适合搜索引擎抓取的。

（3）由于搜索引擎对动态页面收录和 HTML 页面收录率的差别以及页面资源占用问题，使用静态的 URL，好处就是减少站点运行资源。从而提高访问速度得到搜索引擎的抓取，以便更多更大量地被搜索引擎收录，最大限度地提高自己的内容被目标接收的机会。

表 2-5 所示为教研室主要栏目 URL 设计。

表 2-5 教研室网站主要栏目 URL 设计

栏 目 名 称	URL 地址	URL 说明
行业资讯	http://www.jiaoyanshi.com/news/	英文 news 的意思是新闻，且主题为行业资讯
资源下载	http://www.jiaoyanshi.com/download/	英文 download 的意思是下载，内容教学资源下载，切合教学主题
教学案例	http://www.jiaoyanshi.com/case/	英文 case 的意思是案例，且主题为教学案例
实用文档	http://www.jiaoyanshi.com/artice/	英文 artice 的意思是文档，且主题为相关文档
我的空间	http://www.jiaoyanshi.com/home.php	英文 home 的意思是个人主页、空间，切合主题含义

2. 页面设计与制作

策划阶段进行完毕，美工组就可按照策划方案的要求进行页面设计与制作。具体工作主要包括以下内容。

（1）选用科技感十足的蓝色，以及白色作为底页制作相关页面；蓝色是进步色的主要代表之一，而色彩的明度统一、色相相邻，在色彩上会显得简洁，蓝色与白色的搭配使得网页简洁大方。

（2）采用 DIV+CSS 编写网页页面。

（3）加入 JS 脚本及相关特效、焦点图、Banner、Flash 等。

（4）使用 IE、火狐等浏览器测试页面的兼容性。

（5）和程序员配合，确认前台相关页面。

设计并制作的教研室网站首页，可以与策划的页面布局相对应，如图 2-10 所示。

	说明
	网站头部,网站导航、Logo、登录信息
	焦点图,最新行业资讯汇总、网站近期专题,以及最热资讯,右侧网站微博介绍及最近电商会议
	资源下载栏目,左侧顶部导航栏切换,针对六大二级栏目导航、专业,左下侧该栏目对应热门下载,右下侧该栏目对应最新上传。右侧电子期刊支持,保持老用户基数,邮件推广支持
	案例、群组栏目最新资讯、最新图文信息索引。右侧热点标签,方便用户第一时间查看资讯
	空间资讯、最新更新话题;右侧实用文档分类,并点名收藏数,从数字上直接吸引用户
	网站页尾,友情链接及导航

图 2-10 教研室首页截屏

教研室行业资讯栏目页，如图 2-11 所示。

图 2-11　教研室行业资讯栏目页

教研室"我的空间"页面栏目页，如图 2-12 所示。

教研室互动群组栏目页如图 2-13 所示。

教研室内容页如图 2-14 所示。

网站头部，网站 Logo、登录信息、搜索引擎

我的空间主内容区，左侧个人空间日志、相册等空间导航，案例导航及实用文档导航；中间及右侧为标准的个人空间模板，包含个人状态快速发布、近期空间状态、推荐会员、热门文档、最近访客等

图 2-12　教研室"我的空间"栏目页

图 2-13 教研室互动群组页

网站头部，网站Logo、登录信息、搜索引擎

互动群组主导航区，包含推荐群组以及子群组分类、群组信息索引、群组排行及热门帖子

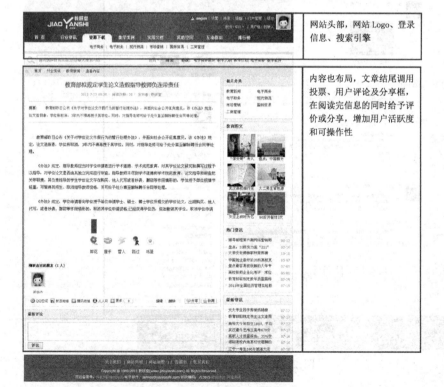

图 2-14 教研室内容页静态页

网站头部，网站Logo、登录信息、搜索引擎

内容也布局，文章结尾调用投票、用户评论及分享框，在阅读完信息的同时给予评价或分享，增加用户活跃度和可操作性

（四）相关术语

1. SEO

SEO（Search Engine Optimization），即搜索引擎优化，是较为流行的网络营销方式，主要目的是增加特定关键字的曝光率以增加网站的能见度，进而增加销售的机会。

2. Discuz!

Crossday Discuz! Board（简称 Discuz!）是北京康盛新创科技有限责任公司推出的一套通用的社区论坛软件系统。自 2001 年 6 月面世以来，Discuz!已拥有 11 年以上的应用历史和 200 多万网站用户案例，是全球成熟度最高、覆盖率最大的论坛软件系统之一。

3. Visio

Microsoft Office Visio 是微软公司出品的一款软件，它有助于 IT 和商务专业人员轻松地可视化、分析和交流复杂信息。它能够将难以理解的复杂文本和表格转换为一目了然的 Visio 图表。通过多种图表，包括业务流程图、网络图、工作流图表、数据库模型和软件图表等直观地记录、设计和完全了解业务流程和系统的状态。便于 IT 和商务专业人员就复杂信息、系统和流程进行可视化处理、分析和交流，促进对系统和流程的了解，深入了解复杂信息并利用这些知识做出更好的业务决策。

（五）案例分析

教研室网站主题明显，突出经济管理教学资源分享家园这一主旨，在呈递经管类教学资源的同时，注重用户交流、沟通，为众多经管专业学生、教师提供了一个资源分享、社区交友的平台。从总体上看，教研室网站有较强的互用交互性，网站结构布局明确，在突出主题的同时，注重搜索引擎友好度。

1. 网站定位

教研室网站定位明确，契合企业需求。秉持对经管类专业教学负责的态度，为广大学子、教师提供经管专业相关资讯和教学资源，提供交流平台。

2. 网站特色

教研室网站采用三栏式网站布局使网站结构明朗，信息明确。各大栏目内容板块划分有序，其对应信息条理清晰，呈现明确。

个人空间及互动群组栏目的设立更是在方便用户查看资讯的同时，增加社交圈子、分享探讨专业知识。

3. 用户体验

（1）页面与频道。教研室网站采用科技蓝作为主色调，强调企业敢于突破传统教学资讯站呈递出的压抑感，透露出企业积极、热情、阳光的一面。栏目划分的明确性也表明行业专业性以及严谨态度。实用文档等二级栏目导航的自主变更，更是为广大学生及教师提供更加便捷的用户体验。

（2）信息量与更新。信息承载方面，无论是咨询页还是论坛页，内容量庞大，栏目内容的更新效率高，坚持呈现最新的业内资讯及教学资源，为用户提供第一手资讯。

4. 交流互动

教研室网站注重用户交流与沟通，个人空间及互动群组的设立所带来的网站活跃度，印证了互用交流是网站不可缺失的主要内容之一，栏目内容页的评论及分享栏也为用户提供了更多抒发主观意识的窗口。

5．网站不足

（1）内容价值。网站在用户注册自主上传资讯、分享栏目中存在的审核环节表现欠佳，大量的审核过程耗费过多的人力、时间，但若降低审核，内容承载方面就会存在冗余。两者之间的平衡是一个难点。

原创性文章较少，导致搜索引擎在收录方面并不是很多，伪原创内容的增加无法为网站带来更多的流量。

（2）博客活力的提升。目前空间内容及群组价值较高，然而活跃性有所欠缺，可以通过具有讨论性的话题来提高用户的参与度，提升教研室网站博客的活力。

案例二	海尔商城网站	

（一）支持企业

海尔商城网站（www.ehaier.com）。

（二）企业背景

海尔商城 Logo 如图 2-15 所示。

图 2-15　海尔商城 Logo

海尔集团是世界大型家用电器第一品牌、中国最具价值品牌，世界品牌 500 强企业前50 名。海尔在全球建立了 21 个工业园，5 大研发中心，19 个海外贸易公司，全球员工超过 8 万人。2011 年，海尔集团全球营业额实现 1 509 亿元。2012 年，海尔集团以品牌价值962.8 亿元连续 11 年蝉联中国最有价值品牌榜首。

海尔商城（eHaier.com）为海尔集团官方建立的海尔全系列家电一站式销售服务平台。有海尔集团品牌保证，用户挑选家电又多了一个放心渠道。

（三）案例详解

海尔集团是世界第四大白色家电制造商、中国最具价值品牌。据全球权威消费市场调查与分析机构 Euromonitor（欧洲商情市场调研公司）最新调查结果显示，按营业额统计，海尔集团目前在全球白色电器制造商中排名第四，海尔的目标是成为世界白色家电行业第一制造商。海尔网上商城是完全由海尔集团公司负责建设、维护与经营的。它利用海尔现有的销售、配送与服务体系，为广大用户提供产品销售服务。海尔集团直接对用户订单负责，提供系统性方案定制服务。

本案例将针对海尔网上商城平台从策划的角度阐述企业建站中网站策划的重要性。

任务一 海尔商城网站分析

1．海尔商城网站实施背景

2012 年，中国网络购物市场继续快速发展。艾瑞咨询数据显示，2012 年中国网络购物交易规模达到 13 040.0 亿元；从网购结构来看，B2C 占比达到 29.7%，呈持续增大趋势。网络市场交易规模不断扩大，在显示出巨大市场前景和利润的同时，也暗示着传统家电卖场正遭受严重冲击，所以在巨大利益的诱惑和电子商务的步步紧逼下，海尔集团进军网络市场。

2．海尔商城实施原因

海尔商城网站的成立，使得海尔品牌摆脱了只有线下经营的单一模式，线上模式的确立，一方面是海尔品牌迈向电子商务的开端；另一方面也为拓展市场开辟了新的方式。

3．海尔商城实施资源

在白色家电领域，海尔是世界第四大白色家电制造商。海尔集团持有多个与消费者生活息息相关的品牌。其中，按品牌统计，海尔已连续四年蝉联全球销量最大的家用电器品牌，海尔的品牌已经深入人心，强大的品牌认知度便是海尔集团最大的资源。

4．海尔商城实施目的

（1）建立一个有鲜明个性的垂直网站，以通过电子商务手段更进一步增强海尔在家电领域的竞争优势。

（2）海尔提供服务的重要内容包括网站为客户提供更高的便利与个性化服务方面的创新。

推动销售的模式向拉动的销售模式转变，提高新经济下的企业核心竞争力，通过 B2C 平台，面对个人消费者，海尔可以实现全国范围内网上销售业务。

任务二 海尔商城网站规划

网站策划是网站建设中重要的一步，策划的完整性以及合理性影响网站在开发、设计及完成后的整体表现效果、功能完善性及影响力，要避免因设计不足而导致网站二次开发问题。下面我们将从网站策划方面对海尔网络商城进行全面解析。

1．海尔商城网站建设需求分析

根据艾瑞咨询发布的中国网络购物市场数据，网络市场交易规模不断扩大，在显示出巨大市场前景和利润的同时，传统家电卖场正遭受严重冲击，海尔网上商城的建立，为海尔品牌开拓市场提供线上渠道。创建线上与线下并行发展新模式。

海尔商城是海尔集团迈向电子商务的重要一步，与传统 B2C 行业相区分，海尔在未来电子商务领域要分得一杯羹，自己的电子商务模式必须有独特之处。

海尔网上商城的挑战者众多，尽管有越来越多的传统家电企业、传统家电卖场涌入电子商务，但目前国内 3C 渠道市场现有容量以及先入者京东商城、淘宝、新蛋等的深耕优势，已经证明后进入者将面临很高的行业门槛，业界也鲜有成功案例。海尔网上商城的先发制人以及特有的服务定制也为海尔占据了家电行业电商一片天地。

2. 海尔商城网站定位

（1）主题定位。海尔建立一个有鲜明个性的垂直网站，以通过电子商务手段更进一步增强海尔在家电领域的竞争优势。面对个人消费者，海尔可以实现全国范围内网上销售业务。消费者可以在海尔的网站上浏览、选购、支付，然后可静待海尔快捷配送及安装服务。海尔商城网站的建立目的在于为海尔的品牌价值带来巨大收获，在传统销售模式褪去的时代，海尔商城的建立为海尔品牌打了一剂强心剂。

海尔商城网站的命名及域名确定便于用户记忆，网站名称以及域名的确定也是网站建设中重要的一部分。

（2）功能定位。

① 企业网站应充分展示企业的经营理念、产品或服务特色。企业网站是企业根据自身经营的需要建立起来的，因此首先应当适应企业经营的需要，为企业的经营和营销服务。企业网站应充分展示企业主营业务的特色和优势，通过文字、图案、颜色甚至声音等媒介，让用户能在最短的时间内抓住企业所要传递给目标消费者的核心思想，而不是让人陷入一个"迷茫的海洋"甚至产生错觉。海尔网上商城搭建直观，向用户呈现网络购物及个性定制等相关栏目。栏目划分、模块化明确，团购、在线设计、节能专区的栏目的设置意在突出海尔商城的与众不同之处。

② 海尔网上商城的主要功能有：

- 在线直销。海尔网上商城是完全由海尔集团公司负责建设、维护与经营的。它利用海尔现有的销售、配送与服务体系，为广大用户提供产品销售服务。海尔集团直接对用户订单负责。顾客可以通过海尔网上商城系统，直接订购看中的商品，再通过海尔现有的销售、配送与服务体系，由送货上门或邮寄两种方式得到购物。

- 网上定制服务。海尔针对用户的需要，预先设计了多个套餐，客户也可以选配自己喜欢的产品组件，系统会进行自动报价，直到客户满意为止。以空调服务定制为例，客户可以从空调移机、加装饰板、清洗保养等十几个服务项目中选出自己需要的服务，系统会整体报价。

- 网上服务中心。海尔对顾客公开的网上服务，主要有以下几方面。

  ➢ 顾客登记：顾客填写顾客登记表的内容将被放到顾客服务数据库中，客户服务人员将会跟踪客户的产品使用情况，为客户提供解决方案，帮助客户了解产品的具体情况、产品知识，客户可以查询到海尔不同类产品的购买、使用、维护方面的小知识。

  ➢ 产品咨询：客户对海尔的产品及其他方面有任何疑问，可以在线填写表单，商城会通过邮件或电话解答。

  ➢ 电子刊物：客户可以订阅海尔新闻、市场活动、产品知识等免费电子刊物。

  ➢ 在线报修：客户购买的海尔产品有任何问题，可以在线填写报修表单，海尔会主动与客户联系。图 2-16 为海尔商城服务承诺。

图 2-16　海尔商城服务承诺

（3）网站应最大限度地满足顾客需求。海尔集团的商务目标需要通过满足消费者的需求来实现，所以企业网站不仅要适合自身特点，还应最大限度地满足顾客需求。海尔商城着力于服务大众、惠于大众的目标，在网站策划上更多地从用户购物角度去思索、策划。

3. 海尔商城网站内容规划

（1）栏目构建。图 2-17 为海尔商城前台栏目拓扑图。

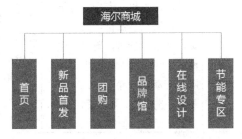

图 2-17　海尔商城前台栏目拓扑图

网站的内容确立以后，要进行内容分类和组织。栏目设计的最基本任务是建立网站内容展示的框架，具体要确定哪些是必需的栏目，哪些是重点栏目，并建立栏目的层次结构。

设计栏目时应遵循一些基本原则：

● 列出的栏目都应是网站最有价值的内容。

● 与网站定位无关的栏目应删除。

● 栏目的设计应方便访问者的浏览、交互和查询。

● 突出直接的电子商务主题。

海尔商城前台栏目设置内容及原因如表 2-6 所示。

表 2-6　海尔商城前台栏目设置内容及原因

栏 目 名 称	栏目设置内容及原因
首页	商品展示首页，所有商品分类展示平台
新品首发	新品发布，最新商品集中展示平台
团购	海尔商城团购频道，热销产品的团购促销，吸引用户的栏目之一
品牌馆	海尔品牌旗下其他品牌展示
在线设计	在线设计，海尔商城特色，用户在线自己定制家电组合
节能专区	节能补贴的商品展示区域

（2）META 编辑（见表 2-7）。

表 2-7　网站 META 标签设置

栏目	标题（title）	关键词（keyword）	描述（description）
首页	海尔商城-海尔集团唯一网上官方商城，全场包邮送装一体可至乡镇村。家电网购空调，冰箱，洗衣机，电视，热水器的首选商城	Haier，Haier 商城，海尔，海尔集团，海尔商城，海尔官方商城，海尔官网，海尔官方网站，海尔官方旗舰店，海尔旗舰店，海尔商城旗舰店、海尔网上商城，海尔官方网站，空调，海尔空调，冰箱，海尔冰箱，洗衣机，海尔洗衣机，电视，海尔电视，海尔家电，家电网购	海尔商城，海尔集团唯一网上官方商城。送装一体可配送到乡镇村，按约送达超时免单全场包邮，家电定制网购省钱更省心！家电网购，就到 Haier 官方商城
新品首发	新品频道-海尔商城-新生活从这里开始	冰箱，洗衣机，专场，特价，空调，海尔，低价，网上，专场，冰点，价格，奥运，电子商务，网购，品牌直销，家电，飓风行动，席卷全城，冰箱，彩电，洗衣机，热水器，直降，抢购，限量，价格	冰箱，洗衣机，专场，特价，空调，海尔，低价，网上，专场，冰点，价格，奥运，电子商务，网购，品牌直销，家电，飓风行动，席卷全城，冰箱，彩电，洗衣机，热水器，直降，抢购，限量，价格
团购	海尔团购-海尔商城-新生活从这里开始	海尔团购-海尔商城-新生活从这里开始	海尔团购-海尔商城-新生活从这里开始
品牌馆	品牌专区-海尔商城-新生活从这里开始	冰箱，洗衣机，专场，特价，空调，海尔，低价，网上，专场，冰点，价格，奥运，电子商务，网购，品牌直销，家电，飓风行动，席卷全城，冰箱，彩电，洗衣机，热水器，直降，抢购，限量，价格	冰箱，洗衣机，专场，特价，空调，海尔，低价，网上，专场，冰点，价格，奥运，电子商务，网购，品牌直销，家电，飓风行动，席卷全城，冰箱，彩电，洗衣机，热水器，直降，抢购，限量，价格
在线设计	在线设计-海尔商城-新生活从这里开始	在线设计-海尔商城-新生活从这里开始	在线设计-海尔商城-新生活从这里开始
节能专区	节能专区-海尔商城-新生活从这里开始	节能家电，海尔节能家电，节能减排，节能冰箱，节能空调，节能洗衣机，节能电视	海尔节能，省电先行。海尔节能家电，为节能春天添绿色，海尔冰箱每天不到 1 度电，买海尔空调享国家节能补贴，海尔节能 LED 电视拉丝面板时尚典雅节能也优雅

（3）网站后台模块设计。考虑到系统功能需求，海尔商城网站后台系统后台栏目拓扑图如图 2-18 和表 2-8 所示。

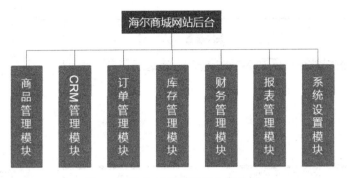

图 2-18 海尔商城网站后台拓扑图

表 2-8 海尔商城网站后台基本栏目设置

网 站 功 能	功 能 描 述
商品管理模块	商品管理模块实际上是一套基于数据库的即时发布系统，包含商品管理及促销管理，可用于各类产品的实时发布，前台用户可通过页面浏览查询，后台管理可以分类，发布产品型号、价格、简介、样图、相关下载文档等多类信息
CRM 管理模块	该模块主要包含会员管理、定向营销、客服管理以及呼叫中心，此模块能够把客户资源有效地管理起来。通过网站会员管理模块，可以收集完整的会员资料，对会员进行管理，根据会员的等级给予不同的权限，并为会员提供与您的产品或服务相关的具体功能
订单管理模块	订单录入及订单审核
库存管理模块	负责商品的出入库检测、配送、库存管理
财务管理模块	供应商结算、渠道结算、配送结算以及内部结算
报表管理模块	搜索报表、销售报表、财务报表、客服报表及仓储物流报表的生成
系统设置模块	常规的基础设置、权限设置以及帮助中心

4. 海尔商城网站前台布局

海尔商城作为 B2C 网站，首页首屏的内容呈现尤为重要，突出网站主题的同时，展示出商城商品类别多样性。图 2-19 为海尔商城首页 Axure 原型设计。

任务三 海尔商城网站设计

海尔商城的网站内容与功能正如网上商城的名称一样，以销售产品为主，同时辅以一些关于海尔公司的资讯介绍。同时网站还实现了家电在线 DIY、家居在线设计、在线设计咨询，在推销自身的同时注重了用户体验，显得较有亲和力。

海尔商城总体以白色为基调，导航栏配以蓝色的背景，标题栏的文字则以灰色显示，文字主体选择了黑色，产品价格则以粉红色标出。整体布局简洁大方，图文配合和谐，从视觉上给消费者比较轻松自由之感。

网站主体结构由导航栏、左侧内容及右侧内容构成。导航栏主要是海尔热点产品链接及宣传广告，左侧内容除了产品分类之外，还包括热销产品推荐等内容。右侧主体部分则是关于新产品的介绍，海尔推荐产品和其他资讯类信息，如图 2-20 所示。

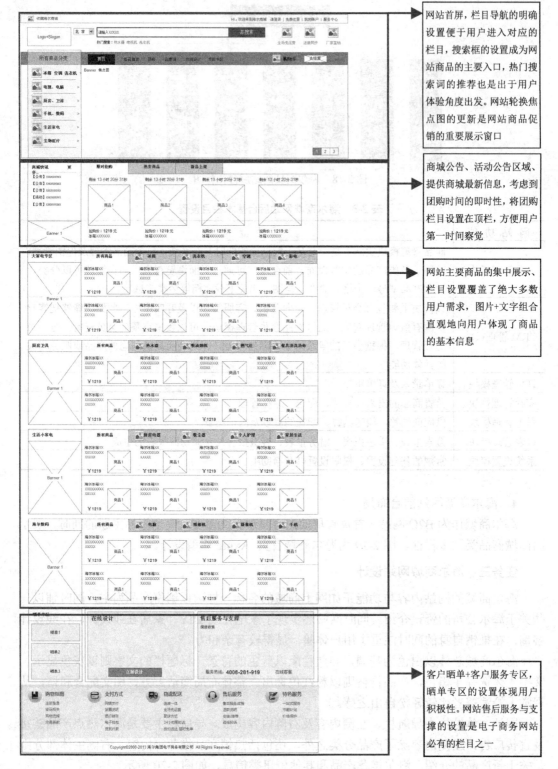

网站首屏，栏目导航的明确设置便于用户进入对应的栏目，搜索框的设置成为网站商品的主要入口，热门搜索词的推荐也是出于用户体验角度出发。网站轮换焦点图的更新是网站商品促销的重要展示窗口

商城公告、活动公告区域、提供商城最新信息，考虑到团购时间的即时性，将团购栏目设置在顶栏，方便用户第一时间察觉

网站主要商品的集中展示、栏目设置覆盖了绝大多数用户需求，图片+文字组合直观地向用户体现了商品的基本信息

客户晒单+客户服务专区，晒单专区的设置体现用户积极性。网站售后服务与支撑的设置是电子商务网站必有的栏目之一

图 2-19 海尔商城首页 Axure 原型设计

网页头部，网站 Logo 与导航。Logo 的使用。Logo 就是网站的徽标或商标，形象的 Logo 不仅有利于用户对网站主体和品牌的识别，而且有促进网站推广的作用

在商品导航上应提供商品分类、热卖商品、单个商品的详细展示及最新商品等多种方式。此外，还应提供商品按关键词进行搜索的功能

商品展示区与解决方案展示区，右侧销售排行以及最近销售为新顾客提供更多的购买信息

网站页尾，传统的电商布局，提供各种购物保证与指导

图 2-20　海尔商城首页及结构分析

海尔商城，主要功能就是引导消费者通过网站购买海尔的产品。消费者在网站的购物体验中，首先关注的要点是产品。即如何选择最合适的产品，如何最快捷地找到想要的产品，如何方便地完成从选择到最后收货的整个购物流程。体现在网站功能上，网上商城的网页提供了产品搜索功能，消费者既可以按产品分类进行搜索，也可以在搜索的空白文本框中输入关键字，点击搜索完成。

海尔商城，关注的就是如何最有效地把产品介绍给消费者。体现在网站功能上，有关产品最重要的就是产品推广和产品推荐两方面。产品推广方面，在网上商城的主页上分别有最新上架、精品推荐和热卖排行三大主要内容。最新上架和精品推荐都附有产品实物图、价格和产品名等基本信息的介绍。消费者单击产品图片或是热卖排行的链接，都能进一步详细了解产品的信息，如图 2-21 所示。

图 2-21　海尔商城方案制定栏目界面

海尔商城的购物要求首先注册成为会员才能进行，整个注册过程比较简单，只需要经过三个步骤即可注册成为会员。在注册登录之后就可以开始真正的购物了。对于消费者比较关心的支付方式、订单查询、产品维修和售后服务等也有比较清晰的介绍。海尔作为一向很注重售后服务的公司，海尔商城更是强化了海尔这种重视消费者、为消费者提供便利服务的形象。

（四）相关术语

1. 虚拟主机

虚拟主机是在网络服务器上划分出一定的磁盘空间供用户放置站点、应用组件等，提供必要的站点功能、数据存放和传输功能。所谓虚拟主机，也叫"网站空间"，就是把一台运行在互联网上的服务器划分成多个"虚拟"的服务器，每一个虚拟主机都具有独立的域名和完整的 Internet 服务器（支持 WWW、FTP、E-mail 等）功能。

2. 域名

域名是企业、政府、非政府组织等机构或者个人在域名注册商上注册的名称，是互联网上企业或机构间相互联络的网络地址。一个公司如果希望在网络上建立自己的主页，就必须取得一个域名，域名也是由若干部分组成的，包括数字和字母。通过该地址，用户可以在网络上找到所需的详细资料。域名是上网单位和个人在网络上的重要标识，起着识别作用，便于他人识别和检索某一企业、组织或个人的信息资源，从而更好地实现网络上的资源共享。除了识别功能外，在虚拟环境下，域名还可以起到引导、宣传、代表等作用。

3. Axure RP

Axure RP 是美国 Axure Software Solution 公司旗舰产品，是一个专业的快速原型设计工具，让负责定义需求和规格、设计功能和界面的专家能够快速创建应用软件或 Web 网站的线框图、流程图、原型和规格说明文档。作为专门的原型设计工具，它比一般创建静态原型的工具如 Visio、Omnigraffle、Illustrator、Photoshop、Dreamweaver、Visual Studio、Fireworks 要更快速、高效。它同时支持多人协作设计和版本控制管理。

（五）案例分析

海尔商城电子商务的应用实现企业价值缩减环节，降低成本，收益增加；提供在线帮助，节省管理成本；非核心企业外包，降低库存量，提高收益。实现了从传统零售到电商的一步。

1. 网站定位

海尔商城网站定位明确，涉足电商，以通过电子商务手段更进一步增强海尔在家电领域的竞争优势，提供用户个性化家电配置方案以及便利的个性化服务。推动销售的模式向拉动的销售模式转变，提高新经济下的企业核心竞争力。

2. 网站特色

网上定制服务是海尔商城区别于其他 B2C 网络商城的特点之一，海尔最先开始的是冰箱的定制服务。海尔针对用户的需要，预先设计了多个套餐，客户也可以选配自己喜欢的产品组件，系统会进行自动报价，直到客户满意为止。定制完成，输入个人和收货信息，就可以等待产品的直接送达。同产品定制类似，用户也可以详细选择需要的服务项目。以空调服务定制为例，客户可以从空调移机、加装饰板、清洗保养等十几个服务项目中选出自己需要的服务，系统会整体报价。

3. 用户体验

（1）页面与频道。海尔商城栏目在分类上，针对品牌的详细分类为用户选购带来更多便利性，包括专门为大客户增加的大宗采购栏目，反映出海尔商城对用户服务的细心态度。

（2）用户交流。作为网络商城，海尔商城在用户交流方面也考虑了很多，在线设计以及客户服务的设置为用户提供更多的服务保障。

4. 网站不足

（1）产品单一。从商品品类的丰富程度而言，无论是日日顺还是全时电器网（注：均为海尔集团旗下公司），与一线电子商务网站相差甚远。从人们更加喜欢方便的角度而言，单一品牌或者是简单的几个有名品牌仍不能满足客户的多样化需求。

（2）支付手段、物流配送体系有待加强。支付手段在在线支付环节，全时电器网无特别之处。不过对于习惯了货到付款的消费者而言却并不方便，因为目前全时电器网只支持武汉市内的货到付款商品订单。与京东、亚马逊等遍布全国的物流配送体系相比，仍有不小的差距。与消费者免费配送的理念相去甚远，同时对于主打农村市场的日日顺而言，如何保证产品质量、如何做好售后服务等传统网络购物存在的问题依然面临考验。业界专家指出，其对农村消费者的产品配送、售后服务更加大成本，而商品目录不能随时对产品价格进行调整，则不能使消费者与日日顺在价格上即时沟通，市场反响如何仍需观望。

（3）渠道冲突。从国美、苏宁等全国连锁卖场，到海尔自有专卖店以及日日顺电器等自有小型连锁店，再到全时电器网，海尔可以称得上是中国家电企业中销售渠道最多的企业。但是如何处理好多个渠道之间的关系，是海尔进军电子商务不能回避的问题。在线下，海尔拥有成千上万家实体店铺，而网店的覆盖面则几乎没有地域上的限制，渠道之间势必将产生利益冲突。如果处理不当，没有很好地规范多渠道的价格体系，甚至可能出现网上侵占网下的现象。

模块二　电子商务网站规划与设计相关知识

一、电子商务网站布局的概念

1. 什么是版面布局

网页美感除了来自网页的色彩搭配外，还有一个重要的因素就是版面布局设计。

版面指的是浏览者看到的完整的一个页面。因为每个人的显示器分辨率不同，所以同一个页面的大小可能出现 800×600px，1024×768px 等不同尺寸。

布局，就是以最适合浏览的方式将图片和文字排放在页面的不同位置。什么才是"最适合"并没有一个标准答案。一般来讲主要考虑其实用功能和审美功能。

（1）实用功能：

- 网页内容的主次一定要从网页的版式上体现出来，网页设计要突出重点内容。
- 网页的导航一定要清晰，这和网页的版式设计有着非常重要的联系。
- 网页的版式布局设计决定了网页的布局，布局合理和逻辑性也是网页版式设计的要点。

（2）审美功能：

- 网页的版式要具有整体性、一致性，总体来讲就是统一。
- 要合理地划分整个页面，安排页面各组成元素，即分割。
- 通过合理运用矛盾和冲突，使设计更加富有生机和活力，即对比。

2. 版面布局的步骤

版面布局步骤如图 2-22 所示。

图 2-22　版面布局步骤

（1）构思并绘制草案。新建页面就像一张白纸，没有任何表格、框架和约定俗成的东西，你可以尽可能地发挥你的想象力，将你想到的"景象"画上去（可以用一张白纸和一支铅笔草绘，也可以用 Photoshop 等软件）。这属于创造阶段，不讲究细腻工整，不必考虑细节功能，只以粗陋的线条勾画出创意的轮廓即可。

（2）粗略布局。在草案的基础上，将你确定需要放置的功能模块安排到页面上。功能模块主要包含网站标志、主菜单、新闻、搜索、友情链接、版权信息等。注意，这里我们必须遵循突出重点、平衡协调的原则，将网站标志、主菜单等最重要的模块放在最显眼、最突出的位置，然后再考虑其他模块的摆放。

（3）定案。将粗略布局精细化，具体化。在布局过程中，我们可以遵循的原则有以下几方面。

- 正常平衡：亦称"匀称"。多指左右、上下对照形式，主要强调秩序，能达到安定诚实、信赖的效果。
- 异常平衡：即非对照形式，但也要平衡和韵律，当然都是不均整的，此种布局能达到强调性、不安性、高注目性的效果。
- 对比：所谓对比，不仅利用色彩、色调等技巧表现，在内容上也可涉及古与今、新与旧等对比。
- 凝视：所谓凝视，是利用页面中人物视线，使浏览者仿照跟随的心理，以达到注视页面的效果，一般多用明星凝视状。
- 空白：空白有两种作用，一方面对其他网站表示突出卓越；另一方面也表示网页品位的优越感，这种表现方法对体现网页的格调十分有效。

以上的设计原则，虽然枯燥，但是我们如果能领会并活用到页面布局里，效果就大不一样了。

【例 2-1】某美容化妆品公司首页布局设计

第一步，构思并绘制草案。根据美容网的特点，确定网页首页布局结构，整体颜色采用粉红色调，绘制草案。如图 2-23 所示。

第二步，粗略布局。草图制定成功之后，可以开始着手原型设计，这里使用 Axure RP 制作线框图，在制作线框图时，需要考虑以下几个方面。

（1）提前整理一下这些内容，以保证文字、链接、操作等内容的样式符合它们所代表的重要程度，并把各种复杂的情况归类成有限的几种形式，以给用户一个合理的视觉引导。

（2）考虑布局标准及美观程度，准确地计算第一屏高度及每个模块的实际内容量。

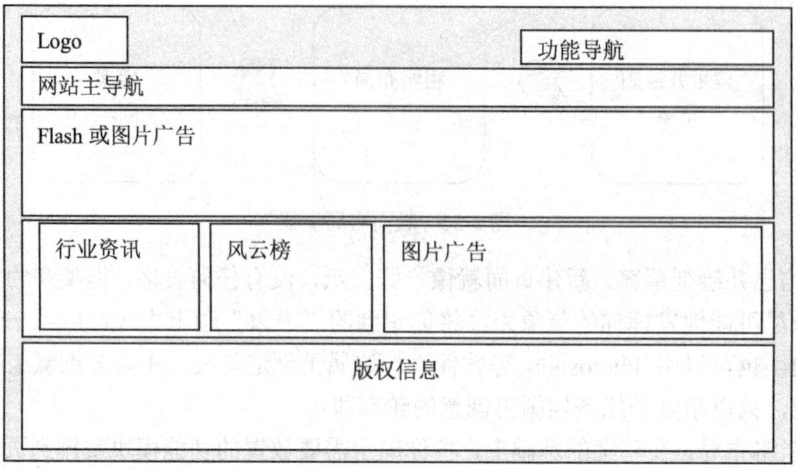

```
┌─────────────────────────────────────────────────────┐
│ ┌──────────┐                        ┌──────────────┐ │
│ │ Logo     │                        │  功能导航     │ │
│ ├──────────┴────────────────────────┴──────────────┤ │
│ │ 网站主导航                                        │ │
│ ├───────────────────────────────────────────────────┤ │
│ │ Flash 或图片广告                                  │ │
│ │                                                   │ │
│ ├─────────────┬────────────┬────────────────────────┤ │
│ │ 行业资讯     │ 风云榜     │  图片广告              │ │
│ │             │            │                        │ │
│ ├─────────────┴────────────┴────────────────────────┤ │
│ │                 版权信息                          │ │
│ │                                                   │ │
│ └───────────────────────────────────────────────────┘ │
└─────────────────────────────────────────────────────┘
```

图 2-23　美容网首页布局结构

（3）加入明暗对比之后，界面元素的重要级关系更直观，但需要注意的是：深色并不意味着比浅色更重要，要看色块之间的对比关系。最终，确定网站线框图如图 2-24 所示。

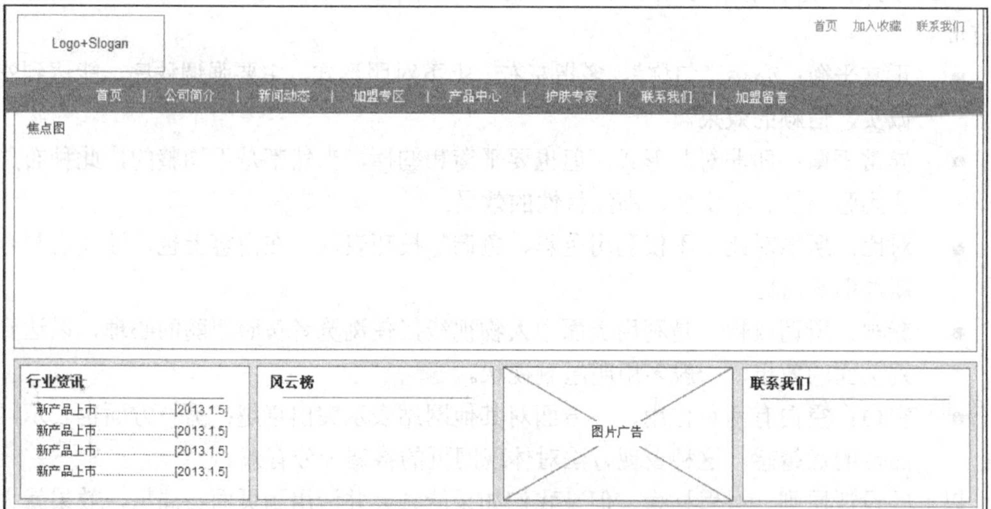

图 2-24　线框图设计

第三步，定案。如图 2-25 所示，为定案后的效果图。

Logo 设计采用图文搭配，兼具文字与图案的属性。

导航包括：首页、公司简介、新闻动态、加盟专区、产品中心、护肤专家及联系方式等。横幅广告可以较好地分割版面，形成视觉焦点，向浏览者重点推荐。在栏目设计上尽量做到简洁、明了，主要包括导航、快讯、风云榜、广告、联系方式及网页底部/版权等信息。

图 2-25　某美容化妆品公司首页效果图

3．常见版面布局形式

（1）网页"T"结构布局形式。所谓"T"结构，就是指页面顶部为横条网站标志+广告条，下方左面为主菜单，右面显示内容的布局，整体效果类似英文字母"T"，所以我们称为"T"型布局。这是网页设计中用的最广泛的一种布局方式。这种布局的优点是页面结构清晰，主次分明，是初学者最容易上手的布局方法。缺点是规矩呆板，如果细节色彩上不注意，很容易让人"看之无味"，如图 2-26 所示。

（2）国型布局。国型布局也称为同型布局，是一些大型网站喜欢使用的布局类型。最上面是网站的标题以及横幅广告条，接下来是网站的主要内容，左右分列一些小条内容，中间是主要部分，与左右一起罗列到底，最下方是网站的一些基本信息、联系方式、版权声明等。这种布局通常用于主页的设计，其主要优点是页面容纳内容很多，信息量大，如图 2-27 所示。

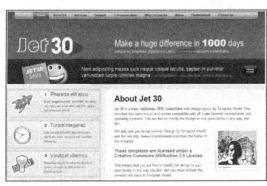

图 2-26　"T"型布局

图 2-27　国型布局

（3）对称或对比布局。顾名思义，采取左右或者上下对称的布局，一半深色一半浅色，一般用于设计型站点。优点是视觉冲击力强，缺点是将两部分有机地结合比较困难，如图 2-28 所示。

图 2-28　对比布局

（4）POP 布局。POP 引自广告术语，就是指页面布局像一张宣传海报，以一张精美图片作为页面的设计中心，常用于时尚类站点。优点显而易见：漂亮吸引人，缺点就是加载速度慢。作为版面布局还是值得借鉴的，如图 2-29 所示。

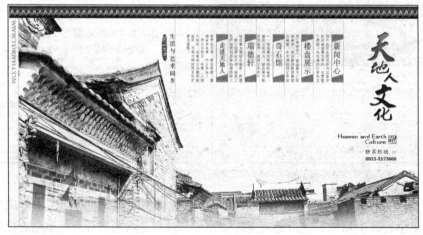

图 2-29　POP 布局

（5）标题正文型。这种布局最上方是标题或广告等内容，下面是正文，通常文章页面或注册页面采用此种布局，其特点是简洁明快，干扰信息少，较为正规，如图 2-30 所示。

图 2-30　标题正文布局

（6）变化型。采用上述几种布局的结合与变化，布局采用上、左、右结合的综合型框架，再结合 Flash 动画，使页面形式更加多样，视觉冲击力更强，如图 2-31 所示。

图 2-31　变化型布局

二、电子商务网站设计要素

电子商务网站的基本要素主要包括网站 Logo、网站导航、栏目分类、注册登录、网站购物流程、用户咨询与论坛管理机制以及网站地图等。

1. 网站 Logo

网站 Logo 既是一个网站或者一个商标的标识，也是导航中一个重要的功能，"点击 Logo 返回首页"是目前约定俗成的操作。

2. 网站导航

网站导航是网站中最重要的功能之一，也是网站最原始、最基本的元素。网站导航使网站栏目内容清晰，方便用户根据不同分类的信息来选择自身的浏览路径。根据艾瑞研究，网站导航分五大类，导航的表现形式按照不同标准有不同的展现形式。电子商务网站在设计时应遵循几个要求，例如，尽量使用一级分类，让用户更易感知明确的信息，同时降低用户鼠标操作难度；重视面包屑导航设计，明确告诉用户当前所处于的位置等。

网站导航的分类主要有以下几种。

（1）按页面结构分类，网站导航通常分为主导航、辅助导航和面包屑导航。

- 主导航。网站主体结构的表现，指引用户访问网站最基本的路线，是网站整体结构的灵魂。

- 辅助导航。导航重要组成部分，展示网站的重要功能点或者提示浏览者的重要信息点，内容包括会员中心、购物车、登录注册、帮助、联系我们、关于我们等。

- 面包屑导航。标示着浏览者当前浏览的页面与网站主框架的结构关系，可以让浏览者明确了解当前所浏览的页面处于整个网站的位置。

（2）按层级分类，网站导航又可分为一级导航和多级导航。一级导航主导航只采用一级深度，而不把子级别显示出来；而多级导航则是在组织主导航的时候会把二级深度的结构表现出来。

（3）按效果分类，网站导航又可分为标签式、普通链接及下拉式。标签式可以清晰地表现出当前的位置与导航的对应关系，显示效果较强烈；普通链接简洁明了，实现方式简单；下拉式往往是为了配合显示二级分类而产生的方便用户直接进入更深的层级，减少二次选择。

（4）按作用分类，栏目导航可分为栏目频道式、商品分类式和混合式。栏目频道式，这种方式一般是将网站的主要栏目结构表现出来，用户可以明确地知道网站整体结构和功能；商品分类式，网站的主导航是把网站主要的商品分类显示出来，引导用户直接进入商品分类中；混合式，主导航中，把上面提到的两种呈现结构都表现出来。

3. 栏目分类

栏目分类按级别分类主要分为一级栏目、二级栏目、三级及以上栏目，其各自特点如下。

（1）一级栏目。

优点：简洁直观，可节约网页空间、利于用户快速关注。

缺点：无法提供精确导航，信息量少，并且不利于用户对网站中商品有概括性的了解。

适用：商品种类较少的电子商务网站。

（2）二级栏目。

优点：相对清晰，导航形式更易于被用户接受；可以提供更好的引导作用，使用户进入二级分类目录后获得更多商品信息，以提高商品浏览量。

适用：分类下商品类型较少、商品相似度较高的电子商务网站目前使用最多。

（3）三级及以上栏目。

优点：分类更加详细清晰，导航更加精准，可为用户提供更快速准确的导向；同时也可以帮助商品分类多的网站，在空间占用率与导航效率上找到一个相对平衡点。

适用：商品较多、且商品类型差别较大的电子商务网站，如电子商品、家电。

4．注册登录

（1）注册入口的三种形式。

● 纯图片形式：采用位图标明注册入口的视觉展现形式。

● 纯文字形式：采用文本标明注册入口的视觉展现形式。

● 混合形式：采用位图和纯文本结合标明注册入口的视觉展现形式；另外，应用超文本标记语言（Hyper Text Markup Language，HTML）中默认的 Button 标签（默认按钮控件）所构造的注册入口属于混合形式。

注册转化率效果从高到低排列：纯图片形式>纯文字形式>混合形式。不同形式的注册转化率效果不同，主要是因为：纯文字形式的注册入口，由于为与网站整体形成视觉上的统一，容易弱化视觉效果，使得浏览者更容易忽视；混合形式的注册入口，由于不同的浏览器可能浏览到不同的效果甚至错位，不仅容易造成浏览者注册转化率的下降，并且设计难度较高，现在已经很少被采用；纯图片形式的注册入口，不仅设计自由度高，并且一般不用考虑浏览器兼容性问题，因其在视觉体验上的效果很强，能很好地吸引浏览者的目光，并且提高浏览的注册转化率。

（2）注册步骤分类。

● 一步式注册：以一个页面显示全部注册项的注册模式。

● 两步式注册：以两个页面显示全部注册项的注册模式。

● 多步式注册：以多个页面显示全部注册项的注册模式。

● 自由式注册：浏览者可以自由控制是否采取多个页面的方式进行注册或显示更多注册内容，网站主体不强行推送浏览者未要求其显示的其他注册页面或注册内容。

5．网站购物流程

网站购物流程用户体验，直接影响订单转化率的高低。目前购物的流程常见的细分为三种。

（1）三步式购物流程。

流程：选商品、填写订单信息、去付款。

点评：目前最常用方式。

（2）分步进阶式购物流程。

流程：选商品、填写收货人信息、选择配送方式、去付款。

点评：容易给用户带来更多次的鼠标点击，影响用户耐性。

（3）快速购买。

流程：买家在游览商品的时候，商品右侧会出现一个"快速购买"按钮，用户单击这个按钮立刻弹出小窗口进行填写收货人信息。

点评：对用户而言非常方便；但是对商家而言，用户的累积与粘性会受影响。

（4）混合模式是目前很多电子商务网站使用较多的方式，如三步式流程和快速购买这两种模式的搭配使用。

在详细分析购物流程各个环节的设计情况及用户偏好基础上，传统电商应增加快速购买途径，减少注册登录中造成的订单流失；尽量使用三步式购物流程；加强引导与交互设计的表现等。

6. 用户咨询与论坛管理机制

目前几乎所有的电子商务网站都意识到了售前咨询的重要性。除在具体商品页面保留用户曾经咨询过的问题及解决方案外，还设置了各种形式的即时咨询接口。因为对电子商务网站来说，如何维护商品的评论及评论的内容也是很重要的工作内容。同时，电子商务网站的咨询与评论体系对用户来说是一个非常重要的沟通方式。只有将这个沟通体系做得更完美、更方便，才会让用户积极、主动地参与进来，这样才会促使双方良性发展。

7. 网站地图

网站地图是指明一个网站结构、栏目和内容说明等基本信息的网页，可以让浏览者对网站整体框架快速了解，浏览者可通过站点地图中各个栏目的链接直接进入相应栏目，同时，也为搜索引擎检索网站内容提供方便，增加网站在搜索引擎中的排名优势。

三、电子商务网站规划

电子商务网站规划是指在网站建设前确定网站的主题和建站目标，对网站目标定位，进行内容规划和功能规划。主要内容应该包括网站构建目标和开展的业务分析、网站目标客户分析、网站市场定位分析、技术与经济可行性分析、运行环境和技术及工具的选择等。网站规划的步骤如图 2-32 所示。

图 2-32　网站规划步骤

1. 确定网站主题与建站目标

电子商务网站的建设要从企业的战略规划出发，根据自身的优势特点准确地定位网站，明确网站的功能。例如，一提到京东商城，人们马上会想到这是一个以数码类产品为主的网上商城；一提到亚马逊网，会想起这是一个以图书销售为主的网站；而一提起红孩子，就会想起那是一个专门经营母婴类商品的网站。企业要实施电子商务，在动手制作自己的网站之前，首先要考虑的就是自己的网站究竟要做些什么，通过这个网站要表达什么内容，这就必须给自己的网站划定一个范围。有的商城网站，由于目标不明确，不考虑自身实力与定位，网上什么都卖，结果成了大杂烩，没有任何特色，自然也不能吸引眼球，最后导致什么也卖不出去的尴尬。

具体到一个企业，究竟如何为自己的网站确定主题和目标呢？

首先，企业要确认建立网站的目标是树立企业形象，还是展示产品、拓展市场；是宣传自己的思想、理念，还是调查用户反映、改进售后服务；是为企业做宣传，加强客户的沟通，还是要实现网络营销与电子商务。

其次，要分析企业自身的具体情况，包括企业的进货渠道资源、企业的市场销售资源优势、企业的品牌知名度及消费市场认知度、企业的资金实力和企业所处的行业地位等。

2．市场分析

（1）要分析网络中企业现有的竞争对手。"知己知彼，百战不殆"，可以利用搜索引擎和阿里巴巴等相关平台进行详细调查，收集相关企业信息和资料，包括竞争对手运营模式、市场占有率、技术和经营实力等，制定相应策略和正确的操作步骤。竞争对手的产品与服务及在网络运营方面的优势可能是后来者进入的强大障碍。针对一个中小企业或公司而言，通常情况下，应定位为行业细分领域的B2C，如服装、家电等，并把自己熟悉的行业做精做透，这才是成功的必由之路；尽量不要做综合型平台，因为这类平台前期投资很大，并且市场已经被"京东"、"亚马逊"和"当当"所占领，属于竞争激烈的领域。例如，"连趣网"和"卡通之窗网"，都是经营连环画业务的网站，虽然实力远不及当当与亚马逊，但由于突出了自己的鲜明特色，各自拥有了数万名的粉丝会员，从而可以很好地生存，避免了与当当的同质化竞争，如图2-33和图2-34所示。

图2-33　连趣网首页

图 2-34　卡通之窗首页

（2）企业所处地区的地理位置、经济发展状况、政府的支持力度及物流配送条件等环境因素也都是市场调研的内容，对于企业实施电子商务最终能否成功起着关键作用。

建立电子商务网站，企业面对的是一个新的商务模式与新的市场环境，并不是简单地把传统的产品与渠道放到网上进行实施就可以了。准确的市场分析是建立电子商务网站的前提。企业推出的任何产品与服务都不能一厢情愿，必须在建站之前，对相关行业的市场进行需求分析，在电子商务网站增加的每一项功能和服务都要建立在全面的需求分析的基础之上。

3. 收集资料进行调研

企业应当调查所面对的消费者群体的详细情况，并进行目标客户分析，如客户的年龄结构、文化水平、收入水平、消费倾向及对新事物的敏感程度等。以外贸网站为例，需要分析的内容包括：客户分布在哪些国家和地区？目标客户会有哪些爱好和习惯？目标客户会在互联网上的哪些地方出现？目标客户在用哪些方法寻找他们需要的产品和服务？一定要记住这个理念：从营销的角度来建设网站。具体调研步骤如图 2-35 所示。

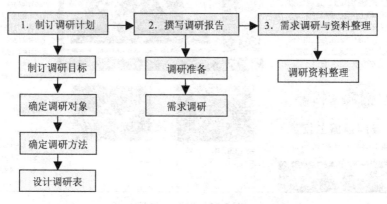

图 2-35　网站调研步骤

4．进行可行性分析评估

可行性研究的目的是确定该网站项目是否能够开发，是否值得去开发。一般可从以下三个方面分析研究网站开发方案的可行性。

（1）经济可行性。经济可行性是指对开发的项目进行投入成本的估算和取得效益的评估，确定要开发的项目是否值得投资。网站开发的成本费用主要包括域名、主机的申请及开发费用；网站的运行管理成本则主要包括网站的推广费用、安全保证费用、人员费用、维护费用及管理费用等。网站的收益包括直接收益和间接收益。直接收益指通过在线销售网上产品或服务、广告收入等所获取的收益，间接收益则包括品牌收益及网站对其他业务的积极影响。

（2）技术可行性。对要开发项目的功能、性能、限制条件进行分析，确定在现有的资源条件下，技术风险有多大，项目是否能实现。这里的资源包括已有的或可以获得的硬件、软件资源，以及现有技术人员的技术水平和已有的工作基础。

（3）社会环境可行性。社会可行性所涉及的范围也比较广，既包括法律方面的合同、侵权问题，也有市场与政策问题及其他一些技术人员常常不了解的陷阱等。

模块三　电子商务网站规划与设计项目实训

一、实训概述

本实训为电子商务网站规划与设计实训。学生在实训教师指导下，将教师指定的企业或自选素材作为本实训的主要内容，完成网站的需求分析、网站策划、网站原型设计。教师可按照实训项目开始课程，也可以自定义企业。

二、实训流程图

电子商务网站建设实训流程图如图 2-36 所示。

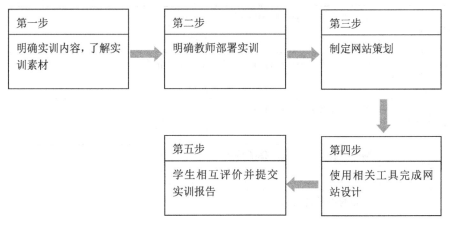

图 2-36　电子商务网站建设实训流程图

三、实训素材

1. 网站原型设计工具，如 Word、Visio、Axure RP 等。
2. 博星卓越电子商务网站建设实训平台。

四、实训内容

完美服饰，由西安完美服饰有限公司全资经营。完美服饰品牌是国内知名的互联网快时尚品牌。品牌定位：互联网韩风快时尚品牌；主要风格：韩国风格；目标客户：18～35岁的都市时尚人群；商品以女装、男装、童装、女鞋、女包以及配饰为主。

本实训为电子商务网站规划与设计实训，学生可根据京东商城、当当网、麦考林、凡客诚品等国内各大平台进行参考，设计网站原型。

任务一 企业网站需求分析

学生登录学生端，单击电子商务网站规划与设计实训，进入该实训项目，教师对学生进行分组。

（1）以小组为单位，在实训教师的指导下，确定企业网站的方向，即要为哪个企业制作营销型企业网站。

（2）对该企业进行分析和研究，完成企业网站行业分析、市场分析、受众分析等内容，并确定出网站定位。

（3）可按表 2-9 进行填写，填写完毕后，进行网站项目策划。

表 2-9 营销型企业网站需求分析

小组名称/成员	
企业名称	小组所承担的企业的名称：
企业所属行业	小组所承担的企业归属的行业：
企业产品市场分析	小组所承担的企业目前产品或企业的市场情况：
企业网站行业分析	该企业网站的行业分析：
网站受众分析	网站所针对的受众群体的分析：
网站定位	网站的主要目的：

任务二 网站项目策划

以小组为单位，根据任务一所完成的站点需求分析，完成本组营销型企业网站的策划方案。该内容可按表 2-9 和表 2-10 以小组为单位分别进行填写。

表 2-10 营销型企业网站项目策划

小组名称/成员	
网站名称	请给出网站叫什么名字：
网站定位	网站针对群体及主要目的：
风格分析	网站主色调与辅色设计及其原因：
首页页面	以 Word/图片或其他形式，勾勒出所涉及的网站首页：
栏目页页面	以 Word/图片或其他形式，勾勒出所涉及的网站栏目页：
内容页页面	以 Word/图片或其他形式，勾勒出所涉及的网站内容页：
其他页面	以 Word/图片或其他形式，勾勒出所涉及的网站其他页面：
网站功能设置	网站的主要功能及其作用：

任务三 企业网站原型设计

1. 使用 Word 绘制网站原型

使用 Word 制作网站原型的方法是比较简单的方法，只需要对 Word 中使用的形状加以配色，颜色鲜亮的强调页面的重点部分，方便研发人员了解侧重点，如图 2-37 和图 2-38 所示。

图 2-37 使用 Word 形状编辑进行页面编辑

图 2-38　使用 Word 制作的网站布局

2. 使用 Visio 绘制网站原型

在 Axure 进入人们的视野之前，Visio 是产品原型设计的一个常见选择。Visio 的适用性非常广泛，从网站界面、数据库模型，到平面布置图到工艺流程图，Visio 都提供了相应的元件库和模板来进行快速创建。

新建 Microsoft Visio 绘图文件，选择【软件和数据库】→【线框图表】命令，如图 2-39 和图 2-40 所示。

Visio 设计的原型图比较适合"刚开始构思"到"提交给视觉设计师进行美化"期间使用。

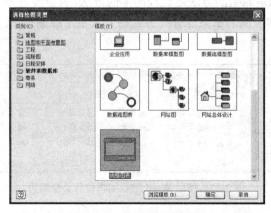

图 2-39　新建线框图表

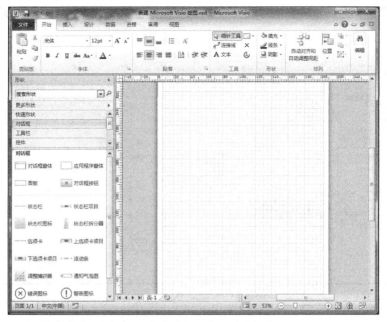

图 2-40 左边选择对应工具进行布局

3. 使用 Axure RP 绘制网站原型

Axure RP 上手容易，操作简单，不需要任何技术背景，能很好地实现上面提到的第一个目标；另外，Axure RP 的事件机制能够模拟大多数 Web 应用中出现的交互行为，并且它的输出物是 HTML，客户能够直观地通过"使用"原型，来想象产品的最终形态，思考原型是否反映了自己的真实需求，这样客户能够自然地参与到设计之中。

新建 Axure RP 文件如图 2-41 和图 2-42 所示。

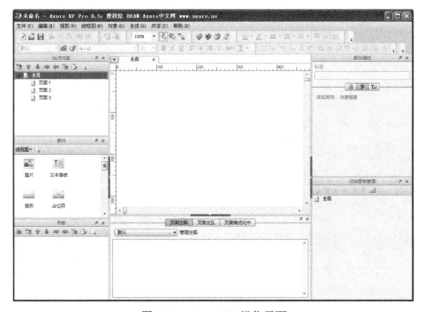

图 2-41 Axure RP 操作界面

电子商务网站建设与维护

图 2-42　Axure RP 交互设计

以上三种界面原型设计工具，学生可根据自己对工具的掌握情况进行学习并使用。

完成后学生通过学生端提交网站策划方案、项目策划方案并上传网站原型设计至实训教师，学生亦可在展示平台对其他同学作品进行评分。

第二篇　电子商务网站基本建站技术

项目三　静态网站开发基础

能力目标

- 掌握 HTML 语言基本结构;
- 能够熟练使用 Dreamweaver 等建站工具;
- 能够熟练掌握 CSS 等网页布局技巧;
- 能够独自分析常见的网页 HTML 代码。

知识目标

- 了解电子商务网站的一般概念;
- 了解常见网页的制作过程;
- 了解静态网站的建站过程。

> 本项目的工作任务主要是让学生在掌握 HTML 代码构成及站点策划的前提下,能够借助 Dreamweaver 软件完成静态页设计或修改静态页,搭建起完整的静态网站,有助于后续动态网站开发的学习。

模块一　案例学习

案例　库花花店网站

（一）支持企业

库花电子商务网站。

（二）企业背景

库花网有十余年的线下实体花店的运营经验，在全国数十个大中型城市拥有直营的大型鲜花店近百家。在全国有近 5 500 家优质的实体花店合作联盟，各地花店均经过精心评估与筛选，确保产品质量与配送服务有保障。

（三）案例详解

作为企业门户网站，网站的创建是否合适，直接关乎该网站所能给更多用户带来的用户体验及对其品牌的认可。为与传统线下门面直销方式相结合，库花决定建设自己的线上销售门店——库花网。真正迎合并满足广大消费者传递情感的需求，引导花卉网络消费的生活方式，努力向每一位用户提供最时尚前沿的花艺作品和花意理念、最优异的用户体验和最卓越的产品品质，是库花网服务宗旨之一。本案例将以库花静态电子商务企业网站建设为原本，详细讲解静态网站建设中需要注意及考虑的因素。

任务一　库花网网站策划

在创建网站时，确定站点的目标是第一步。设计者应清楚建立站点的目标，即确定它将提供什么样的服务，网页中应该提供哪些内容等。要确定站点目标，应该从以下多个方面考虑。

1. 网站定位

网站的整体定位。网站可以是大型商用网站、小型电子商务网站、门户网站、个人主页、科研网站、交流平台、公司和企业介绍性网站以及服务性网站等。首先应该对网站的整体进行一个客观的评估，同时要以发展的眼光看待问题，否则将带来许多升级和更新方面的不便。

库花网定位于小型电子商务网站，用户通过该网站即可了解库花品牌旗下鲜花库存信息、库花资讯及相关鲜花品牌优惠情况等。库花网向用户展示了库花企业形象的同时，引导花卉网络消费模式。

2. 网站栏目及内容

网站的主要内容。如果是综合性网站，那么对于新闻、邮件、电子商务和论坛等都要有所涉及，这样就要求网页要结构紧凑、美观大方。库花网是以商品展示为重点，其在图片、文字描述方面对网站布局有较大的要求；网站关于我们、联系我们等相关栏目浏览点击相对较少。库花网在栏目设置如图 3-1 及表 3-1 所示。

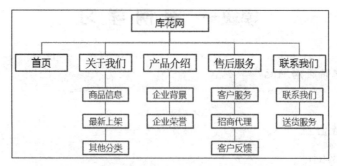

图 3-1　库花网的结构拓扑图

表 3-1　栏目设置及原因

栏 目 构 成	设置原因与栏目价值
公司首页	公司首页为各个栏目的信息集合,包含整个网站主要栏目缩略信息,更多的企业网站在首页放置焦点图或 Flash 等华丽的界面给浏览者视觉上的冲击,网站首页是用户进入网站的第一门面,美观大方的网站首页会提供较好的用户体验。同时,作为鲜花网站,首页部分商品展示栏目也是必不可少的
关于我们	公司信息是为了让新访问者对公司状况有初步了解,公司是否可以获得用户的信任,在很大程度上取决于这些信息。在此栏目中,访问者第一时间对公司、对公司的产品有一个大概的了解;同时,在此栏目中设有媒体关注小栏目,以此来增强用户对企业的信任度
产品介绍	商品信息应全面反映所有系列和各种类型的商品,对商品进行详细的介绍,除文字之外,可以配备相应的图片等资料。在此栏目中,为了让浏览者更好地了解企业产品。花类介绍及商品栏目设置增加了用户可观赏性,通过介绍,让客户在浏览时对产品有了比较深层次的了解,增强了购买欲望,支持了用户的购买决策。同时,以花卉真实截图的形式,向用户更直观地展示了产品,也有助于浏览者、用户产生对产品的信任和购买决策
售后服务	客户服务是客户反馈的集中地,方便客户对库花网的售后与服务情况有所了解
联系我们	详细介绍用户与企业联系的方式

3．库花网网站目录与结构

网站的目录是指在创建网站时建立的目录,要根据网站的主题和内容来分类规划,不同的栏目对应不同的栏目目录,在各个栏目目录下也要根据内容的不同对其划分不同的分目录,如页面图片放在 images 目录下,新闻放在 news 目录下,同时要注意目录的层次不宜太深,如 http://主页/产品大类/具体产品页,扁平化的结构是 SEO 的关键。深度越复杂,被搜索引擎蜘蛛快速检索到的机会也就越小。企业网站目录结构最好控制在三层,最多四层。另外给目录起名时要尽量使用能表达目录内容的英文或汉语拼音,这样会更加方便日后的管理和维护,同时布局网站结构应遵守以下三个原则。

（1）可读性。站点中,文件夹、文件、元素的命名要具有一定的意义,通常使用英文或汉语拼音命名;如关于我们文件夹可以是 about\about_us 等。

（2）规范性。站点中,文件夹、文件、元素命名要规范,布局要合理。

（3）清晰性。站点中，不要包含无用的文件，这样可以更大程度节约空间。

库花网在网站设计时考虑到，合理地组织站点结构，能够加快站点的设计，提高工作效率，节省工作时间。如果创建一个大型网站时将所有网页都存储在一个目录下，当站点的规模越来越大时，管理起来就会变得很困难，因此合理地使用文件夹管理文档就显得很重要，如图3-2所示。

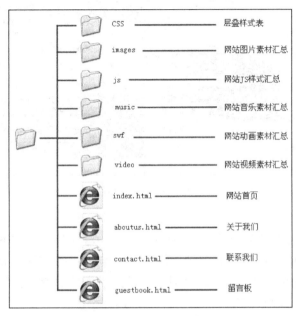

图 3-2　库花网网站目录结构

4．链接结构

网站的链接结构是指页面之间相互链接的拓扑结构。它建立在目录结构基础之上，但可以跨越目录。形象地说，每个页面都是一个固定点，链接则是在两个固定点之间的连线。一个点可以和一个点连接，也可以和多个点连接。更重要的是，这些点并不是分布在一个平面上，而是存在于一个立体的空间中。网站链接结构的目的在于：用最少的链接，使得浏览最有效率。

一般地，建立网站的链接结构有以下两种基本方式。

（1）树状链接结构（一对一）。类似 DOS 的目录结构，首页链接指向一级页面，一级页面链接指向二级页面，如图 3-3 所示。立体结构看起来就像蒲公英。这样的链接结构浏览时，一级级进入，一级级退出。优点是条理清晰，访问者明确知道自己在什么位置，不会"迷"路。缺点是浏览效率低，从一个栏目下的子页面到另一个栏目下的子页面，必须绕经首页。

（2）星状链接结构（一对多）。类似网络服务器的链接，每个页面相互之间都建立有链接。这种链接结构的优点是浏览方便，随时可以到达自己喜欢的页面。缺点是链接太多，容易使浏览者迷路，搞不清自己在什么位置，看了多少内容。

这两种基本结构都只是理想方式，在实际网站设计中，更多是将这两种结构混合起来使用。既可以方便快速地达到自己需要的页面，又可以清晰地知道自己的位置。所以，最好的办法是：首页和一级页面之间用星状链接结构，一级和二级页面之间用树状链接结构。

图 3-3　树状链接结构

5．网页布局

（1）层叠样式表（CSS）布局。在新的 HTML 4.0 标准中，CSS 被提出来，它能完全精确地定位文本和图片。CSS 有点复杂，但它的确是一个好的布局方法。曾经无法实现的想法利用 CSS 都能实现。当前，CSS 的运用已成为一个站点优秀的体现，如一些企业网站。库花网将采用 CSS 布局来完成静态电子商务网站的建设。

（2）表格布局。表格布局的优势在于它能对不同对象加以处理，而又不用担心不同对象之间的影响。而且表格在定位图片和文本上比用 CSS 更加方便。表格布局唯一的缺点是，使用过多表格会使页面下载速度受到影响。对于表格布局，打开一个站点的首页，然后保存为 HTML 文件，利用网页编辑工具打开，可以看到这个页面是如何利用表格的。

（3）框架布局。由于它的兼容性，框架布局并没有被所有人接受。但从布局上考虑，框架结构不失为一个好的方法。它如同表格布局一样，把不同对象放置到不同页面加以处理，因为框架可以取消边框，所以一般来说不影响整体美观。

任务二　库花网网站建设

在完成网站建设初期的规划与设计后，库花网开始着手于企业网站的制作与建设。本案例将以 CSS 布局为主，详细讲解静态企业网站页面设计以及网页设计中应注意的问题。

1．创建站点

站点是一个存储区，它存储了一个网站包含的所有文件。建立站点时，一般在计算机上建一个文件夹，然后把制作的所有网页及图片放在此文件夹中，最后把这个文件夹上传到 Web 服务器，供网上的所有用户浏览。制作一个网站，首先需要在本地计算机上制作这个网站，放置在本地磁盘上的网站被称为本地站点，位于 Web 服务器的网站被称为远程站点。Dreamweaver CS5 提供了对本地站点和远程站点强大的管理功能。在 Dreamweaver CS5 中可以有效地建立并管理多个站点。

下面以建立"库花网"为例，介绍创建站点步骤。

（1）选择菜单【站点】→【新建站点】命令，（或选择【管理站点】→【新建】命令）。如图 3-4 所示。

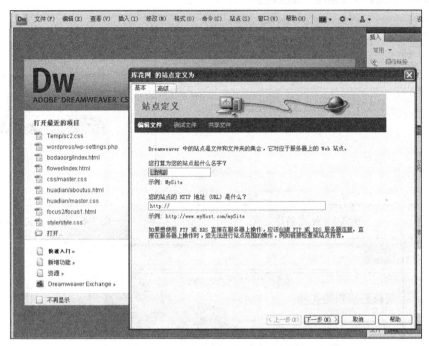

图 3-4 Dreamweaver CS5 站点搭建

（2）在【站点名称】文本框中输入一个站点名，如输入"库花网"。该站点名出现在【站点】窗口和【管理站点】中，站点名称可以是英文或中文字符。

（3）在【本地站点文件夹】文本框中，指定本地用于存放所有站点文件的文件夹。当Dreamweaver CS5 解析相对根的链接时，就建立相对于此文件夹的链接。单击该文本框右边的文件夹图标，选择想要的文件夹，如 E:\mysite。也可以在文本框中直接输入路径和文件名，如图 3-5 所示。

（4）单击【保存】按钮，完成设置。此时，弹出【文件】面板，如图 3-6 所示。

站点是文件与文件夹的集合，下面我们在建立"库花网"站点的基础上，新建站点的目录结构，并进行站点的文件管理。

（5）建立站点的目录结构。在【文件】面板的站点目录下单击鼠标右键，从弹出的快捷菜单中选择【新建文件夹】命令，然后给文件夹命名。这里我们新建三个文件夹，分别命名为：images、css、js 用来分别存放图片、样式和 js 信息。

至此，库花网网站目录已经确定完成。

2．规划网站

每一个网站在设计前，研发人员都会对网站进行初期的整体规划，可以使用 Fireworks或 Word 等工具对网页框架进行整体规划，库花网研发人员采用 Fireworks 对网站进行初期规划。首页界面如图 3-7 所示。

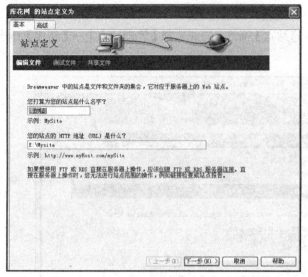

图 3-5　站点名称定义　　　　　　图 3-6　站点【文件】面板

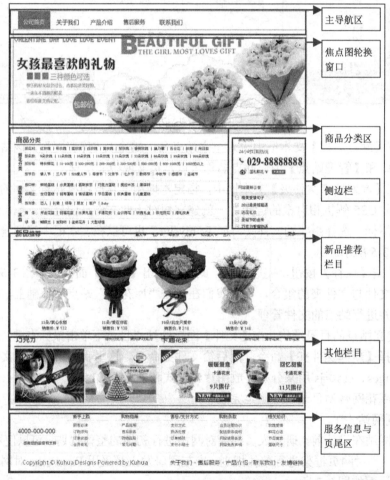

图 3-7　库花网网站首页及页面栏目分布

从页面栏目来看，页面主要分为主导航区、焦点图轮换窗口、商品分类区、侧边栏、新品推荐栏目、其他栏目、服务信息与页尾区等多个模块。

在进行网页布局设计时，对界面网页宽度尺寸的设计都比较迷茫，首先，网页的默认宽度，确定为满足 1 024px 宽度的显示器。这不仅因为 1 024×768px 是目前最常见的分辨率，还因为这个宽度对网页最合适。

（1）它放得下足够的内容，足够三栏的布局。

（2）单行文字不宜太长，1 024px 已是极限，否则容易产生阅读疲劳。

（3）在当前的互联网带宽条件下，网页难以采用大分辨率所要求的大尺寸图片，对于更大的分辨率，网页内容会自动居中。

考虑到如上问题，网页的宽度应控制在 760px～1 280px 之间，本案例将网站宽度定为980px。该页面结构划分具体如下。

（1）主导航区，具有按钮特效。Width：960px，Height：50px。

（2）焦点图轮换窗口，包含促销推广图片等。Width：960px，Height：290px。

（3）商品分类区，网站的主要内容。Width：960px，Height：320px。

（4）侧边栏，一些附加信息。Width：240px，Height：280px。

（5）新品推荐栏目，新上架商品推荐。Width：960px，Height：300px。

（6）其他栏目，其他商品推荐。Width：960px，Height：200px。

（7）服务信息与页尾区，Footer 网站底栏，包含版权信息等。Width：960px，Height：60px。

在确定了网站整体结构后，便可以开始库花网的建立了。

3．创建 HTML 模板及文件目录等

（1）首页制作。打开 Dreamweaver，选择新建 HTML 文件及 CSS 文件中，如图 3-8所示。

图 3-8　创建新 HTML 文件

① 新建 HTML 模板，代码如图 3-9 所示。

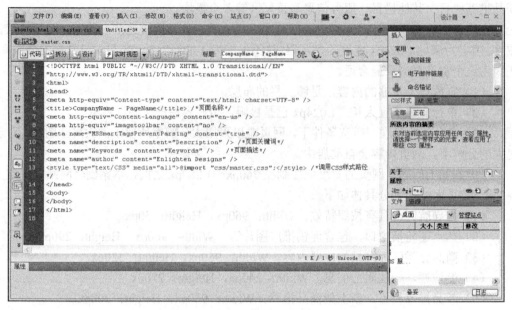

图 3-9　新建 HTML 模板

将其保存为 index.html，并创建 css.css 文件，存放于对应的 css 文件夹下。创建网站的大框，即建立一个宽 960px 的框架，它将包含网站的所有元素。根据图 3-7，研发人员确定网站结构图，如图 3-10 所示。

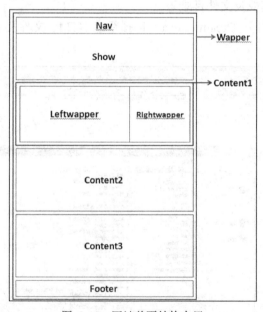

图 3-10　网站首页结构布局

根据布局，在 HTML 文件的 \<body\> 和 \</body\> 之间写入如下代码：

```
<div class="wapper">
<div class="nav">导航</div>
<div class="show">焦点图</div>
<div class="conten1">
<div class="leftWapper">商品分类</div>
<div class="rightWapper">侧边栏</div>
</div>
<div class="newGoods">最新商品栏目</div>
<div class="conten2">其他栏目</div>
<div class="content3">服务信息</div>
<div class="footer">页尾</div>
</div>
```

② 导航栏制作。在初步定下网站框架后，研发人员开始了网站主导航区的设计。在网页代码中加入样式文件。需要在 HTML 代码</title>和</head>之间加入如下代码：

```
<link href="css/css.css" type="text/css" rel="stylesheet" />
<script src="js/jquery-1.7.2.min.js" type="text/javascript"></script>
<script src="js/nav.js" type="text/javascript"></script>
```

其中 jquery-1.7.2.min.js 和 nav.js 为主导航区 JS 文件，负责主导航区的呈现动画样式。实现主导航区动画的方式有很多，还可以使用 CSS 制作主导航区动画，在本案例最后，研发人员介绍了 CSS 制作主导航区动画的详细过程。

打开之前建立的 css.css 文件，为 nav 导航添加样式。其中网页主体 body 元素，无边框，顶部对齐，字体为微软雅黑 12px 大小字体。网站背景为空，背景不随网页滚动而变化。

代码如下：

```
body{ margin:0; padding:0; font-size:12px; font: 12px/1.5 微软雅黑,Tahoma,
Helvetica,'SimSun',sans-serif; height:100%;color:#575757;/*--ie6 浮动层抖动
*/background: url(about:blank); background-attachment: fixed; /*--*/ }
  .wapper{ width:960px; margin:auto;}
  .nav{width:960px; height:44px; font-size:14px;}
  .nav ul li{ width:100px; height:44px; line-height:44px; float:left; text-
align:center; cursor:pointer}
```

<ul><li>为列表菜单代码，根据导航栏样式，主导航区由"公司首页"、"关于我们"、"产品介绍"、"售后服务"及"联系我们"组成。

③ 焦点轮换图的制作。在首页放置焦点图或 Flash 等华丽的界面给浏览者视觉上的冲击，网站首页是用户进入网站的第一门面，美观大体的网站首页会提供较好的用户体验。在 CSS 样式代码中，继续加入如下代码：

```
.show{ width:954px; height:288px; border:3px solid #c7c4c4;}
```

定义为宽度 954px，高 288px、边框 3px 的图片展示框。

并在 HTML 加入如下代码，焦点图部分加入如图 3-11 所示图片。

```
<div class="wapper">
<div class="nav">导航</div>
<div class="show"> <div class="flash">
    <i--flash--begin-->
    <div class="lrplay" id="play">
  <ol>
   <li class="lractive">1</li>
    <li>2</li>
    <li>3</li>
    <li>4</li>
   </ol>
    <div class="lrmain_flash">
     <ul>
     <li><a href="picture.html"><img src="images/fl1.jpg" alt="广告一" /></a>
     </li>
     <li><a href="picture.html"><img src="images/fl2.jpg" alt="广告二" /></a>
     </li>
     <li><a href="picture.html"><img src="images/fl3.jpg" alt="广告三" /></a>
     </li>
     <li><a href="picture.html"><img src="images/fl4.jpg" alt="广告四" /></a>
     </li>
     </ul>
    </div>
   </div>
  </div>
  <i--flash--end-->
</div></div>
<div class="conten1">
<div class="leftWapper">商品分类</div>
<div class="rightWapper">侧边栏</div>
</div>
<div class="newGoods">最新商品栏目</div>
<div class="conten2">其他栏目</div>
<div class="content3">服务信息</div>
<div class="footer">页尾</div>
</div>
```

图 3-11 焦点图部分 show.jpg

④ 创建 JS 文件, 命名为 flash.js, 并存储于文件夹 js 中, 页面代码如下:

```
//JavaScript Document
window.onload=function()
{    var oPlay=document.getElementById('play');
     var oOl=oPlay.getElementsByTagName('ol')[0];
     var aLi1=oOl.getElementsByTagName('li');
     var oUl=oPlay.getElementsByTagName('ul')[0];
     var aLi2=oUl.getElementsByTagName('li');
     var i=iNum=direction=0;
     var times=null;
     var play=null;
     for(i=0;i<aLi1.length;i++)
     {   aLi1[i].index=i;
         aLi1[i].onclick=function()
         {iNum=this.index;
             show();};}
     //按钮单击后调用的函数
     function show()
     {    for(i=0;i<aLi1.length;i++)
         {aLi1[i].className='';
         }aLi1[iNum].className='lractive';
         startMove(-(iNum*260)); }
     //自动播放转向
     function autoPlay()
     {    if(iNum>=aLi1.length-1)
         {direction=1;
         }else if(iNum<=0)
         {direction=0;
         }if(direction==0)
         {iNum++;
         }else if(direction==1)
         {iNum--;
         }show();}
     //自动播放
     play=setInterval(autoPlay,3000);
     //鼠标移入展示区停止自动播放
     oPlay.onmouseover=function()
     {clearInterval(play);
     };//鼠标移出展示区开启自动播放
     oPlay.onmouseout=function()
     {play=setInterval(autoPlay,3000);
     };function startMove(iTarget)
     {clearInterval(times);
     times=setInterval(function()
     {doMove(iTarget);
     },30); }function doMove(iTarget)
     {var iSpeed=(iTarget-oUl.offsetTop)/10;
         iSpeed=iSpeed>0?Math.ceil(iSpeed):Math.floor(iSpeed);
         if(oUl.offsetTop==iTarget)
         {clearInterval(times) }
         else
         {oUl.style.top=oUl.offsetTop+iSpeed+'px';
         }}};
```

添加 CSS 代码如下：

```
.flash{ width:954px;height:288px; float:left;}
/*flash--begin--*/
* { padding: 0; margin: 0; }
li { list-style: none; }
img { border: none; }
.lrplay {width: 954px; height: 288px; overflow: hidden; position: relative;}
ol { position: absolute; right: 5px; bottom: 5px; z-index: 2; }
ol li { float: left; margin-right: 3px; display: inline; cursor: pointer;
background: #fcf2cf; border: 1px solid #f47500; padding: 2px 6px; color: #d94b01;
font-family: arial; font-size: 12px; }
.lractive { padding: 3px 8px; font-weight: bold; color: #ffffff; background:
#ffb442; position: relative; bottom: 2px; }
.lrmain_flash{ font:12px; width:954px; height: 288px; }
.lrmain_flash ul { position: absolute; top: 0; left: 0; z-index:1; }
.lrmain_flash ul li { width:954px; height: 288px; float: left; }
.lrmain_flash ul img { float: left; width:954px; height: 288px; }
/*flash--end--*/
```

看似复杂的焦点图切换代码，其实在制作焦点图滚动代码时，网站有许多样式的代码，只需要找到适合自己网站的代码，然后对样式加以修改，便可直接使用。

加入后，页面呈现样式如图 3-12 所示。

图 3-12　更改焦点图后的首屏截图

⑤ 商品分类区、侧边栏的代码编写，从网站结构来看。可以看到栏目布局结构如图 3-13 所示。

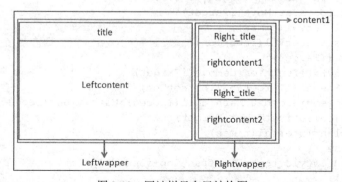

图 3-13　网站栏目布局结构图

根据页面结构，content1 被分为 Leftwapper 及 Rightwapper 左右两部分，Leftwapper 又分为 title 及 Leftcontent；Rightwapper 下分为 Right_title、rightcontent1 及 rightcontent2，故页面代码如下：

```
<div class="conten1">
<div class="Leftwapper">
    <div class="title">商品分类</div>
    <div class="Leftcontent"></div></div>
<div class="Rightwapper">
    <div class="Right_title">服务热线</div>
    <div class="rightcontent1"> </div>
    <div class="Right_title">网站最新公告</div>
      <div class="rightcontent2"></div>
</div>
</div>
```

对 CSS 文件进行编辑，加入如下代码：

```
.conten1{ widows:960px; height:320px; margin-top:10px;}
/*--商品分类、服务热线、公告--begin--*/
.Leftwapper{ width:710px; float:left; height:300px;}
.Rightwapper{ width:240px; height:280px; float:left; margin-left:10px;
display:inline;}
```

Float 属性定义元素在哪个方向浮动，这里指定 Rightwapper 右边栏向左悬浮；margin-left:10px 指需要距离 Leftwapper 10px 宽度距离。

加入该代码后页面呈现如图 3-14 所示。

图 3-14　首页截图

根据结构研发人员对结构的划分，对样式及代码作出以下修改：

```
.conten1{ widows:960px; height:320px; margin-top:10px;}
/*--商品分类、服务热线、公告--begin--*/
.Leftwapper{ width:710px; float:left; height:300px;}
.title{ width:100%; height:35px; line-height:35px; font-size:22px;
border-bottom:2px solid #aa0000; }
.Leftcontent{ width:708px; height:279px; border:1px solid #e7e7e7;
border-top:none}
.Rightwapper{ width:240px; height:280px; float:left; margin-left:10px;
display:inline;}
.Right_title{ width:100%; height:35px;line-height:35px; font-size:18px;}
.rightcontent1{ width:238px; height:100px; border:1px solid #e7e7e7; }
.rightcontent2{ width:218px; height:134px; padding:5px 10px; border:1px
solid #e7e7e7; }
```

页面呈现如图 3-15 所示。

图 3-15　首页截图

商品分类栏目大体布局出来后便要进行内容方面的细节制作，根据图 3-7 所示，商品分类栏目下包含三个子栏目。对 Leftcontent 栏目进行细化。

研发人员着手编辑商品分类栏目，从布局设计上来看，商品分类栏目结构如图 3-16 所示。

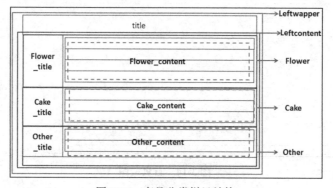

图 3-16　商品分类栏目结构

从图 3-16 可以看到，商品分类栏目在 Leftwapper 下被划分 title 及 Leftcontent 模块，Leftcontent 被划分为 Flower、Cake、Other 三个模块，每个模块下对应相应的 title、content 模块，每个 content 模块下对应 column 列表菜单，故网页代码如下：

```
<div class="title">商品分类</div>
<div class="leftContent">
<div class="flower">
    <div class="flower_title">鲜花分类</div>
    <div class="flower_content">
     <div class="flower_column">
      <ul>
       <li class="color1">按花材:</li>
       <li>白玫瑰</li>
       <li>水仙</li>
      </ul>
     </div>
     <div class="flower_column">
      <ul>
       <li class="color1">按花材:</li>
       <li>白玫瑰</li>
      </ul>
     </div>
     <div class="flower_column">
      <ul>
       <li class="color1">按花材:</li>
       <li>白玫瑰</li>
      </ul>
     </div>
     <div class="flower_column">
      <ul>
       <li class="color1">按花材:</li>
       <li>白玫瑰</li>
      </ul>
     </div>
    </div>
   </div>
</div>
```

对 CSS 样式中 Leftcontent 进行编辑，代码如下：

```
.LeftContent{ width:708px; height:279px; border:1px solid #e7e7e7;
border-top:none}
.flower{ width:708px; height:115px; padding-top:5px; border-bottom:1px
dashed #e7e7e7; }
.flower_title{ width:15px; padding:10px 10px 0px 10px; font-size:14px;
height:100px; float:left;}
.flower_content{ width:673px; height:100px; float:left}
.flower_column{ width:673px; height:16px; padding:6px 0px; }
.flower_column ul li{height:14px;padding:0px 5px; line-height:14px;
border-right: 1px solid #c3c3c3; float:left; display:inline }
```

修改后商品分类栏目页面如图 3-17 所示。

商品分类		
鲜	按花材:	白玫瑰
花	按花材:	白玫瑰
分	按花材:	白玫瑰
类	按花材:	白玫瑰

图 3-17　商品分类栏目

同样，增加蛋糕分类及其他栏目。对代码和样式进行编辑，在鲜花分类 HTML 代码下编写如下代码：

```html
<div class="cake">
    <div class="cake_title">蛋糕分类</div>
    <div class="cake_content">
    <div class="flower_column">
     <ul>
       <li class="color1">按花材:</li>
       <li>白玫瑰</li>
     </ul>
    </div>
    <div class="flower_column">
     <ul>
       <li class="color1">按花材:</li>
       <li>白玫瑰</li>
     </ul>
    </div>
    <div class="flower_column">
     <ul>
       <li class="color1">按花材:</li>
       <li>水仙</li>
     </ul>
    </div>
    </div></div>
    <div class="other">
     <div class="other_title">其他</div>
     <div class="other_content">
    <div class="flower_column">
     <ul>
       <li class="color1">按花材:</li>
       <li>白玫瑰</li>
     </ul>
    </div>
    <div class="flower_column">
     <ul>
       <li class="color1">按花材:</li>
       <li>白玫瑰</li>
     </ul>
    </div>
     </div>
     </div>
</div>
```

并对 CSS 代码进行添加：

```
    .Leftcontent{ width:708px; height:279px; border:1px solid #e7e7e7;
border-top:none}
    .flower{ width:708px; height:115px; padding-top:5px; border-bottom:1px
dashed #e7e7e7; }
    .flower_title{ width:15px; padding:10px 10px 0px 10px; font-size:14px;
height:100px; float:left;}
    .flower_content{ width:673px; height:100px; float:left}
    .flower_column{ width:673px; height:16px; padding:6px 0px; }
    .flower_column ul li{height:14px;padding:0px 5px; line-height:14px;
border-right:1px solid #c3c3c3; float:left; display:inline }
    .cake{ width:708px; height:90px; border-bottom:1px dashed #e7e7e7;}
    .cake_title{ width:15px; padding:0px 10px; font-size:14px; float:left;}
    .cake_content{ width:673px; height:80px; float:left}
    .other{width:708px; height:60px;}
    .other_title{ width:15px; padding:0px 10px; font-size:14px; height:40px;
margin-top:5px; float:left;}
    .other_content{ width:663px; height:60px; float:left}
```

最终，商品分类栏目界面示意图如图 3-18 所示。

商品分类											
鲜	按花材:	白玫瑰	水仙	红玫瑰	白玫瑰	水仙	红玫瑰	白玫瑰	水仙	红玫瑰	白玫瑰	水仙
花	按花材:	白玫瑰	水仙	红玫瑰	白玫瑰	水仙	红玫瑰	白玫瑰	水仙	红玫瑰	白玫瑰	水仙
分	按花材:	白玫瑰	水仙	红玫瑰	白玫瑰	水仙	红玫瑰	白玫瑰	水仙	红玫瑰	白玫瑰	水仙
类	按花材:	白玫瑰	水仙	红玫瑰	白玫瑰	水仙	红玫瑰	白玫瑰	水仙	红玫瑰	白玫瑰	水仙

图 3-18　商品分类栏目

从图 3-13 侧边栏布局上来看，侧边栏被分为两个栏目，一个是服务热线栏目，另一个为网站最新公告栏目，结构如图 3-19 所示。

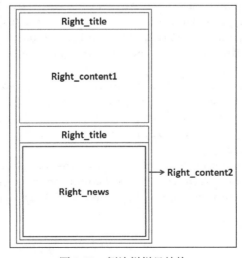

图 3-19　侧边栏栏目结构

从图 3-19 可以看到，Rightwapper 被划分为 Right_title、Right_content1 及 Right_content2，Right_content2 中包含 Right_news 新闻列表菜单，故代码如下：

```
<div class="rightWapper">
    <div class="right_title">服务热线</div>
    <div class="rightcontent1">
     <div class="hour">24 小时订购热线.</div>
     <div class="call">029-12345678</div>
     <div class="sina">鲜花</div>
    </div>
    <div class="right_title">网站最新公告</div>
    <div class="rightcontent2">
     <div class="rightNews">
      <ul>
      <li>的风格和发帖工具和一个愉</li>
      <li>的风格和发帖工具和一个愉</li>
      <li>的风格和发帖工具和一个愉</li>
      <li>的风格和发帖工具和一个愉</li>
      <li>的风格和发帖工具和一个愉</li>
      </ul>
      </div>
      <div class="more">更多...</div>
    </div>
</div>
```

侧边栏 CSS 代码如下：

```
.Rightwapper{ width:240px; height:280px; float:left; margin-left:10px;
display:inline;}
    .right_title{ width:100%; height:35px;line-height:35px; font-size:18px;}
    .rightcontent1{ width:238px; height:100px;
background:url(../images/right_bg.png) repeat-x;border:1px solid #e7e7e7; }
    .hour{ width:218px; margin-top:5px; padding:0px 10px; font-size:14px}
    .call{ width:198px; height:21px; line-height:21px; margin:10px;
background:url(../images/call.png) no-repeat; padding-left:20px;
font-size:20px;color:#a90909}
    .sina{ width:200px; height:16px;margin:0px 10px; padding-left:18px;
font-size:14px; background:url(../images/sina.png) no-repeat;}
    .rightcontent2{ width:218px; height:134px; padding:5px 10px;
background:url(../images/right_bg.png) repeat-x;border:1px solid #e7e7e7; }
    .rightnews{ width:218px; }
    .rightnews ul li{ height:14px; width:210x; line-height:14px; margin-top:8px;
background:url(../images/point.png) no-repeat; padding-left:18px;}
    .more{ width:100%; height:14px; line-height:14px; text-align:right}
```

最终样式如图 3-20 所示。

⑥ 新品推荐栏目编辑。从图 3-7 网站结构来看，新品推荐栏目结构布局如图 3-21 所示。

图 3-20 侧边栏

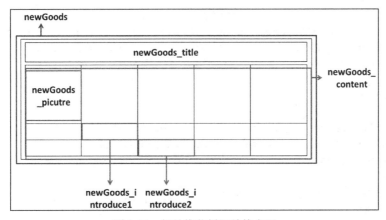

图 3-21 新品推荐栏目结构布局

从图 3-21 中可以看到，新品展示栏目 newGoods 分为 newGoods_title 及 newGoods_content 两个结构，在 newGoods_title 中又划分为左侧栏目标题 newGoods_title_left 及右标题 newGoods_title_right。在 newGoods_content 结构下包含每个商品的展示窗口、价格窗口等，即 newGoods_picture、newGoods_introduce1 及 newGoods_introduce2，故代码编写如下：

```html
<div class="newGoods"><div class="newGoods_title">
    <div class="newGoods_title_left">新品推荐</div>
      <div class="newGoods_title_right">
        <ul>
        <li>玫瑰</li>
        <li>百合</li>
        </ul>
      </div>
</div>
<div class="newGoods_content">
  <ul>
   <li>
    <div class="newGoods_picture"><img src="images/flower.png"/></div>
    <span class="newGoods_introduce1">11 朵/我心永恒</span>
    <span class="newGoods_introduce2">零售价: <span class="color1">
```

```
￥500</span></span>
        </li>
        <li>
         <div class="newGoods_picture"><img src="images/flower.png"/></div>
         <span class="newGoods_introduce1">11 朵/我心永恒</span>
         <span class="newGoods_introduce2">零售价：<span class="color1">
￥500</span></span>
        </li>
        <li>
         <div class="newGoods_picture"><img src="images/flower.png"/></div>
         <span class="newGoods_introduce1">11 朵/我心永恒</span>
         <span class="newGoods_introduce2">零售价：<span class="color1">
￥500</span></span>
        </li>
        <li>
         <div class="newGoods_picture"><img src="images/flower.png"/></div>
         <span class="newGoods_introduce1">11 朵/我心永恒</span>
         <span class="newGoods_introduce2">零售价：<span class="color1">
￥500</span></span>
        </li>
        <li>
         <div class="newGoods_picture"><img src="images/flower.png"/></div>
         <span class="newGoods_introduce1">11 朵/我心永恒</span>
         <span class="newGoods_introduce2">零售价：<span class="color1">
￥500</span></span>
        </li>
       </ul>
      </div>
    </div>
```

CSS 样式应添加如下代码：

```
/*--新品推荐--begin--*/
.newGoods{widows:960px; height:300px; margin-top:10px;}
.newGoods_title{ width:100%; height:35px; line-height:35px; border-bottom:
2px solid #aa0000;}
.newGoods_title_left{ width:150px; height:35px; float:left; font-size:
22px;}
.newGoods_title_right{ width:710px; height:35px; float:right;}
.newGoods_title_right ul li{ padding-left:10px;height:35px; line-height:
35px; float:right;}
.newGoods_content{ width:960px; height:250px; margin-top:10px;}
.newGoods_content ul li{ width:180px; height:250px;margin:0px 5px; _margin:
0px 1px; float:left; display:inline}
.newGoods_picture{ width:178px;border:1px solid #e7e7e7;}
.newGoods_introduce1{ width:190px; height:20px; display:block; margin-top:
5px; text-align:center; line-height:20px;}
.newGoods_introduce2{ width:190px; height:20px; display:block; text-align:
center; line-height:20px;}
/*--新品推荐--end--*/
```

⑦ 其他栏目编辑，栏目布局如图 3-22 所示。

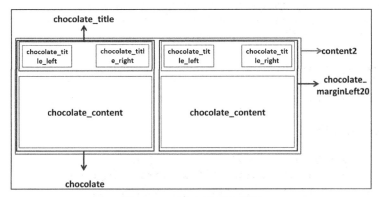

图 3-22　巧克力栏目结构图

从图 3-22 中可以看到，content2 栏目被划分为左右两个部分：chocolate 和 chocolate_marginLeft20。每个栏目内又被划分为 chocolate_title 及 chocolate_content。chocolate_title 又被分为 chocolate_title_left 及 chocolate_title_right。故代码如下：

```
<!--巧克力、卡通花束--begin-->
  <div class="conten2">
   <div class="chocolate">
   <div  class="chocolate_title">
    <div class="chocolate_title_left">巧克力</div>
    <div class="chocolate_title_right">
     <ul>
      <li>德芙巧克力</li>
      <li>德芙巧克力</li>
     </ul>
    </div>
   </div>
   <div class="chocolate_content">
    <ul>
     <li><img src="images/chocolate.png"  /></li>
     <li><img src="images/chocolate.png"  /></li>
    </ul>
   </div>
  </div>
 <div class="chocolate marginLeft20">
   <div  class="chocolate_title">
    <div class="chocolate_title_left">巧克力</div>
    <div class="chocolate_title_right">
     <ul>
      <li>德芙巧克力</li>
      <li>德芙巧克力</li>
     </ul>
    </div>
   </div>
   <div class="chocolate_content">
```

```
    <ul>
     <li><img src="images/chocolate.png"  /></li>
     <li><img src="images/chocolate.png"  /></li>
    </ul>
   </div>
  </div>
 </div>
<!--巧克力、卡通花束--end-->
```

CSS 样式代码如下：

```
/*--巧克力、卡通花束--begin--*/
.conten2{ widows:960px; height:200px; margin-top:10px;}
.chocolate{ width:468px; height:150px; float:left}
.chocolate_title{ width:100%; height:35px; line-height:35px; border-bottom:
2px solid #aa0000;}
.chocolate_title_left{ width:120px; height:35px; float:left;font-size:
22px;}
.chocolate_title_right{ width:330px; height:35px; float:right;}
.chocolate_title_right ul li{ padding-right:10px;height:35px; line-height:
35px; float:right;}
.chocolate_content{ width:460px; height:150px; margin-top:10px;}
.chocolate_content ul li{ width:222px; margin:0px 3px; float:left; display:
inline; height:150px;border:1px solid #e7e7e7; }
/*--巧克力、卡通花束--end--*/
```

最终，其他栏目界面呈现如图 3-23 所示。

图 3-23　巧克力栏目最终效果

⑧ 服务信息栏目编辑。代码如下：

```
/*--巧克力、卡通花束--begin--*/
<div class="content3">
  <div class="content3_left">
  <span class="content3_left_call">400-888-099</span>
  <span class="content3_left_thanks">感谢监督</span>
  </div>
  <div class="content3_right">
   <ul>
    <li>
    <span class="information_title">新手上路</span>
    <div class="information_content">
```

```
         顾客必读<br/> 订购须知<br/> 订单状态<br/> 会员有礼
       </div>
     </li>
     <li>
     <span class="information_title">购物指南</span>
     <div class="information_content">
       产品说明<br/> 售后服务<br/> 购物流程<br/> 常见问题
     </div>
     </li>
     <li>
     <span class="information_title">售后/支付方式</span>
     <div class="information_content">
       支付方式<br/> 投诉处理<br/> 订单修改<br/> 支付小贴士
     </div>
     </li>
     <li>
     <span class="information_title">购物条款</span>
     <div class="information_content">
       会员注册协议<br/> 配送服务协议<br/> 网站使用条款<br/> 网站免责声明
     </div>
     </li>
     <li>
     <span class="information_title">相关知识</span>
     <div class="information_content">
       玫瑰爱情<br/> 鲜花心语<br/> 节日寓意<br/> 蛋糕尺寸
     </div>
     </li>
   </ul>
 </div>
</div> /*--巧克力、卡通花束--end--*/
```

CSS 样式进行添加，代码如下：

```
/*--相关信息--begin--*/
.content3{widows:960px; height:170px; margin-top:10px; border-top:2px solid
#aa0000;}
.content3_left{ width:150px; height:50px; margin:60px 0px; float:left;}
.content3_left_call{ width:100%; height:30px; line-height:30px; display:
block; text-align:center;font-size:20px;color:#a90909}
.content3_left_thanks{ width:100%; height:20px; line-height:20px; text-align:
center;display:block;}
.content3_right{ width:800px; height:150px; margin-top:20px;float:left;}
.content3_right ul li{ width:140px; height:130px; float:left; margin-left:
20px; display:inline}
.information_title{ width:120px; height:30px; line-height:30px; display:
block; padding-left:20px; font-size:16px;border-bottom:1px solid #e7e7e7;}
.information_content{width:120px;line-height:20px;padding-left:20px;
margin-top:5px;}
/*--相关信息--end--*/
```

其他栏目效果如图 3-24 所示。

400-888-099 感谢监督	新手上路	购物指南	售后/支付方式	购物条款	相关知识
	顾客必读	产品说明	支付方式	会员注册协议	玫瑰爱情
	订购须知	售后服务	投诉处理	配送服务说明	鲜花心语
	订单状态	购物流程	订单修改	网站使用条款	节日寓意
	会员有礼	常见问题	支付小贴士	网站免责声明	蛋糕尺寸

图 3-24　其他栏目图

⑨ 页尾编辑。代码如下：

```
<!--footer--begin-->
 <div class="footer">
  <div class="footer_left">copyright kuhua company</div>
  <div class="footer_right">关于我们-售后服务-产品介绍-联系我们-友情链接</div>
 </div>
<!--footer--end-->
```

CSS 样式代码如下：

```
/*--footer--begin--*/
.footer{ width:960px; height:60px; line-height:60px;border-top:1px solid
#e7e7e7; font-size:14px;}
.footer_left{ width:470px; float:left;}
.footer_right{ width:470px; float:right; text-align:right; margin-left:20px;
display:inline;}
/*--footer--end--*/
```

至此，库花网首页栏目构架大体已经完成，但仍未添加链接，所以网站页面并没全部完成，完成首页后，其他页面就可以开始着手制作了。

（2）关于我们页面制作。接下来，研发人员开始着手关于我们页面的制作。页面效果如图 3-25 所示。

图 3-25　关于我们页面效果图

从网站结构布局来看，网站主要由五个部分构成：Main Navigation，主导航；Header，网站头部图标，包含网站的 Logo 和站名；Content，网站的主要内容；侧边栏，一些附加信息；Footer，网站底栏，包含版权信息等。如图 3-26 所示。

图 3-26　构布局释义

详细制作步骤如下。

① 创建网站的大框，即建立一个宽 960px 的盒子，它将包含网站的所有元素。在 HTML 文件的<body>和</body>之间写入如下代码：

```
<div id="page-container">
Hello world.
</div>
```

创建 CSS 文件，命名为 master.css，保存在/css/文件夹下。写入如下代码：

```
#page-container {
width: 960px;
background: red;
} /*页面内容控制*/
```

控制 HTML 的 id 为 page-container 的盒子，宽为 760px，背景为红色。如图 3-27 所示。

Hello world.

图 3-27　page-container 盒子

现在为了让盒子居中，写入代码 margin: auto;，使 CSS 文件代码如下：

```
#page-container {
width: 960px;
margin: auto;
background: red;
} /*页面内容控制*/
```

现在就可以看到盒子和浏览器的顶端有 8px 宽的空隙。这是由于浏览器默认的填充和边界造成的。消除这个空隙，就需要在 CSS 文件中写入如下代码：

```
html, body {
margin: 0;
padding: 0;
} /*页面置顶及内边距*/
```

② 将网站分为五个 DIV，作为网页基本布局的基础。

将图 3-26 中提到的五个部分都放入盒子中，在 HTML 文件中写入如下代码：

```
<div id="page-container">
<div id="main-nav">Main Nav</div>
<div id="header">Header</div>
<div id="sidebar-a">Sidebar A</div>
<div id="content">Content</div>
<div id="footer">Footer</div>
</div> /*页面结构内容*/
```

表现如图 3-28 所示。

Main Nav
Header
Sidebar A
Content
Footer

图 3-28　栏目导航

③ 为了将五个部分区分开来，可以给这五个部分添加边框标示出来，在 CSS 文件写入如下代码：

```
#main-nav {
height: 50px;
border:solid; border:1px;
} /*顶部导航*/
#header {
border:solid; border:1px;
height: 150px;
} /*头部焦点图*/
#sidebar-a {
border:solid; border:1px;
} /*侧边栏*/
#content {
border:solid; border:1px;
} /*Content 内容栏*/
#footer {
border:solid; border:1px;
height: 60px;
}/*底部页脚栏*/
```

表现如图 3-29 所示。

图 3-29 DIV 布局结构

④ 网页布局与 DIV 浮动等。首先让边框浮动到主要内容的右边。用 CSS 控制浮动，代码如下：

```
#sidebar-a {
float: right;
width: 280px;
background: darkgreen;
}
```

表现如图 3-30 所示。

图 3-30 DIV 布局结构

往主要内容的盒子中写入一些文字。在 HTML 文件中写入如下内容：

```
<div id="content">
    库花网隶属于广州欧循商务信息咨询有限公司，拥有目前国内强大的花店配送联盟体系，是国内专业
的鲜花网络订购服务提供商。在鲜花网络订购具有丰富的运作经验与强大的配送能力。"库花网"品牌在
行业内拥有很高的知名度与美誉度。历年鲜花的网络销售额在同类网站中遥遥领先。并以优异的产品质量、
强大的配送能力、卓越的服务深受众多用户的信赖。
```

库花网有十余年的线下实体花店的运营经验，在全国数十个大中型城市拥有直营的大型鲜花店近百家。在全国有近 5500 家优质的实体花店合作联盟，各地花店均经过我们精心评估与筛选，确保产品质量与配送服务有保障。
```
</div>
/*页面结构内容*/
```

表现如图 3-31 所示。

图 3-31　DIV 布局结构

可以看到，主要内容的盒子占据了整个 page-container 的宽度，需要将#content 的右边界设为 280px，以使其不和边框发生冲突。

css 文件代码如下：

```
#content {
margin-right: 280px;
border:solid; border:1px;
}
```

同时往边框里写入一些文字。在 HTML 文件中写入如下内容：

```
<div id="sidebar-a">
```
库花网以"我们一直在用心"为服务口号，倡导诚信、高效的网络交易文化，用心为数十万客户营造温馨亲切的购物体验。注重产品品质、注重细节，对每一个订单都力求用心做到最好。我们坚持秉承"精心的花材选择、贴心的购花体验、细心的配送路线、安心的售后服务"的服务宗旨，用心创造和谐、舒适、安全的网上购花环境，真正迎合满足广大消费者传递情感的需求，引导花卉网络消费的生活方式，努力向每一位用户提供最时尚前沿的花艺作品和花意理念、最优异的用户体验、最卓越的产品品质，让您足不出户就可以享受我们为您提供的优质服务！
```
</div>
```

表现如图 3-32 所示。

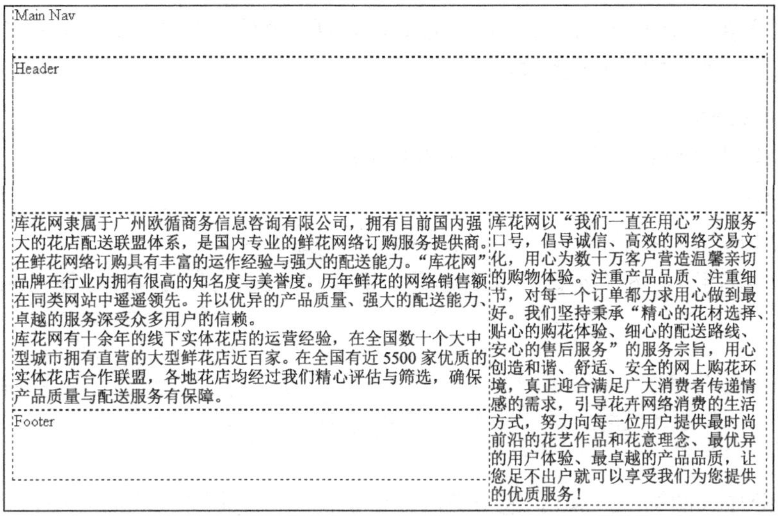

Main Nav

Header

库花网隶属于广州欧循商务信息咨询有限公司，拥有目前国内强大的花店配送联盟体系，是国内专业的鲜花网络订购服务提供商，在鲜花网络订购具有丰富的运作经验与强大的配送能力。"库花网"品牌在行业内拥有很高的知名度与美誉度。历年鲜花的网络销售额在同类网站中遥遥领先。并以优异的产品质量、强大的配送能力、卓越的服务深受众多用户的信赖。
库花网有十余年的线下实体花店的运营经验，在全国数十个大中型城市拥有直营的大型鲜花店近百家。在全国有近 5500 家优质的实体花店合作联盟，各地花店均经过我们精心评估与筛选，确保产品质量与配送服务有保障。

Footer

库花网以"我们一直在用心"为服务口号，倡导诚信、高效的网络交易文化，用心为数十万客户营造温馨亲切的购物体验。注重产品品质、注重细节，对每一个订单都力求用心做到最好。我们坚持秉承"精心的花材选择、贴心的购花体验、细心的配送路线、安心的售后服务"的服务宗旨，用心创造和谐、舒适、安全的网上购花环境，真正迎合满足广大消费者传递情感的需求，引导花卉网络消费的生活方式，努力向每一位用户提供最时尚前沿的花艺作品和花意理念、最优异的用户体验、最卓越的产品品质，让您足不出户就可以享受我们为您提供的优质服务！

图 3-32　DIV 布局结构

图 3-32 中出现的情况并不是我们想要的，网站的底框跑到边框的下边去了。这是由于我们将边框向右浮动，由于是浮动，所以可以理解为它位于整个盒子之上的另一层。因此，底框和内容盒子对齐了。

因此必须往 CSS 文件中写入如下代码：

```
#footer {
clear: both;
height: 66px;
}
```

表现如图 3-33 所示。

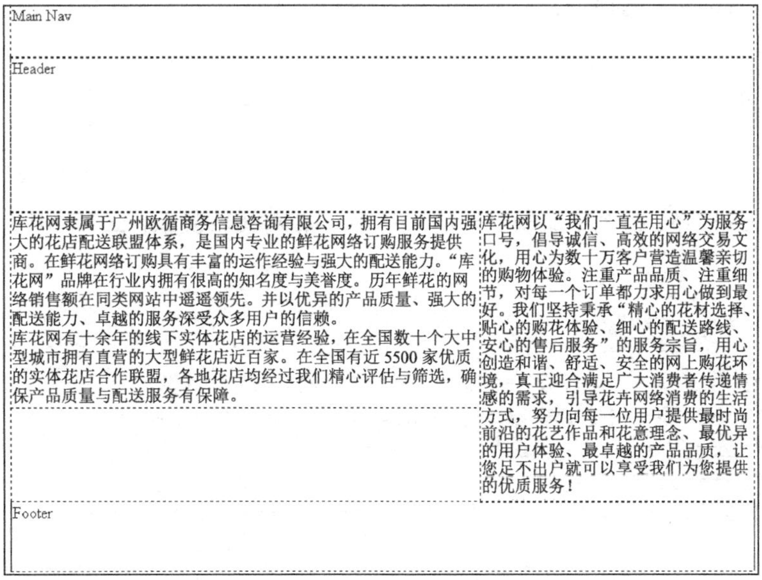

Main Nav

Header

库花网隶属于广州欧循商务信息咨询有限公司，拥有目前国内强大的花店配送联盟体系，是国内专业的鲜花网络订购服务提供商。在鲜花网络订购具有丰富的运作经验与强大的配送能力。"库花网"品牌在行业内拥有很高的知名度与美誉度。历年鲜花的网络销售额在同类网站中遥遥领先。并以优异的产品质量、强大的配送能力、卓越的服务深受众多用户的信赖。
库花网有十余年的线下实体花店的运营经验，在全国数十个大中型城市拥有直营的大型鲜花店近百家。在全国有近 5500 家优质的实体花店合作联盟，各地花店均经过我们精心评估与筛选，确保产品质量与配送服务有保障。

库花网以"我们一直在用心"为服务口号，倡导诚信、高效的网络交易文化，用心为数十万客户营造温馨亲切的购物体验。注重产品品质、注重细节，对每一个订单都求用心做到最好。我们坚持秉承"精心的花材选择、贴心的购花体验、细心的配送路线、安心的售后服务"的服务宗旨，用心创造和谐、舒适、安全的网上购花环境，真正迎合满足广大消费者传递情感的需求，引导花卉网络消费的生活方式，努力向每一位用户提供最时尚前沿的花艺作品和花意理念、最优异的用户体验、最卓越的产品品质，让您足不出户就可以享受我们为您提供的优质服务！

Footer

图 3-33　DIV 布局结构

⑤ 网页主要框架之外的附加结构的布局与表现。除网页主要框架之外的附加结构的表现（Layout），通常包括以下内容：

● 主导航条；

● 标题（heading），包括网站名和内容标题；

● 内容；

● 页脚信息，包括版权、认证、副导航条（可选）。

加入这些结构时，为了不破坏原有框架，需要在 CSS 文件"body"标签（tag）下加入如下代码：

```
.hidden {
display: none;
}
```

.hidden 即加入的类（class），这个类可以使页面上任意属于 hidden 类的元素（element）不显示。这些会在稍后使用，现在请暂时忘记它。

现在加入标题（heading）。先回到 HTML 文件的代码，<h1>~<h6>是常用的 html 标题代码。如一般用<h1>网站名</h1>，<h2>网站副标题</h2>，<h3>内容主标题</h3>等。<h>标签的使用会赋予网站层次感，搜索引擎对一个层次分明、结构清晰的网站会更有可信度，也会赋予更高的权重，这点在《网络营销》一书中有详细的 SEO 介绍。

在 HTML 文件的 Header 层（DIV）加入如下代码：

```
<div id="Header">
<h1>Bodao Designs</h1>
</div>
```

刷新一下页面，就可以看到巨大的标题和标题周围的空白，这是因为<h1>标签的默认大小和边距（margin）造成的，先要消除这些空白，需要加入如下代码：

```
h1 {
margin: 0;
padding: 0;
}
```

接下来是导航条。控制导航条表现的 CSS 代码相对比较复杂，在 HTML 文件加入如下导航代码：

```
<div id="main-nav">
<ul class="hidden">
<li id="index"><a href=" #" >index</a></li>
<li id="about"><a href=" #" >About</a></li>
<li id="services"><a href=" #" >Services</a></li>
<li id="portfolio"><a href=" #" >Portfolio</a></li>
<li id="contact"><a href=" #" >Contact Us</a></li>
</ul>
</div>
```

关于页脚。页脚包括两部分：左边的版权、认证和右边的副导航条。我们先要让副导航条向右浮动，就像之前处理 Sidebar 和 Content 关系时一样，需要加入一个新的层（DIV），代码如下：

```
<div id="footer">
<div id="altnav">
<a href=" #" >关于我们</a> -
<a href=" #" >售后服务</a> -
<a href=" #" >产品介绍</a> -
<a href=" #" >联系我们</a> -
<a href=" #" >友情链接</a>
</div>
</div>
```

理论上，可以控制源文件上的任意元素的浮动，但由于 IE 浏览器的 bug，被浮动层需要首先出现在源文件上，也就是把副标题放在版权和认证的前面，加入如下代码：

```
<div id="footer">
<div id="altnav">
<a href=" #" >关于我们</a> -
<a href=" #" >售后服务</a> -
<a href=" #" >产品介绍</a> -
<a href=" #" >联系我们</a> -
<a href=" #" >友情链接</a>
</div>
Copyright © Bodao Designs
Powered by <a href="#/" >bjbodao</a>
</div>
```

刷新页面，效果如图 3-34 所示。

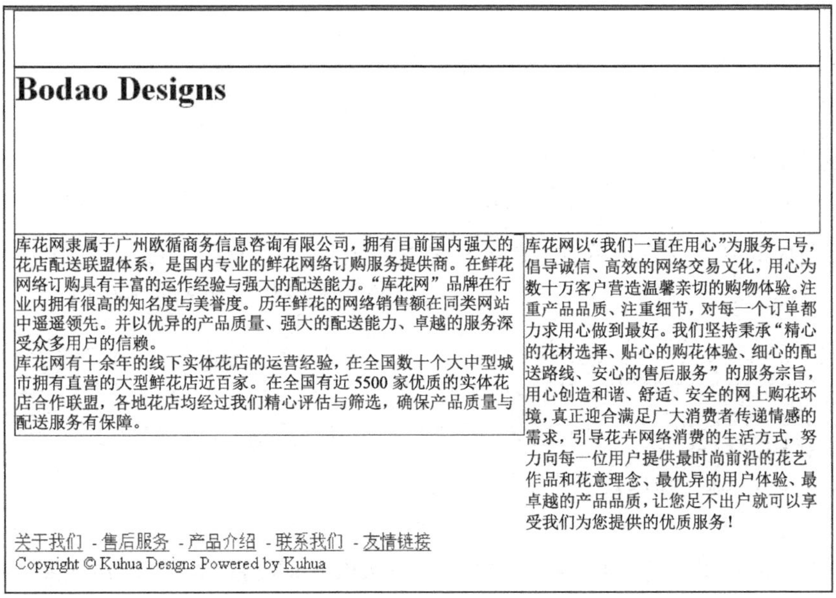

Bodao Designs

库花网隶属于广州欧循商务信息咨询有限公司，拥有目前国内强大的花店配送联盟体系，是国内专业的鲜花网络订购服务提供商。在鲜花网络订购具有丰富的运作经验与强大的配送能力。"库花网"品牌在行业内拥有很高的知名度与美誉度。历年鲜花的网络销售额在同类网站中遥遥领先，并以优异的产品质量、强大的配送能力、卓越的服务深受众多用户的信赖。

库花网有十余年的线下实体花店的运营经验，在全国数十个大中型城市拥有直营的大型鲜花店近百家。在全国有近 5500 家优质的实体花店合作联盟，各地花店均经过我们精心评估与筛选，确保产品质量与配送服务有保障。

库花网以"我们一直在用心"为服务口号，倡导诚信、高效的网络交易文化，用心为数十万客户营造温馨亲切的购物体验。注重产品质量、注重细节，对每一个订单都力求用心做到最好。我们坚持秉承"精心的花材选择、贴心的购花体验、细心的配送路线、安心的售后服务"的服务宗旨，用心创造和谐、舒适、安全的网上购花环境，真正迎合满足广大消费者传递情感的需求，引导花卉网络消费的生活方式，努力向每一位用户提供最时尚前沿的花艺作品和花意理念、最优异的用户体验、最卓越的产品品质，让您足不出户就可以享受我们为您提供的优质服务！

关于我们 - 售后服务 - 产品介绍 - 联系我们 - 友情链接
Copyright © Kuhua Designs Powered by Kuhua

图 3-34 DIV 布局结构

回到内容部分：用<h2>表现内容标题："关于我们"，"联系我们"；用<p>表现段落；用</br>断行。代码如下：

```
<div id="content">
  <h2>About</h2>
<p>库花网隶属于广州欧循商务信息咨询有限公司，拥有目前国内强大的花店配送联盟体系，是国内专业的鲜花网络订购服务提供商。在鲜花网络订购具有丰富的运作经验与强大的配送能力。"库花网"品牌在行业内拥有很高的知名度与美誉度。历年鲜花的网络销售额在同类网站中遥遥领先。并以优异的产品质量、强大的配送能力、卓越的服务深受众多用户的信赖。</p>
<p>库花网有十余年的线下实体花店的运营经验，在全国数十个大中型城市拥有直营的大型鲜花店近百家。在全国有近 5500 家优质的实体花店合作联盟，各地花店均经过我们精心评估与筛选，确保产品质量与配送服务有保障。</p>
  <h2>Contact Us</h2>
  <p>Phone: (029)88888888 <br />
    Fax: (029)88888888<br />
    Email: <a href="mailto:info@enlighten.co.nz" >ang@kuhua.com</a><br />
    <br />
</p>
  <p><a href=" #" >More contact information…</a></p>
</div>
```

刷新页面可以看到，在 Content 层中又出现一些空白，这是由于<h2><p>标签的默认边距（margin）造成的，我们必须消除这些恼人的空白，但又不想把网页中所有的<h2><p>标签的边距都设为 0 时，这就需要使用 CSS 的子选择器（child css selector），在 HTML 文件结构中，控制的<h2><p>标签（child）是属于#content 层（parent）的，因此在 CSS 文件中写入如下代码：

```
#content h2 {
 margin: 0;
 padding: 0;
}
#content p {
 margin: 0;
 padding: 0;
}
```

⑥ 页面内的基本文本的样式（CSS）设置。到目前，已经对 CSS 控制整个网页版面（layout）的能力有所介绍，接下来，设置全局的文本样式，加入如下代码：

```
body {
 font-family:"微软雅黑","宋体","新宋体";
 font-size: 12px;
 color: #666666;
 background: #ffffff;
}
```

一般把 body 标签放在 CSS 文件的顶端，当然你要是执意要把它放在尾部，font-family 内的顺序决定字体显示优先级，例如，如果所在计算机没有微软雅黑字体，浏览器就会指向宋体字体，依此类推；color 指字体颜色；background 指背景颜色。

刷新页面，显示如图 3-35 所示。

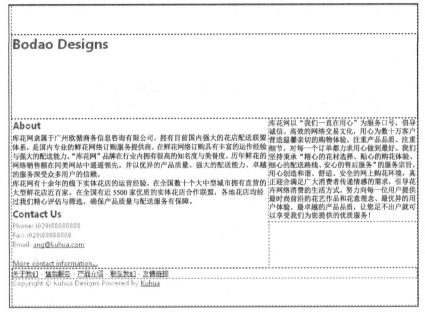

图 3-35　DIV 布局结构

可以看到，内容（content）的各块（block）之间的间隙太小了，而基于最初的设计，内容标题（即<h2>）和正文之间的间隙大概是 15px，每个段落的间距也大概是 15px，所以在 CSS 文件中写入如下代码：

```
#content h2 {
margin: 0;
padding: 0;
padding-bottom: 15px;
}
#content p {
margin: 0;
padding: 0;
padding-bottom: 15px;
}/*内容样式控制*/
```

然后需要让 content 层的四周都空出 25px 的间隙，这本来是件很简单的事，理论上只需在#content 的 CSS 文件中加入 padding: 25px;就行了，但是 IE 浏览器固有的 bug 根本不能按预期表现。解决这个问题有两种办法。第一种办法是区别浏览器写入两种代码（HACK IE），但因为间隙（padding，在 Dreamweaver 中又叫填充）使用很频繁，所以我们用另一种办法。往需要填充的层中加入 padding 层，它的功能仅限于显示间隙，代码如下：

```
<div id="sidebar-a">
<div class="padding">
库花网以"我们一直在用心"为服务口号，倡导诚信、高效的网络交易文化，用心为数十万客户营造
```

温馨亲切的购物体验。注重产品品质、注重细节，对每一个订单都力求用心做到最好。我们坚持秉承"精心的花材选择、贴心的购花体验、细心的路线配送、安心的售后服务"的服务宗旨，用心创造和谐、舒适、安全的网上购花环境，真正迎合满足广大消费者传递情感的需求，引导花卉网络消费的生活方式，努力向每一位用户提供最时尚前沿的花艺作品和花意理念、最优异的用户体验、最卓越的产品品质，让您足不出户就可以享受我们为您提供的优质服务！

```
</div>
</div>
```

同样地，再往 HTML 文件的 content 层中加入 padding 层。由于 padding 层的功能仅是制造空隙，所以不要设置它的宽度，只需在 CSS 文件中添加如下代码：

```
#sidebar-a {
float: right;
width: 280px;
}
#sidebar-a .padding {
padding: 25px;
}
#content {
margin-right: 280px;
}
#content .padding {
padding: 25px;
}
```

与先前用的方法一样，选择类（class）为 padding，且父类（parent）为#content 或#sidebar-a 的元素（element）。

接下来设置行距，content 和 sidebar-a 的行距需要加宽，但在 CSS 文件中是没有行距（leading）这种属性（attribute）的，但是有行高（line-height）属性，因此往 CSS 文件中写入如下代码：

```
#sidebar-a {
float: right;
width: 280px;
line-height: 18px;
}
#content {
margin-right: 280px;
line-height: 18px;
}
```

现在可以看到标题 about 和 contact us 显得相当突兀，将其替换为如图 3-36 所示图片，并将其存放于 images 文件夹中。替换方法为，在 html 文件的<h2>标签中写入如下代码：

```
<h2><img src="images/about.gif" width="54" height="14" alt="About" /></h2>
<h2> <img src="images/contact.gif" width="98" height="14" alt="Contact Us"
/> </h2>
```

于是需要如图 3-36 所示两幅图片：about.gif 与 contact.gif。

图 3-36 网站素材图

⑦ 网站头部图标与 Logo 部分的设计。为实现设计时的网页头部效果，需要以下两幅图，如图 3-37 和图 3-38 所示。

/images/headers/about.jpg

图 3-37 网站 Banner

/images/logo.gif

KuHua designs

图 3-38 网站 Logo

首先在#header 层添加背景图案，写入如下代码：

```
#header {
height: 150px;
background: #db6d16
url(../images/headers/about.jpg);
}
```

使用的背景属性为一些简写的属性名，用其能规定背景的颜色、图案、图案的位置、是否重复以及如何重复。之所以把背景色设为桔黄色，是因为当用户使浏览器屏蔽图片时，网站的头部不会变得一片空白。应该注意到图片的路径是相对于 CSS 文件的存放位置而言的，而不是 HTML 文件，因此有"../"。

接着替换<h1></h1>标签里的 Bodao Designs，代码如下：

```
<div id="header">
<h1><img src="images/logo.gif"
width="236" height="36" alt="Bodao Designs" border="0" /></h1>
</div>
```

Logo 图片浮在头部的左上方，需要设置<h1>的属性值，代码如下：

```
h1 {
```

```
margin: 0;
padding: 0;
float: right;
margin-top: 57px;
padding-right: 31px;
}
```

这样使存在于<h1>层的图片向右浮动，并且上边距（margin-top）为 57px，右间隙（padding-right）为 31px。

注意：这里使用了 padding-right 而不是 margin-right，这是因为 IE 浏览器的怪毛病不少，它有时会无法正确显示 margin-right/left 属性，所以使用了 padding 属性。

⑧ 页脚信息（版权等）的表现设置。页脚在首页制作时已经进行设计，接着需要设置存在链接的文本的显示，让下划线消失，代码如下：

```
#footer a {
color: #3;
text-decoration: none;
}
```

在鼠标悬停在其上方时变色为#db6d16，代码如下：

```
#footer a:hover {
color: #db6d16;
}
```

⑨ 导航条的制作。在首页的制作中，并没有详细讲解主导航区的制作，主导航区的制作可以在许多素材网上收集到，许多漂亮精美的主导航区都是由 JS 或 Flash 制作完成，下面将对本案例中的主导航制作大致讲解。

主导航图片变换的方法是用纯 CSS 样式代码实现的，不包含任何 JS 或 Flash，所用的图片是五幅分别由三个小图组合而成的图片，如图 3-39 所示，并将这五幅图保存于/images/nav/文件夹中。

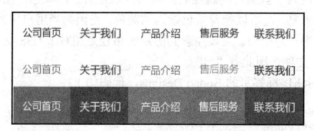

图 3-39　主导航素材

在此，每幅图都分为上、中、下三部分，未发生动作时显示上部，当光标悬停时，显示的是中部，被选择时则显示下部，这样就实现了导航条的动态效果。接下来进入 CSS 代码部分，先往 CSS 文件中写入如下代码：

```
#main-nav { height: 50px; }
#main-nav ul { margin: 0; padding: 0; }
/*主导航栏控制*/
```

#main-nav 的 height 属性定义了 main-nav 层的高度；#main-nav ul 则定义 main-nav 层中列表的属性，在这里先定义其 margin 和 padding 为 0。

根据先前的设计，主导航应该和左边有一定的距离，这就需要设置 main-nav 层的左边距（padding-left）为 11px，但由于 IE 5 浏览器和 Mac 浏览器的 bug，需要加入以下代码：

```
#main-nav { padding-left: 11px; }
#main-nav { padding-left: 11px; overflow: hidden; }
```

可以看到导航列表距左边有 11px 的距离，但是列表项目是竖排的，将<li>，即列表项目向左对齐就能使其从左到右横向排列，代码如下：

```
#main-nav li { float: left; }
```

为了使列表项目的尺寸和容纳它的层保持一致，并利用浮动属性使列表项目的文本隐藏，写入如下代码：

```
#main-nav li a {
display: block;
height: 0px !important;
height: /**/:50px; /* IE 5/Win hack */
padding: 50px 0 0 0;
overflow: hidden;
background-repeat: no-repeat;
}
```

接着，要实现当光标悬停于列表项目上时，显示背景图片的中部，因此需要将背景图片向上移动 50px，写入如下代码：

```
#main-nav li a:hover {
background-position: 0 -50px;
}
/*各导航图片路径*/
#main-nav li#index,
#main-nav li#index a { width: 84px; background-image: url(../images/nav/
index.jpg); }
#main-nav li#about,
#main-nav li#about a { width: 84px; background-image: url(../images/nav/
about1.jpg); }
#main-nav li#services,
#main-nav li#services a { width: 84px; background-image: url(../images/nav/
services1.jpg); }
#main-nav li#portfolio,
#main-nav li#portfolio a { width: 95px; background-image: url(../images/nav/
portfolio1.jpg); }
#main-nav li#contact,
```

```
#main-nav li#contact a { width: 84px; background-image: url(../images/nav/
contact1.jpg); }
```

最后要做的就是，当列表项目被选时显示背景图片的下部。为此需要增加一些 CSS 样式代码对原有的 CSS 表现作一些修改：

```
body.index li#index,
body.index li#index a,
body.about li#about,
body.about li#about a,
body.services li#services,
body.services li#services a,
body.portfolio li#portfolio,
body.portfolio li#portfolio a,
body.contact li#contact,
body.contact li#contact a {
background-position: 0 -100px;
}
```

以上看似庞大的 CSS 选择器可以识别<body>标签的类，如 HTML 文件中为如下代码：

```
<body class="index">
```

以上 CSS 选择器就让 li#index、li#index a 的背景向上移动 100px，使其显示背景图片的下部。

如果希望网站头部背景图片也根据 body 标签的类进行变换，就需修改 CSS 文件的 #header，代码如下：

```
body.index #index {
height: 150px;
background: #db6d16
url(../images/headers/about.jpg);
}
```

至此就完成了"公司首页"网页的制作，依此类推，修改 HTML 文件中<body>标签的类为 services/portfolio/contact，制作相应 HTML 文件并分别保存。

在 CSS 文件中添加各个网页相应的头部背景图片路径（如 services 网页的头部背景图片为 services.jpg），在 CSS 文件中添加如下代码：

```
body.services #header {
height: 150px;
background: #db6d16
url(../images/headers/services.jpg);
}
```

这里不再对其他页面的制作进行详细讲解。在完成所有页面制作后，只需要用超链接将这些网页连接起来，就组成了一个小网站。至此，企业静态网站页面创建已基本完成，网站最终效果图如图 3-40 所示。

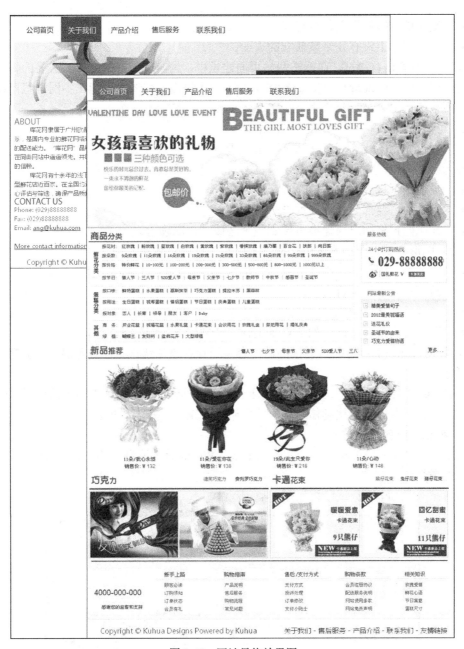

图 3-40　网站最终效果图

任务三　库花网网站测试与优化

网站在完成建设之后，需要经过严格的测试，方可挂载并上线。相对于静态网站而言，网站的测试主要包含以下几个方面。

1．功能性测试

（1）链接测试。

● 测试所有连接能能否按指示确实链接到了该链接的页面；

- 测试所有链接页面是否存在；
- 保证网站上没有冗余或孤立的页面。

（2）开发者语言测试。在静态网站页面建设中，为实现更好的功能，必要的特殊开发语言的测试，如 JavaScript、Ajax、VBScript 等，这些语言实现的功能在不同浏览器或代码书写不规范的情况下都容易产生问题，如焦点图、导航栏等。

2．可用性测试

（1）导航测试。导航栏位置是否突出、是否直观反映导航信息、能否链接至主要页面并准确无误。导航最为直观，它的位置也非常突出。

- 导航是否直观；
- 网站的主要部分能否通过导航引导过去；
- 导航能否将用户快速地引导到各个区域，且准确无误。

（2）图形测试。图形测试包括网站上所有的可视化效果，如：

- 确保每个图形的大小及可用性，是否会导致页面过慢加载速度；
- 验证页面字体是否统一；
- 背景色与字体颜色搭配后的视觉效果；
- 图片格式是否正确，如 JPG 或 GIF，个别用 PNG 或 PSD 等。

（3）内容测试。内容测试包括网站内容是否存在添加错误，及载入媒体、文字的效果是否可行。

（4）布局测试。布局测试的内容包括首页、频道页、栏目页、内容页的页面整体感用户是否舒适、能否凭直觉找到信息，设计风格是否统一，有无缺失。

3．浏览器兼容性测试

网站在 IE 6/7/8、Firefox、Chrome、Opera、World 等主流浏览器中页面显示是否正确，插件功能是否完备。

网站在 IETester 下测试结果如图 3-41 所示。

图 3-41　网站在 IETester 下测试结果

4．SEO 测试

（1）网站页面 META 标签的编写，如表 3-2 所示。

表 3-2　库花网 META 标签

栏目名称	标题（title）	关键词（keywords）	描述（description）
公司首页	库花网-网上花店订花_鲜花预定_鲜花礼品订购_送花网	网上订花，网上花店，鲜花订购，鲜花礼品，鲜花礼品订购，送花网，鲜花预定，防辐射植物	库花网，鲜花礼品、绿植花卉、特色礼品订购网，送花网，提供全国网上订花服务的网上花店，产品有鲜花礼品以及各种办公室防辐射植物，鲜花速递最快 2 小时可到达
关于我们	关于我们_库花网_鲜花配送		
产品介绍	库花网-送花网_情人节_婚礼_生日鲜花预定_玫瑰花预定_网上订花_网上花店	送花网，鲜花预定网，情人节鲜花，生日鲜花，婚礼鲜花，节日鲜花，网上订花，网上花店	库花网鲜花店，是情人节鲜花预定，生日鲜花预定，婚礼鲜花预定，各类鲜花预定的最佳选择，送情人鲜花，送朋友，送长辈，送生日鲜花等各类鲜花，鲜花速递最快 2 小时就能到达
售后服务	客户服务_库花网_鲜花配送		
联系我们	帮助中心_联系方式_库花网_鲜花配送		

META 标签的一个很重要的功能就是设置关键字，来帮助你的主页被各大搜索引擎登录，提高网站的访问量。在这个功能中，最重要的就是对 keywords 和 description 的设置。因为按照搜索引擎的工作原理，搜索引擎首先派出机器人自动检索页面中的 keywords 和 description，并将其加入到自己的数据库，然后再根据关键词的密度将网站排序。因此，关键字是否设立正确，决定了页面的搜索点击率高低与否。

（2）代码是否混乱。

① 对于标题，要用系统自带的<h1>～<h6>，还有<b>、<u>标签，这是从搜索引擎优化的角度来说的，同理还有代码的最优化，对于第一点，就是纵观全局，找出相同点，同样的代码多次利用，有一个技巧：就是多用 class，而不是 id。对于第二点就是尽量少地运用图片，能用代码、颜色实现的效果就不要用图片，但是一定要用图片时就不要节约了。

② 若整个布局运用 table，这个在浏览器的兼容性上非常好，但是更新麻烦，页面很大，下载很慢，并且蜘蛛在爬行时，只提取有用的文字、链接信息。大量的 table、tr、td 是没有用的，网站代码的冗余将对搜索引擎表现不友好，现在比较流行 DIV+CSS，就实现了代码与内容的分离。

（3）URL 设计合理化。URL 编写应从 SEO 角度着想，使用拼音或英文且不宜过长。

这点跟网站栏目设置有所关联，除去基本的网站栏目设置考虑因素，在命名网页名称时，库花网研发人员多以拼音缩写或英文直接命名。

在完成网站的测试与优化后，便可将网站挂载于网络上，但网站后期的优化推广工作，亦是必需的，在《网络营销》一书中有详细介绍，这里不再介绍。

（四）相关术语

1. SEO

SEO 的全称是 Search Engine Optimization，即搜索引擎优化。SEO 是指在了解搜索引擎自然排名机制的基础上，对网站进行内部及外部的调整优化，改进网站在搜索引擎中关键词的自然排名，获得更多流量，从而达到网站销售及品牌建设的目标。

2. META

<meta> 元素可提供有关页面的元信息（meta-information），如针对搜索引擎和更新频度的描述和关键词。<meta>标签位于文档的头部，不包含任何内容。<meta>标签的属性定义了与文档相关联的名称/值对。

3. URL

统一资源定位符 URL 是对可以从互联网上得到的资源的位置和访问方法的一种简洁表示。URL 给资源的位置提供一种抽象的识别方法，并用这种方法给资源定位。只要能够对资源定位，系统就可以对资源进行各种操作，如存取、更新、替换和查找其属性。URL 相当于一个文件名在网络范围的扩展。因此 URL 是与互联网相连的机器上的任何可访问对象的一个指针。

（五）案例分析

库花网的建立打破了传统线下花店销售局面，实现了从传统零售到电商的跨步。

1. 网站定位

库花网定位于小型电子商务网站，用户通过该网站即可了解库花品牌旗下鲜花库存信息、库花资讯及相关鲜花品牌优惠情况等。库花网向用户展示了库花企业形象的同时方便了用户，并引导花卉网络消费模式。

库花网虽然定位于企业官方网站，但在进入其首页时产品介绍及栏目相关布局划分，使用户无法辨别本站到底是花店网站还是企业品牌网站，作为企业官方网站，商品分类栏目占用过多的首屏，会误导用户。

2. 网站不足

（1）页面与频道。库花网作为一个企业官方网站，在栏目划分上已经满足企业官网的栏目设置，但作为电子商务网站，其在商品展示上并未单独列出商品展示栏目是其网站栏目设计一大败笔。在一级导航中划分商品栏目突出企业主营产品类别，是帮助用户了解企业的重要窗口之一。

（2）支付手段有待加强。支付手段、在线支付环节，由于库花网为静态网站，其在电子商务支付环节中，需借助第三方支付平台。

（3）网站更新维护困难。库花网是静态网站，然而库花网的主营业务花卉需要根据季节性变化对产品报价、商品展示等作出对应的更改，静态网站中，大量的内容维护会占用工作人员太多的时间和精力。

模块二 静态网站建设相关知识

一、什么是 HTML

1. HTML 的概念

HTML 的全称是 Hyper Text Markup Language，即超文本标记语言，是用标记（也可称为标签）来描述网页文档结构和表现形式的语言。HTML 是 WWW（World Wide Web）上发布信息的语言，也是网页制作的标准语言，且独立于各种操作系统平台，特点是功能强大、易学易用。

严格地说，HTML 语言并不是一种程序语言，它只是包含一些标记的文本文件，这些标记告诉浏览器如何在网页页面上显示文字、表格、图片和超链接等。HTML 文件可以使用记事本、FrontPage、Dreamweaver 等任何文本编辑器编辑，编写完毕后，保存为.htm或.html 格式的文件，然后就可以用 Web 浏览器如 IE（Internet Explorer）或其他浏览器打开查看了。

2. HTML 文档基本结构

HTML 文件的基本结构如下：

```
<html>
<head>
        文档头部…………………………头信息不会显示在浏览器窗口中
</head>
<body>
        文档主体…………………………主体内容显示在浏览器窗口中
</body>
</html>
```

HTML 的语法比较简单，不管是前面介绍的简单网页还是后面即将看到的复杂网页，其结构基本上都是相同的。一般来说，都是以<html>开头，以</html>结束，且分为文档头部和文档主体两个部分。

（1）文档头部。网页文档头部是指在<head>和</head>之间的内容，是文档头部信息。尽管文档头部信息不显示在页面中，但是它仍然是非常重要的，它会告诉浏览器如何处理文档主体内的内容。

【例 3-1】<title>和<meta>标记的使用

```
<html>
<head>
<title>电子商务教学网站</title>
<meta name="keywords" content="电子商务教学网站">
<meta name="description" content="这是一个电子商务专业师生交流的平台">
```

```
<meta http-equiv="content-Type" content="text/html; charset=gb2312">
<meta http-equiv="refresh" content="10">
</head>
<body >
<p>该页面用来演示文档头部
</body>
</html>
```

① <title>标记。该标记用来设置网页的标题，其中的文字会显示在浏览器窗口标题栏中，一般情况下，应该给网页添加一个合适的标题，这样可以方便搜索引擎收录。

② <meta>标记。<meta>标记是一个辅助标记，主要用来提供描述网页的信息。不要小看<meta>标记，它有着很重要的作用。<meta>标记有三个最重要的属性，分别是 name、http-equiv 和 content 属性，注意这几个属性的用法与其他标记的属性有些不一样。

其中，name 和 content 为一组。name 的属性值一般是给定的，分别用来说明网页的生成工具、作者、关键字和网页的描述信息，而 content 的属性值则是由用户来设置的对应的信息。具体说明如下。

● author: 用来设置网页的作者姓名。
● keywords: 用来定义关键字，以方便搜索引擎的收录。
● description: 用来定义网页的描述信息。

http-equiv 和 content 为另一组，http-equiv 的属性值一般也是给定的，用来说明网页的文件类型、语言编码方式和自动刷新时间等，而 content 的属性值也是用来设置对应的信息。具体说明如下。

● content-type: 说明文件的内容类型和语言编码方式，设定页面使用的字符集。本例中的<text/html>表示是 HTML 文档，<meta>标签的 charset 参数是 gb2312 时表示中文简体；如果是 Big5，则代表网站是采用的编码是繁体中文；charset 参数如果是 UTF-8，代表世界通用的语言编码。
● refresh: 用来设置网页自动刷新的时间，如本例表示 10 秒自动刷新一次。

另外，该属性还可以让网页在指定时间后自动跳转到另一个页面或网址，用法如下：

```
<meta http-equiv="Refresh" content="10;URL=http://www.sohu.com" >
```

（2）文档主体。网页文档主体在是指包含在<body>和</body>之间的所有内容，它们将显示在浏览器窗口内。这里的文档主体可以包含文字、图片、表格等各种标记。

<body>与<head>标记不同，它可以添加很多属性，用来设置网页背景、文字、页边距等。

看下面的一行代码：

```
<body text="blue" background="bg1.gif" bgcolor="#ffffff" leftmargin=2
topmargin=2>
```

这是一个<body>标记，其中包含了多个属性，说明如下。

① text: 用以设定文字颜色。
② background: 设定背景图片的路径。路径可以是绝对路径或相对路径。

③ bgcolor：设定背景颜色。当已设定背景图片时会失去作用。

④ leftmargin：只适用于 IE 浏览器，设定页面左边距，单位为像素。

⑤ topmargin：只适用于 IE 浏览器，设定页面上边距，单位为像素。

二、HTML 常用标记

1．掌握常用排版标记

【例 3-2】常用标记使用示例

```
<html>
<head>
<title>最简单网页示例</title>
</head>
<body>
<h3 align="center"> HTML 语言的学习</h3><hr>
<font size="6" color="blue">欢迎光临我的主页。</font><br>
<p align="center"><b>今天我们学习了标记（标签）</b></p>
这是我做的第一个网页。
<p>大学之道，在明明德，在亲民，在止于至善。知止而后有定，定而后能静，静而后能安，安而后
能虑，虑而后能得。物有本末，事有终始，知所先后，则近道矣。</p>
</body>
</html>
```

浏览器中查看效果如图 3-42 所示。

图 3-42　常用标记使用示例

（1）分段标记<p></p>。段落标记放在一段文字的末尾，就定义了一个新段落的开始。<P>标记不但能使后面的文字换到下一行，还可以使两段之间多一空行。由于一段的结束意味着新一段的开始，所以使用<P>也可省略结束标记。

（2）换行标记
。
放在一行的末尾，可以使后面的文字、图片、表格等显示于下一行，而又不会在行与行之间留下空行，即强制文本换行。由于浏览器会自动忽略源码中空格和换行的部分，这使
成为最常用的标记之一。

（3）标题标记<hn>和</hn>。在页面中，标题是一段文字内容的核心，所以总是用加强的效果来表示。网页中的信息可以通过设置不同大小的标题，为文章增加条理。

（4）文字标记<font></font>。该标记可以用来设置文字的大小、字体、颜色。

（5）水平线标记<hr>。在页面中插入一条水平线，可以使不同功能的文字分隔开，看起来整齐、明了。当浏览器解释到 HTML 文件中的<hr>标记时，会在此处换行，并加入一条水平线段。

（6）图片标记<img>。在网页中插入图片，如：

```
<html><head><title>网页中插入图片</title></head>
<body>
<h3 align="center">美丽的校园</h3>
<p align="center">
<img src="image\jxl.jpg" width="640" height="400" >
</p>
</body></html>
```

浏览器中查看效果如图 3-43 所示。

图 3-43　网页中插入图片

在网页中插入图片，可让网页变得丰富多彩，富有吸引力。目前，网页上经常使用的图片格式有 GIF 格式和 JPEG 格式。GIF 格式文件最多只能显示 256 种颜色，这使得它很少用于存储照片。但是，存放图标等对颜色要求不高的图片，已经足够了。GIF 格式图片的优点在于图片文件数据量小、可以制作透明背景和动画效果。JPEG 格式文件适合存放高质量的彩色图片、照片。另外，JPEG 格式文件采用压缩方式存储文件信息，占用数据空间也比较小，所以下载时间较短，浏览速度较快。

（7）列表标记。在 Word 中，经常使用项目符号或项目编号使文档更有条理，更便于阅读。在 HTML 中也可以建立列表实现类似的效果。

① 创建无序列表，格式如下：

```
<ul type="符号类型">
  <li  type="符号类型 1"> 第一个列表项
```

```
    <li  type="符号类型 2"> 第二个列表项
        …
</ul>
```

从浏览器上看，无序列表的特点是，列表项目作为一个整体，与上下段文本间各有一行空白；表项向右缩进并左对齐，每行前面有项目符号。

type 指定每个表项左端的符号类型，可为 disc（实心圆点）、circle（空心圆点）、square（方块），也可自己设置图片。

【例 3-3】无序列表应用示例

```
<html>
    <head><title>无序列表</title></head>
    <body>
        <ul>
        <li type="circle">电子商务项目管理。
        <li type="square">电子商务顾问。
        <li type="disc">销售人员。
        </ul>
    </body>
</html>
```

浏览器中查看效果如图 3-44 所示。

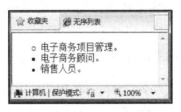

图 3-44　无序列表示例

② 创建有序列表。通过带序号的列表可以更清楚地表达信息的顺序。使用<ol>标记可以建立有序列表，表项的标记仍为<li>。格式为：

```
<ol type="符号类型">
  <li type="符号类型 1">第一个列表项
  <li type="符号类型 2">第二个列表项
    …
</ol>
```

在浏览器中显示时，有序列表整个表项与上下段文本之间各有一行空白；列表项目向右缩进并左对齐；各表项前带顺序号。

可以改变有序列表中的序号种类，利用<ol>或<li>中的 type 属性可设定五种序号：数字、大写英文字母、小写英文字母、大写罗马字母和小写罗马字母。默认的序号标记是数字。

在<ol>后指定符号的样式，可设定直到</ol>的表项加重记号。格式为：

```
<ol  type="1">  序号为数字
<ol  type="A">  序号为大写英文字母
<ol  type="a">  序号为小写英文字母
<ol  type="I">  序号为大写罗马字母
<ol  type="i">  序号为小写罗马字母
```

（8）<div>与<span>标记。<div> 标记用来定义文档中的分区或节（division/section），可以把文档分割为独立的、不同的部分。它常用作严格的组织工具，并且不使用任何格式与其关联。具体来讲，<div>是一个区块容器标记，即<div></div>之间相当于一个窗口，可以容纳段落、标题、表格、图片等各种 HTML 元素。可以把<div></div>之间的内容视为一个独立的对象，主要用于 CSS 样式的控制。声明时只需要对<div>进行相应的控制，其中的标记元素就会随之改变。

例如：

```
<div style="color:#00FF00">
  <h3>This is a header</h3>
  <p>This is a paragraph.</p>
</div>
```

<span>标记被用来组合文档中的行内元素。span 也没有固定的格式表现。当对它应用样式时，它才会产生视觉上的变化。<span>标记与<div>标记一样，作为容器而广泛应用。<span></span>中间同样可以容纳各种 HTML 元素，从而形成独立的对象。

例如：

```
<p><span>some text.</span>some other text.</p>例子解释
```

如果不对<span> 应用样式，那么<span>元素中的文本与其他文本不会有任何视觉上的差异。可以为<span>应用 id 或 class 属性，实现对<span> 应用样式。

<div>标记与<span>标记的区别在于，<div>标记是一个块级元素，它包围的元素会自动换行。<span>标记仅是一个行内元素，在它的前后不会换行。<span>标记没有结构上的意义，纯粹是应用样式。

2．制作超链接

【例 3-4】超链接应用示例

```
<html>
<body>
<p>
<a href="/intro.html">本文本</a> 是一个指向本网站中的一个页面的链接。</p>
<a href="http://www.sohu.com" target="_blank">本文本</a> 是一个指向万维网上的
页面的链接。
</body>
</html>
```

浏览器中查看效果如图 3-45 所示。当单击第一行"本文本"时将打开本地网站中的intro.html 网页文件。当单击第二行"本文本"时，将在一个新窗口中打开搜狐网的首页。

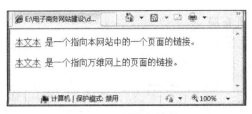

图 3-45 制作超链接

（1）超链接的概念。所谓超链接是指从一个网页指向一个目标的连接关系，这个目标可以是另一个网页，也可以是同一网页上的不同位置，还可以是一个图片，一个电子邮件地址，一个文件。而在一个网页中用来超链接的对象，可以是文本，也可以是一个图片，甚至可以是图片的一部分。

（2）超链接的用法。格式如下：

```
<a href="链接目标的路径" name="锚点名称" target= "打开窗口方式" >链接主体</a>
```

说明：

① href：用来定义超链接文件的路径，可以是相对路径或绝对路径。

② target：指定打开超链接的窗口或框架。取值有五种情况。

● _blank：在新窗口中打开链接。

● _self：在当前窗口打开链接。默认为_self。

● _top：在整个浏览器窗口中打开链接。

● _parent：在当前窗口的父窗口打开链接。

● 框架名称：在指定名字的框架中打开链接。

③ name：创建一个"锚点"的标识，让同页面上的另一个位置引用。相当于在某处加了个书签，需要时直接查找书签即可。

（3）超链接的类型。根据链接目标的不同，可将超链接分为以下几种情况。

① 站内链接，链接到本地站点上的某一文件，如：

```
<a href="intro.html">企业简介</a>
```

② 外部链接，链接到另一个站点的某一文件，如：

```
<a href="http://www.dangdang.com/index.html">链接到当当网</a>
```

③ 锚点链接，链接到当前页面某一位置，如：

```
<a name="first">这里定义了一个锚点</a>
<a href="#first">指向同一页中的锚点 first</a>
```

④ E-mail 链接，链接到一个电子邮箱地址，如：

```
<a href="mailto:zhangjie@163.com">请与我联系</a>
```

思考：如何将一个图片设置为超链接？

3. 使用表格进行网页布局

（1）表格。是网页设计中常用的元素，它有两个常用功能：一是用来显示文字或图片内容；二是用来进行网页布局，使网页更规范、更美观。

表格的标记为<table>，使用<tr>标记可将一个表格划分成若干表格行，然后通过<td>标记将每个行划分成若干列（单元格）。数据内容放在<td>与</td>之间。单元格中的数据信息可以文字、图片、列表，还可以嵌套表格。

（2）语法格式。表格的用法如下：

```
<table>
<tr> <td>表项 1</td><td>表项 2</td><td>…</td><td>表项 n</td></tr>
……
<tr> <td>表项 1</td><td>表项 2</td><td>…</td><td>表项 n</td></tr>
</table>
```

（3）<table>属性。<table> 的属性比较多，下面介绍几个主要属性。

① border：定义表格边框的粗细，取整数，单位是像素。如果省略，则不带边框。

② bgcolor：设置背景颜色。

③ background：设置背景图片。

④ width：定义表格的宽度，单位可以是绝对的像素数或用窗口的百分比。

⑤ height：定义表格的高度，单位是像素数。

⑥ cellspacing：定义单元格之间的间隙宽度，单位是像素，默认为 2。

⑦ cellpadding：定义单元格内容与单元格边界之间的距离，单位是像素，默认为 2。

⑧ rowspan 和 colspan：可以分别制作跨多行（合并行）和跨多列（合并列）的表格。

注意：

● <th></th>如果取代<td>与</td>，可使标记中文字按粗体显示，称为标题单元格。

● 对于表格的宽度，如果为像素数，则为绝对宽度。如果为百分数，则为相对于浏览器窗口宽度的比例，也就是 100%时表格宽等于窗口的宽度。不管是绝对宽度还是相对宽度，数值太小不足以显示表格中的内容时，会自动以最小的宽度显示。

【例 3-5】表格边框属性示例

```
<html>
  <head>
    <title>表格的边框属性</title>
  </head>
  <body> <table border="10" cellspacing="2" cellpadding="3">
      <tr>
        <td>单元格 1</td>
        <td>单元格 2</td>
      </tr>
      </table>
  </body>
</html>
```

浏览器中查看结果如图 3-46 所示。

【例 3-6】表格跨多行和跨多列属性示例

```
<html><title>表格跨多列属性</title>
<body>
<table border="1">
<tr><th colspan="3">值班人员</th></tr>
<tr><td>周一</td><td>周二</td><td>周三</td> </tr>
<tr><td>张三</td><td>李四</td><td>王五</td> </tr>
</table>
</body>
</html>
```

浏览器中查看结果如图 3-47 所示。

图 3-46　表格边框示例

图 3-47　表格跨列示例

4．使用框架进行网页布局

所谓框架网页，是在同一浏览器窗口中同时显示多个不同的 HTML 文档。利用框架结构可以在页面中同时浏览多个页面，还可以在一个区域中显示所有页面的总索引，通过单击该区域中的超链接，相关网页就会显示在另一个区域中，非常直观，使用户在浏览局部内容时，仍对整个网站的结构有清晰的认识，不至于进入多层链接后而迷失方向。如图 3-48 所示为一个框架页的例子。

图 3-48　框架页示例

（1）框架的基本结构。定义框架页要使用<frameset>框架集标记，这时 HTML 页面的文档主体标记<body>被<frameset>所取代，然后通过<frameset>的框架标记<frame>定义每一个子窗口。

基本格式如下：

电子商务网站建设与维护

```
<html>
<frameset>
    <frame name="框架名"  src="URL">
    <frame name="框架名"  src="URL">
        ……
</frameset>
</html>
```

注意：\<frameset\>不应当在\<body\>中出现，否则会导致无法正常显示框架。

（2）\<frameset\>标记属性。

① rows：设定横向分割的框架数目。

② cols：设定纵向分割的框架数目。

③ border：设定边框的宽度。

④ bordercolor：设定边框的颜色。

⑤ frameborder：设定有/无边框。

⑥ framespacing：设置各窗口间的空白。

将窗口分割为子窗口时，横向用 rows 属性，纵向用 cols 属性，每个子窗口的大小可以由这两个属性的值来实现。

如：\<frameset cols="100，200，*"\>表示将浏览器分为左（100px 宽）、中（200px 宽）、右（剩余部分宽）三个子窗口。

（3）\<frame\>标记属性。\<frameset\>设置几个子窗口就必须对应几个\<frame\>标记，每个\<frame\>标记对应一个网页文件，也就是该框架要显示的网页内容，如表 3-3 所示。

表 3-3　\<frame\>属性

属 性 名	含 义
src	表示该框架对应的源文件
name	指定框架名
border	设定边框的宽度
bordercolor	设定边框的颜色
frameborder	设定有（yes）/ 无（no）边框
marginwidth	设置框架内容与左右边框的空白
marginheight	设置框架内容与上下边框的空白
scrolling	设置是（yes）/ 否 no / 自动（auto）加入滚动条
noresize	不允许各窗口改变大小，默认值为允许

【例 3-7】框架页示例

本例要实现图 3-48 的结构和功能，共需要七个网页文件，这里给出三个主要文件的源代码。

① index.html。

```
<html>
<head>
    <title>框架页示例</title>
```

```
</head>
<frameset cols="20%,*">
    <frame name="left" src="left.htm">
    <frame name="right" src="welcome.html">
</frameset>
</html>
```

② left.html。

```
<html><head><title>目录</title>
    <base target="right">
</head>
<body>
    <p align="center"><a href="welcome.html">首页</a>
    <p align="center"><a href="myintro.html">个人简介</a>
    <p align="center"><a href="myphoto.html">我的照片</a>
    <p align="center"><a href="mydiary.html">我的日记</a>
    <p align="center"><a href="myshool.html" target="_blank">我的学校</a>
</body></html>
```

③ welcome.html。

```
</html>
<head><title>我的个人网站</title>
</head>
<body>
    <h1 align="center">我的主页</h1>
    <p align="center">欢迎大家访问我的网站。</p>
</body>
</html>
```

说明：<base>的作用是指定超链接默认在哪一个窗口中打开。本例指定超链接将在名称为 right 的框架中打开。而最后一个链接由于 target 属性指定了_blank，将在一个新窗口打开。

（4）<iframe>浮动框架。浮动框架是一种特殊的框架，在浏览器窗口中可嵌套子窗口，在其中显示另一个页面的内容。

格式：

```
<iframe name="框架名" src="URL" height="高度" whidth="宽度"></iframe>
```

其中，src 用来设置源文件的路径。height 和 width 分别用来设置浮动框架窗口的高度和宽度，name 用来设置框架的名称。其他属性还有：

① frameborder：设定有/无边框，1 或者 0。

② framespacing：设置各窗口间的空白。

③ scrolling：设置框架滚动条。

④ noresize：设置框架尺寸是否可调整。

说明：与框架不同，浮动框架可以包含在<body>标记中，是当前窗口包含的内部对象。

5. 制作表单

在上网过程中，经常需要通过表单输入一些信息，如用户注册、用户留言、论坛发帖等。填写完信息后，单击【提交】按钮，就可以将相关信息提交给网站服务器。这里，用户要填写的文本框、下拉列表框等元素组合在一起就称为表单（form）。在后面的动态网站设计中，表单设计非常重要，因为在很多情况下，客户端都是通过表单将信息提交给服务器端，服务器处理后，再将用户所需信息传送回客户端的浏览器上，从而实现客户端与服务器端的互动与交流。

如图 3-49 所示是一个表单示例。

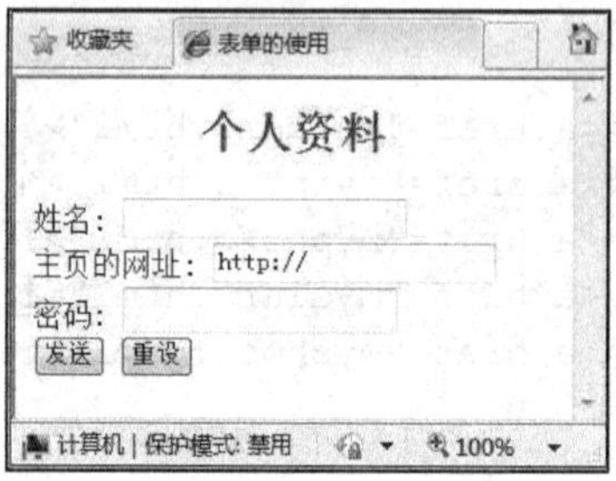

收藏夹
表单的使用
个人资料
姓名:
主页的网址:
http://
密码:
发送
重设
计算机 | 保护模式: 禁用
100%

图 3-49　表单示例

（1）表单定义。创建一个表单用<form></form>标记实现。表单像一个容器，能够容纳各种各样的控件（即表单元素）。下面介绍表单及构成表单的各个控件用法。

格式：

```
<form  action="表单处理程序的url"  method="get|post" >
          <input type="控件类型" name="名称" size=x maxlength=y>
            …
</form>
```

说明：

① action：指定处理表单信息的服务器端应用程序，通常是一个 URL 网址。

② method：指定表单数据的传送方式，可以是 get 方式，也可以是 post 方式。

- get：表示将表单信息附在 URL 地址后面传递给服务器。
- post：表示将所有信息当作一个表单传递给服务器。

③ <input>标记主要用来设计表单中提供给用户的输入形式。

- type：指定要加入表单控件的类型（text，password，checkbox，radio，image，hidden，submit，reset）。
- name：该表单控件名，主要在处理表单时起作用。

（2）文本框。文本框是一种让访问者自己输入内容的表单对象，通常被用来填写简短的内容或回答，如姓名、地址等。

格式：

```
<input type="text" name="名称" size="宽度" maxlength="最大长度" value="初始值">
```

① type 的类型为 text 时定义单行文本输入框。

② name：定义文本框的名称，要保证数据的准确采集，必须定义一个独一无二的名称。

③ size：定义文本框的宽度，单位是单个字符宽度。

④ maxlength：定义最多输入的字符数。

⑤ value：定义文本框的初始值。

（3）密码框。密码框是一种特殊的文本框，它的不同之处是当输入内容时，均以*表示，以保证密码的安全性。

格式：

```
<input type="password" name="名称" size="宽度" maxlength="最大长度" >
```

（4）按钮。按钮按类型通常可分为普通按钮、提交按钮和重置按钮。

① 普通按钮。当 type 的类型为 button 时，表示该控件是普通按钮。

格式：

```
<input type="button" value="显示文本" name="名称">
```

value：表示显示在按钮上面的文字。普通按钮经常和脚本一起使用。

② 提交按钮。通过提交按钮（即 type 的类型为 submit 时）可以将表单里的信息提交给表单里 action 所指向的文件。

格式：

```
<input type="submit" value="提交">
```

③ 重置按钮。当 type 的类型为 reset 时，表示该控件是重置按钮，单击按钮后，浏览器可以清除表单中的输入信息而恢复到默认的表单内容设定。

格式：

```
<input type="reset" value="重置" >
```

（5）单选按钮和复选框。

① 单选按钮。

格式：

```
<input type="radio" name="名称" value="值" checked>
```

说明：

● checked：表示此项默认选中。

● value：表示选中后传送到服务器端的值。

● name：表示单选框的名称，如果是一组单选项，name 属性的值相同，有互斥效果。

② 复选框。

格式：

```
<input type="checkbox" name="名称" value="值" checked >
```

说明：

● checked：表示此项默认选中。

● value：表示选中后传送到服务器端的值。

● name：表示复选框的名称，如果是一组单选项，name 属性的值相同亦不会有互斥效果。

（6）文件输入框。当 type 类型为 file 时，表示该控件是一个文件输入框，用户可以在文件输入框的内部填写自己硬盘中的文件路径，然后通过表单上传。

格式：

```
<input type="file" name="名称">
```

（7）下拉列表框。下拉列表框（select）既可以设置为单选，也可以设置为复选。

下面是一个单选下拉列表框的例子：

```
</html>
<head><title>我的个人网站</title>
</head>
<body>
    <h1 align="center">我的主页</h1>
    <p align="center">欢迎大家访问我的网站。</p>
</body>
</html>
```

如果要变成复选，加 multiple 即可。用户可用 Ctrl 键来实现多选。

<select name="fruit" multiple>，用户还可以用 size 属性来改变下拉框的大小。

（8）多行输入框（textarea）。多行输入框主要用于输入较长的文本信息。例句如下：

```
<textarea name="yoursuggest" cols ="50" rows = "3"></textarea>
```

其中 cols 表示 textarea 的宽度，rows 表示 textarea 的高度。

三、什么是 CSS

1. CSS 概述

（1）CSS 样式表的概念。CSS 是 Cascading Style Sheets（层叠样式表）的缩写，是一种用于控制网页样式的标记性语言。通过使用 CSS 样式，可将页面的内容与表现形式分离。页面内容存放在 HTML 文档中，而用于定义表现形式的 CSS 规则存放在另一个文件中或 HTML 文档的某一部分。将内容与表现形式分离，不仅可以使维护站点的外观更加容易，而且还可以使 HTML 文档代码更加简练，缩短浏览器加载网页的时间。CSS 文件也可以说是一个文本文件，它包含了一些 CSS 标记，必须使用.css 为文件名后缀。

（2）CSS 样式表的特点。

① CSS 语言是一种标记语言，不需要编译，可以直接由浏览器解释执行。

② 通过设置 CSS 样式，可以控制网页中文本的行间距、大小、颜色，统一网站的整

体风格；可以方便地为网页中的各个元素设置背景颜色和图片，并进行精确的定位控制；可以为网页中的元素设置各种滤镜，从而产生诸如阴影、辉光、模糊等只有在图像处理软件中才能实现的效果。

③ CSS 文件可以用任何文本工具进行开发，如记事本、Dreamweaver 等。

④ CSS 不是要取代 HTML 语言，而是其很好的补充，可以弥补 HTML 语言在网页格式化功能上的不足。

⑤ 通过单个 CSS 样式表可以控制多个文档的布局。

2．CSS 样式类型

在 HTML 语言中有多种方法可以使用 CSS 样式。

（1）行内样式表（style 属性）。

【例 3-8】行内样式

```
<html>
  <head>
    <title>行内样式示例</title>
  </head>
  <body style="background-color: #FF0000;">
    <p>这个页面是红色的</p>
  </body>
</html>
```

行内样式是所有样式方法中最直接的一种，但由于需要为每一个标记设置 style 属性，造成网页容易过"胖"，所以很难体现出 CSS 样式的优势，一般不推荐使用。

（2）内部样式表（style 标记）。

【例 3-9】内部样式

```
<html>
  <head>
    <title>内部样式示例</title>
    <style type="text/css">
      body {background-color: #FF0000;}
    </style>
  </head>
  <body>
    <p>这个页面是红色的</p>
  </body>
</html>
```

在内部样式中，所有 CSS 代码部分被分离，集中在了同一个区域，页面本身大大"瘦身"，所以比行内样式的效率要高，但如果是一个拥有多个页面的网站，都要采用同样的样式风格，那么内部样式就会显得有些麻烦。因此，内部样式仅适用于一个页面设置单独的样式风格。

（3）外部样式表（链接外部一个样式表文件）。链接外部样式表是使用频率最高且最为实用的方法。它将 HTML 页面本身与 CSS 样式风格分离为不同文件。外部样式表将一系列 CSS 样式放在一个扩展名为.css 的外部文件中，例如，样式表文件命名为 style.css，并存放于名为 style 的文件夹中。style.css 的内容如下：

```
hr {color: blue;}
p {margin-left: 20px;}
body {background-image: url("images/back.gif");}
```

如何在一个 HTML 文档里引用外部样式表文件 style.css 呢？
格式：

```
<link rel="stylesheet" type="text/css" href="style/style.css" />
```

其中，rel 属性规定当前文档与被链接文档之间的关系，type 属性规定了链接文件的类型。在链接文件是.css 的情况下，type 属性值一定是 text/css。href 属性指定样式表文件的路径。

注意：这行代码必须被插入 HTML 代码的头部<head>和</head>之间。

【例 3-10】外部样式

```
<html>
  <head>
  <title>外部样式</title>
    <link rel="stylesheet" type="text/css" href="style/style.css" />
  </head>
  <body>
   ...
</body>
```

这种方法的优越之处在于：多个 HTML 文档可以同时引用一个样式表。换句话说，可以用一个 CSS 文件来控制多个 HTML 文档的布局。

例如，假设你要修改某网站的所有网页（如有 100 个网页）的背景颜色，采用外部样式表可以避免手工修改这 100 个 HTML 文档的工作，只需修改外部样式表文件里的代码即可。

3. CSS 选择器

CSS 样式表的规则由两个主要的部分构成：选择器以及一条或多条声明。格式如下：

```
选择器{声明1;声明2; ...声明n}
```

选择器，顾名思义，就是选择或指定对哪些网页元素进行设置。

每条声明由一个属性和一个值组成。属性和值被冒号分开。

（1）选择器的种类。选择器有标记选择器、类别选择器和 ID 选择器三种。

① 标记选择器，即为某个具体标记定义样式。一个 HTML 页面由很多不同的标记组成，如<p>、<body>等，而 CSS 标记选择器就是声明哪些标记采用 CSS 样式。因此，每种 HTML 标记都可以作为相应的标记选择器名称。

例如下面这段代码:

```
h1 {color:red; font-size:14px;}
```

这行代码的作用是将 h1 标记内的文字颜色定义为红色,同时将字体大小设置为 14px。在这个例子中,h1 是选择器,color 和 font-size 是属性,red 和 14px 是值。这段代码的结构如图 3-50 所示。

图 3-50 标记选择器

【例 3-11】标记选择器示例

```
<html>
<head>
<style type=" text/css " >
<!--
h2{
    font-family:幼圆;
    color:#0000ff;
}
-->
</style>
</head>
<body>
    <h2>CSS 标记 1</h2>
    <p>CSS 标记的正文内容 1</p>
    <h2>CSS 标记 2</h2>
    <p>CSS 标记的正文内容 2</p>
    <h2>CSS 标记 3</h2>
    <p>CSS 标记的正文内容 3</p>
    <h2>CSS 标记 4</h2>
    <p>CSS 标记的正文内容 4</p>
</body>
</html>
```

说明:将 h2 标题改为红色、幼圆字体,可体会 CSS 样式的优势。另外,在<style>与</style>之间有时会见到 "<!--" 和 "-->" 将所有的 CSS 代码包含其中,这是为了避免老式浏览器不支持 CSS 而将 CSS 代码直接显示在浏览器上设置的 HTML 注释中。

② 类别选择器,即为一类标记定义样式。类选择器允许以一种独立于文档元素的方式来指定样式。该选择器可以单独使用,也可以与其他元素结合使用。

在 CSS 中,类别选择器以一个点号显示,例如:

```
.center {text-align: center}
```

此时，所有拥有 center 类的 HTML 元素均为居中。

【例 3-12】类别选择器示例

```
<html>
<head>
<style type="text/css">
.important {color:red;}
</style></head>
<body>
    <h1 class="important">This heading is very important.</h1>
    <p class="important">This paragraph is very important.</p>
    <p>This is a paragraph.</p>
    <p>This is a paragraph.</p>
    <p>This is a paragraph.</p>
</body>
</html>
```

有时，类别选择器还可以结合标记选择器来使用。

例如，希望只有段落显示为红色文本：

```
p.important {color:red;}
```

此时，选择器 p.important 解释为：class 属性值为 important 的所有段落。因为 h1 元素不是段落，这个规则的选择器与之不匹配，因此 h1 元素不会变成红色文本。如果确实希望为 h1 元素指定不同的样式，可以使用选择器 h1.important。

③ ID 选择器，其使用方法与类别选择器基本相同，不同之处在于 ID 选择器前面是一个#号，且只能在 HTML 页面中使用一次，因此其针对性更强。

【例 3-13】ID 选择器示例

```
<html>
<head><style type="text/css">
#intro {font-weight:bold;}
</style></head>
<body>
    <p id="intro">This is a paragraph of introduction.</p>
    <p>This is a paragraph.</p>
    <p>This is a paragraph.</p>
</body>
</html>
```

（2）选择器的声明。

① 集体声明。

【例 3-14】集体声明示例

```
html>
<head>
<title>集体声明</title>
<style type="text/css">
```

```
<!--
h1, h2, h3, h4, h5, p{                    /* 集体声明 */
    color:purple;                         /* 文字颜色 */
    font-size:15px;                       /* 字体大小 */
}
h2.special, .special, #one{               /* 集体声明 */
    text-decoration:underline;            /* 下划线 */
}
-->
</style>
</head>
<body>
    <h1>集体声明 h1</h1>
    <h2 class="special">集体声明 h2</h2>
    <h3>集体声明 h3</h3>
    <h4>集体声明 h4</h4>
    <h5>集体声明 h5</h5>
    <p>集体声明 p1</p>
    <p class="special">集体声明 p2</p>
    <p id="one">集体声明 p3</p>
</body>
</html>
```

② 选择器的嵌套。

【例 3-15】选择器嵌套示例

```
<html>
<head>
<title>CSS 选择器的嵌套声明</title>
<style type="text/css">
<!--
p b{                                      /* 嵌套声明 */
    color:maroon;                         /* 颜色 */
    text-decoration:underline;            /* 下划线 */
}
-->
</style>
</head>
<body>
    <p>嵌套使<b>用 CSS</b>标记的方法</p>
    嵌套之外的<b>标记</b>不生效
</body>
</html>
```

4. CSS 样式常用属性

熟练掌握 CSS 的各种属性可使设计人员对页面设计得心应手，下面介绍常用的部分属性。

（1）字体属性。

① font-family：用于为选择器选择一组字体，如宋体、黑体。

② font-size：用于设置网页中文字的大小，如 9pt、12px 等。

③ font-style：设置字体风格。normal：普通，italic：斜体。

④ font-weight：设置字体粗细，如 normal、bold（加粗）。

（2）颜色和背景属性。

① color：定义文字的颜色，如 red、#00ff3d。

② background-color：定义元素的背景颜色。

③ background-image：定义元素的背景图像，如 url（back.jpg）。

④ background-repeat：指定图像的重复方式，如 repeat-x（水平平铺）。

（3）文本与边框属性。

① text-decoration：文字修饰，如 underline（下划线）。

② line-height：行高。

③ text-align：定义对齐方式。

④ text-indent：文字的首行缩进。

⑤ letter-spacing：定义字符之间的间隔。

⑥ border：定义边框。

⑦ border-color：定义边框颜色。

⑧ border-style：定义边框风格。

除了上面介绍的常用属性外，CSS 样式还有很多属性，如定位属性、滤镜属性等，具体可参考相关 CSS 教材。

四、从 HTML 到 XHTML

1. 什么是 XHTML

XHTML 指可扩展超文本标签语言（EXtensible Hyper Text Markup Language），它是以 HTML 4.0 为范本，然后按照 XML 的语法规则重新对 HTML 的规则进行了扩展，语法上更加严格。XHTML 是一个 W3C 标准。

2. XHTML 的特点

（1）XHTML 解决了 HTML 语言所存在的严重制约其发展的问题。例如，手机、PDA、信息家电都不能直接显示 HTML；由于 HTML 代码不规范、臃肿，浏览器需要足够智能和庞大才能够正确显示 HTML；数据与表现混杂，这样要改变页面显示，就必须重新制作 HTML。

（2）XML 是 Web 发展的趋势。XHTML 是当前替代 HTML 4.0 标记语言的标准，使用 XHTML，只要严格遵守一些简单规则，就可以设计出既适合 XML 系统，又适合当前大部分 HTML 浏览器的页面。

（3）XHTML 能与其他基于 XML 的标记语言、应用程序及协议进行良好的交互工作。

模块三　静态网站开发项目实训

一、实训概述

本实训内容为静态网站开发，学生在教师指导下，通过修改教师提供的 HTML 模板，根据教师部署的实训情景来完成静态网页建设，从而掌握基础的静态网页建设技术及网站策划布局知识。

二、实训流程图

静态网站开发实训流程如图 3-51 所示。

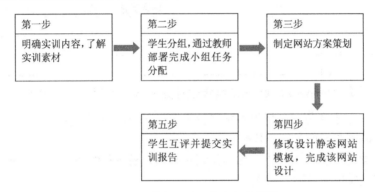

图 3-51　静态网站开发实训流程图

三、实训素材

1．网站策划工具，如 Visio 等。
2．网站图标素材站点，如 http://sc.admin5.com、http://penshow.cn。
3．Photoshop、Dreamweaver、网站编辑软件。
4．博星卓越电子商务网站建设实训平台。

四、实训内容

"瓜果行"是一个以提供绿色水果、蔬菜为主营业务的绿色农产品零售商连锁品牌，覆盖全国多个城市，根据市场要求，公司需要建立自己的线上网站，确立瓜果行产品供求信息发布平台。瓜果网提出全新绿色安全食品电子商务概念，将农户的安全农产品直接提供给消费者，让大家不再为食品安全而担忧。

登录学生端，点击静态网站开发基础视讯，阅读教师部署实训题目，搜索或根据软件提供的相应的静态网站模板进行更改，完成瓜果行电子商务网站的建设，学生亦可上传其他 HTML 模板。

任务一 通过教师提供的实训背景介绍,完成网站结构设计框图及栏目设置策划

1.网站栏目策划（见表 3-4）

表 3-4 网站栏目策划

栏 目 设 置	网站有哪些栏目以及设置这些栏目的原因
首页页面	以 Word/图片或其他形式,勾勒出所涉及的网站首页
栏目页页面	以 Word/图片或其他形式,勾勒出所涉及的网站栏目页
内容页页面	以 Word/图片或其他形式,勾勒出所涉及的网站内容页
其他页面	以 Word/图片或其他形式,勾勒出所涉及的网站其他页面

2.网站开发分配（见表 3-5）

表 3-5 网站开发人员配置

时 间 段	负 责 人	需要完成的内容	产 出

任务二 利用 Dreamweaver 网站编辑软件完成网站模板修改及设计

STEP 1 在电子商务网站建设教学平台中选择对应的电子商务网站建设模板或在百度中搜索相应的静态电子商务网站代码。

STEP 2 学生根据任务一中网站的策划对网站模板进行编辑、内容更新及页面添加工作或根据自定义模板完成网站建设。

示例一:对网站主导航进行修改,如图 3-52 所示。

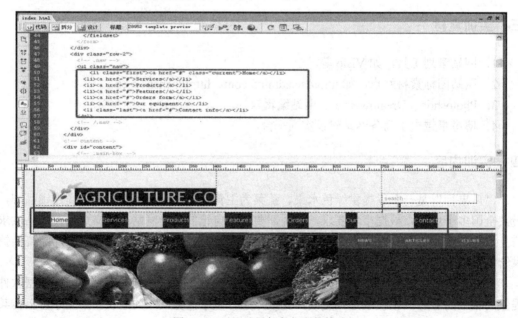

图 3-52 对网站导航条代码的修改

示例二：对网站焦点图进行修改，如图 3-53 所示。

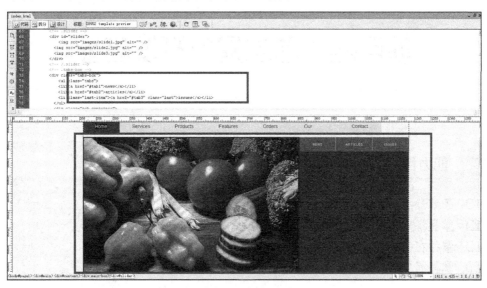

图 3-53　网站焦点图及布局的更改

示例三：网站内容及结构修改，如图 3-54 所示。

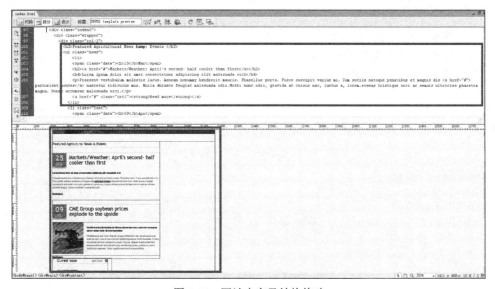

图 3-54　网站内容及结构修改

　　学生在对网站模板的修改时不仅可以从以上三个角度出发，也可根据实际情况及能力对网站其他页面进行整体性修改，如栏目划分、结构划分等。通过对静态网站模板的修改，从而更好地掌握网站代码编程知识及 CSS、框架等网站布局技巧。

任务三　提交实训报告及作品，并对小组作品展示评分

　　完成对应的网站模板修改后，学生提交网站及实训报告至教师端，亦可在展示平台对其他学生作品进行评价。

项目四　动态网站开发基础

能力目标

- 了解静态网页与动态网页的区别;
- 掌握搭建 Web 程序开发环境的方法;
- 掌握在 Dreamweaver 中运行和调试 ASP 程序的方法;
- 掌握简单动态网页的制作方法。

知识目标

- 掌握 VBScript 语言基本语句的使用;
- 掌握 ASP 内置对象的常用属性和方法;
- 了解动态网站的建站过程。

本项目着重帮助学生理解和掌握动态网站建设的基础。由于静态网站存在一定的缺陷,例如要在网页上添加一条新的企业新闻,就需要重新编辑修改网页,不仅麻烦,还容易出错。在这样的背景下,动态网络程序设计语言应运而生。目前,主要有 ASP、ASP.NET、PHP 和 JSP 动态网络程序设计语言。本项目主要介绍 ASP 动态建站技术基础。

模块一 案例学习

（一）案例详解

在网页中显示来访时间和计数器。

网站浏览人次的多少是一个网站受网民欢迎程度的体现。访客计数器是让 Web 访客知道该网页或网站的访问量的最直接方法。它拥有自动增加的功能，即每刷新一次，计数器自动增加一个计数，效果如图 4-1 所示。

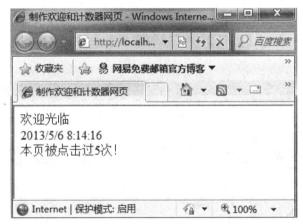

图 4-1 制作欢迎和计数器网页

为了完成上面的欢迎网页和计数功能，下面将其分解为三个小任务来解决。

任务一 搭建 Web 开发环境

要运行 ASP 程序，服务器端需要安装 Web 服务器软件，即 Internet 信息服务 IIS（Internet Information Server），主要包括 WWW 服务器、FTP 服务器等。IIS 是微软公司主推的 Web 服务器之一。Windows 2000 Advanced Server 和 Windows XP 操作系统中已经包含了 IIS 5.0，Windows Server 2003 操作系统中已经包含了 IIS 6.0，Windows 7 的系统中也集成了 IIS 7.0。在自己的计算机中安装上 IIS，就可以用本地计算机作为服务器，建立强大、灵活而安全的 Internet 和 Intranet 站点了。

1. 安装 IIS

Windows 7 中已经自带了 IIS，只需要在控制面板中打开即可。

选择【开始】→【控制面板】→【程序】→【程序和功能】→【打开或关闭 Windows 功能】命令，在打开的【Windows 功能】窗口中选中【Internet 信息服务】复选框，单击【确定】按钮，如图 4-2 所示。

图 4-2　打开 Windows 7 的 IIS

　　下面主要介绍在 Windows XP 操作系统上安装 IIS 的具体步骤。

　　（1）选择【开始】→【设置】→【控制面板】命令，打开【控制面板】窗口，如图 4-3 所示。

图 4-3　安装 IIS（一）

　　（2）双击【添加或删除程序】图标，弹出【添加或删除程序】对话框，选择对话框左边的【添加/删除 Windows 组件】选项，弹出【Windows 组件向导】对话框，选中【Internet 信息服务（IIS）】复选框，如图 4-4 所示。单击【详细信息】按钮查看 IIS 所包括的组件。

　　（3）插入 Windows XP 系统光盘，并单击【下一步】按钮，弹出【Windows 组件向导】对话框，如图 4-5 所示。

　　（4）安装完成后，出现【完成"Windows 组件向导"】界面，单击【完成】按钮就可以完成 IIS 的安装过程，如图 4-6 所示。

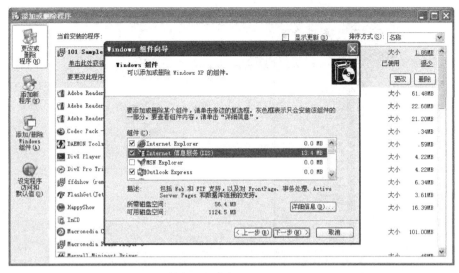

图 4-4　安装 IIS（二）

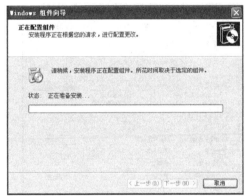

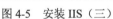

图 4-5　安装 IIS（三）

图 4-6　安装 IIS（四）

安装完毕后，可在 IE 浏览器地址栏输入 http://localhost 并按 Enter 键，如显示 IIS 欢迎页面，则表明 IIS 已经成功安装。

2．配置 IIS

下面介绍在 Windows XP 操作系统上配置 IIS 的具体步骤。

（1）打开控制面板，双击【管理工具】图标，打开【Internet 信息服务】窗口，依次展开【本地计算机】→【网站】→【默认网站】，如图 4-7 所示。

（2）右击【默认网站】，在弹出的快捷菜单中选择【属性】命令，弹出【默认网站属性】对话框，此时已经显示了【网站】选项卡的配置，如图 4-8 所示。在【网站】选项卡中可以配置 IIS 的 IP 地址、TCP 端口等属性，系统的默认值分别为"全部未分配"和 80。

（3）选择【主目录】选项卡。该选项卡可以设置 IIS 的本地路径的各种属性，如访问路径、访问权限等，如图 4-9 所示。IIS 的本地路径默认主目录为 c:\inetpub\wwwroot。

（4）设置默认文档。设置默认文档后，如果上网时在浏览器地址栏中输入网址而没有输入具体网页文件名，系统会自动按默认文档的顺序在相应的文件夹中查找。

图 4-7　Internet 信息服务窗口

图 4-8　默认网站属性

图 4-9　设置主目录

图 4-10　添加默认文档

默认文档常称为"首页"，作为网站的入口页面。一般以 index.htm、default.asp 等页面作为默认文档。还可以添加 index.html、index.asp 等文档，使之成为默认文档，如图 4-10 所示。

3. 浏览 ASP 文件

将制作好的 ASP 文件复制到主目录 c:\inetpub\wwwroot 下后，可通过两种方法浏览该 ASP 文件。第一种方法是在浏览器中输入"http://localhost/asp 文件名"，或者输入"http://计算机名/asp 文件名"，按 Enter 键运行。第二种方法是在 IIS 的窗口中找到该文件并右击，在弹出的快捷菜单中选择【浏览】命令，也可查看网页效果。

思考：如果在主目录下建立子文件夹，将上述 ASP 文件移到子文件夹中，如何访问？

4. 添加虚拟目录

在本地计算机上制作网站，人们不一定将网站保存在主目录下，更多情况是放在其他目录下，如将站点存放在 E:\asplx。此时，要发布我们的网站，就需要建立虚拟目录了。

目录分为两种类型：物理和虚拟。物理目录是位于计算机物理文件系统中的目录，它可以包含文件及其他目录。虚拟目录是在 IIS 中指定并映射到本地或远程服务器上的物理目录的目录名称。建立虚拟目录的步骤如下：

（1）打开【Internet 信息服务】窗口，并右击【默认网站】节点，选择【新建】→【虚拟目录】命令，弹出【虚拟目录创建向导】对话框，如图 4-11 所示。

（2）单击【下一步】按钮，出现【虚拟目录别名】界面，在【别名】文本框中输入 mysite，如图 4-12 所示。

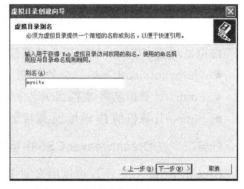

图 4-11　创建虚拟目录 mysite（一）　　　　　图 4-12　创建虚拟目录 mysite（二）

（3）单击【下一步】按钮，设置网站的真实物理路径为 E:\asplx，如图 4-13 所示。

（4）单击【下一步】按钮，并设置访问网站的权限为"读取"和"运行脚本"，如图 4-14 所示。

（5）单击【下一步】按钮，完成虚拟目录的创建，如图 4-15 所示。此时，虚拟目录 mysite 和物理路径 E:\asplx 就建立了映射关系。

电子商务网站建设与维护

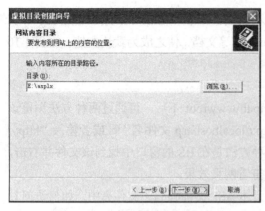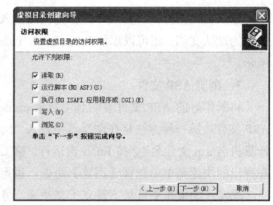

图 4-13　创建虚拟目录 mysite（三）　　　　　　图 4-14　创建虚拟目录 mysite（四）

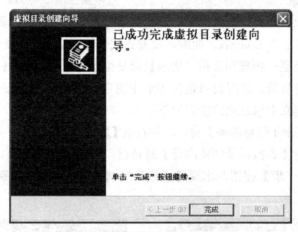

图 4-15　创建虚拟目录 mysite（五）

虚拟目录建立以后，就可以在地址栏中访问网站了。访问形式有如下几种。

- http://localhost/虚拟目录名/网页文件名。
- http://计算机名字/虚拟目录名/网页文件名。
- http://计算机的 IP 地址/虚拟目录名/网页文件名。

任务二　在 Dreamweaver CS5 中运行 ASP 程序

Dreamweaver CS5 不仅可以用来制作静态网页文档，而且它还是调试和运行动态 ASP 程序的强大利器。当然，这里有一个前提，就是首先要在 Dreamweaver CS5 中建立测试服务器。

假定把 ASP 程序文件放在 E:\myasp\vblx 文件夹下面，并且在 IIS 中已经建立了虚拟目录 mysite 映射到物理路径 E:\myasp\vblx 文件夹。

在 Dreamweaver CS5 建立测试服务器的方法和步骤如下：

（1）启动 Dreamweaver CS5，选择【站点】→【管理站点】命令，在打开的对话框中单击【新建】按钮，弹出【站点设置对象】对话框，如图 4-16 所示。

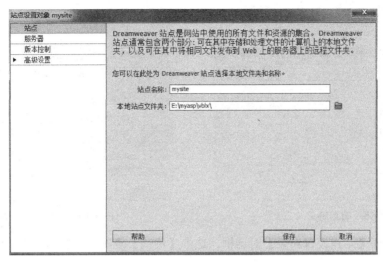

图 4-16 站点定义（一）

（2）设置站点信息。首先，输入站点名称 mysite，该名字称只起着识别的作用，与本地站点或远程站点保存文件的文件夹名称无关，与网站发布后真实的名称无关，但最好使用英文并具有一定的意义。本地站点文件夹选择自己的工作文件夹（将要存储放置 Web 文件），如 E:\myasp\vblx。

（3）设置完站点后，先不要保存，单击左侧的【服务器】标签，如图 4-17 所示。

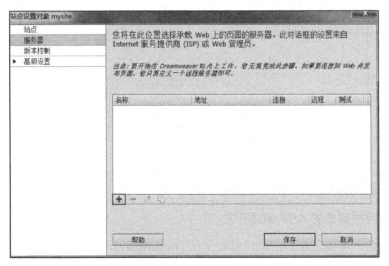

图 4-17 站点定义（二）

（4）单击图 4-17 中的 按钮增加一个服务器配置。服务器名称可以任意定义。如果需要上传到远程服务器，"连接方法"可以在选择 FTP 后进行配置。由于大多数情况是在本地测试后再进行上传，所以这里选择"本地/网络"，如图 4-18 所示。

（5）选择【高级】选项卡，选择测试"服务器模型"为 ASP VBScript，如图 4-19 所示。单击【保存】按钮。

图 4-18 站点定义（三）

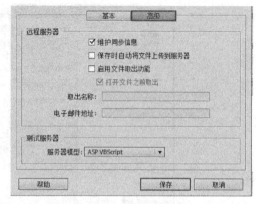

图 4-19 站点定义（四）

（6）返回【站点设置对象】对话框，选中【测试】复选框，然后单击【保存】按钮，如图 4-20 所示。

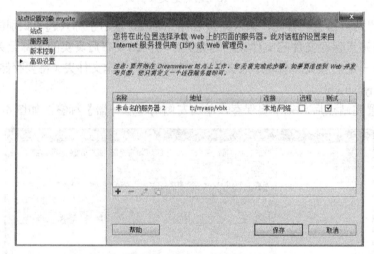

图 4-20 站点定义（五）

至此，站点 mysite 和测试服务器搭建完毕，可以在 Dreamweaver CS5 预览 ASP 程序，而不必在 IE 浏览器的地址栏中输入 URL 来运行了。

任务三 完成简单的 ASP 网站开发

完成以上两个准备工作后，就可以着手在 Dreamweaver 中编辑输入以下程序了，源代码如下。

【例 4-1】制作最简单的动态网页（4-1.asp）

```
<html><body>
<%
Application.lock
Application("NumHits")=Application("NumHits")+1
Application.unlock
Dim num
```

```
num= Application("Numhits")
Response.write "欢迎光临<br>" &now()&"<br>本页被点击过" & num &"次！"
%>
</body></html>
```

将以上文件保存为 4-1.asp。显然，与静态网页都是由 HTML 标记组成相比，此文件中多了一部分<%...%>代码，这一部分就是由服务器来执行的 ASP 程序代码。

说明：在 ASP 程序中，字母不区分大小写。在本书的后面程序中，有的地方用大写，主要是为了突出语法，方便理解。建议大家在程序中统一用小写字母。

（二）相关术语

ASP 全称 Active Server Pages（活动服务器页面），它是微软推出的用以取代 CGI 的动态服务器网页技术。由于 ASP 简单易学，又有微软的强大支持，所以使用非常广泛，很多中小企业站点都是用 ASP 开发的。

ASP 可以在 Windows 2000、Windows 2003、Windows XP 及 Windows 7 上运行。ASP 文件就是在普通的 HTML 文件中嵌入 VBScript 语言或 JavaScript 脚本语言，在 Web 服务器端运行，运行后再将运行结果以 HTML 格式传送至客户端的浏览器。通过使用 ASP 的组件和对象技术，用户可以直接存取数据库，使用 ActiveX 控件调用对象方法和属性，以简单的方式实现强大的交互功能。

ASP 技术基本上是局限于微软的操作系统平台之上，主要工作环境为微软的 IIS 应用程序结构，所以 ASP 技术不能很容易地实现在跨平台 Web 服务器上工作，一般适合一些中小型站点。

（三）案例分析

在上面的案例中，网页显然不是前面所见到的静态网页。在不同的时间访问该网页，显示的时间是不同的，每刷新一次计数器也会随之发生变化，这些都是静态网页所不能做到的。那么，静态网页和动态网页之间有何区别，二者分别具有哪些特点呢？下面结合上面的案例作一分析。

1. 静态网页

静态网页，即网页文件中没有服务器端运行的程序代码，只有 HTML 标记。前面章节学习制作的网页都是静态网页，这种网页的扩展名通常是.html 或.htm。静态网页一经完成，内容不会再有变化，不管何时何人访问，看到的都是同样的内容。如果要修改网页内容，需要修改源文件，然后重新上传到服务器。早期的网站一般都是由静态网页制作的。各种动态的效果，如 GIF 格式的动画、Flash、滚动字幕等，都只是视觉上的，与下面将要介绍的动态网页是不同的概念。

静态网页的优点是内容相对稳定，因此容易被搜索引擎检索。缺点主要有两个：一是不易维护，由于没有数据库的支持，静态网页在网站制作和维护方面工作量较大，必须不断地重复制作 HTML 文档，随着网站内容和信息量的日益扩增，更新网站会变得越来越困难；二是不能实现和浏览网页的用户之间的交互，信息流向是单向的，即从服务器端到客户端的浏览器。其工作原理如图 4-21 所示。

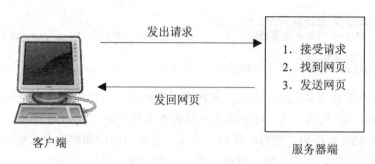

图 4-21　静态网页的工作原理

2．动态网页

所谓"动态"，并不是指那几个放在网页上的 GIF 动态图片，而是说网页文件中不仅含有 HTML 标记，而且含有服务器端运行的程序代码。网页的扩展名一般根据程序设计语言的不同而不同，如 ASP 文件的扩展名为.asp。

动态网页具有两方面的特性：一是"交互性"，即网页会根据用户的要求和选择而动态改变和响应；二是"自动更新"，即无须手动地更新网页文档，通过前台的用户参与及网站的后台管理，能自动生成新的页面，大大降低了工作量，如前面的案例中，计数并没有手动更新，而是随着访问量的增加自动刷新。常见的 BBS、用户注册、订单管理及留言板一般也都是由动态网页实现的，如图 4-22 所示。

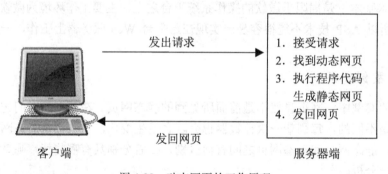

图 4-22　动态网页的工作原理

静态网页是网站建设的基础，静态网页和动态网页之间也并不矛盾。为了适应搜索引擎检索的需要，网站即使采用动态网站技术，也可以将网页内容转换为静态网页发布。网站还可以采用静动结合的原则，适合采用动态网页的地方用动态网页，适合使用静态网页的地方可以考虑用静态网页的方法来实现，在同一个网站上，动态网页内容和静态网页内容同时存在也是很常见的事情。

案例二 利用 VBScript 语言编写程序

（一）案例详解

编写程序，实现用户的注册模块的合法性检查，如图 4-23 所示。

图 4-23　户的注册与登录页面

电子商务网站中，通常需要提供用户注册与登录模块。当用户第一次访问时，可以注册一个用户名，以后就可以用这个用户名和密码进行登录了。注册的内容有很多，其中，有些属于必填项目（加*），有些属于可填可不填的项目。在这些项目中，有的内容需要经过合法性检查才能通过，如图 4-24 所示。

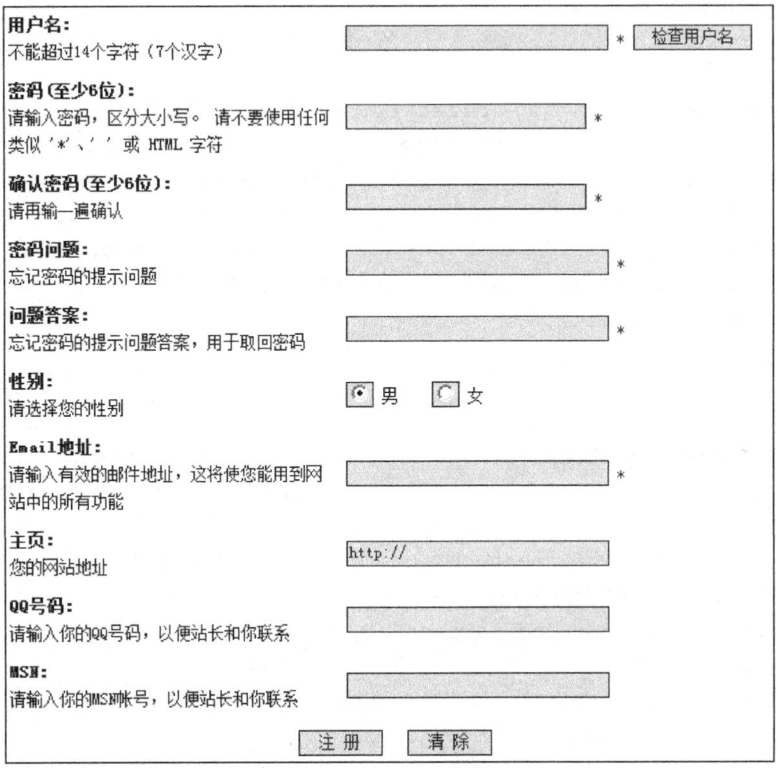

图 4-24　用户注册页面

下面将以上问题中的关键步骤分解为三个任务，利用 VBScript 语言编写程序来解决。

任务一　检查用户名合法性

如图 4-24 所示，当用户输入用户名后，单击按钮，则可以检查用户合法性。

若用户名为空或长度超过 14 个字符，则用户名非法。

若用户名中出现=、%、空格、？等非法字符，也视为非法。

若原来数据库中已存在此用户名，则该用户名也是非法，不能进行注册。可换一个新用户名进行重试。

在利用以上步骤解决问题时，需要定义变量，保存用户名的值，还要利用条件语句进行用户合法性的判断，然后根据结果进行某些操作，如查询等。此时，用到的主要工具就是 VBScript 语言。

【例 4-2】检查用户名是否合法（4-2.asp）

详细代码如下：

```
<%
dim RegUserName,FoundErr,ErrMsg
RegUserName=trim(request("UserName"))
if RegUserName="" or strLength(RegUserName)>14 or strLength(RegUserName)<4
then
 founderr=true
 errmsg=errmsg & "<br><li>请输入用户名(不能大于 14 小于 4)</li>"
 else
 if Instr(RegUserName,"=")>0 or Instr(RegUserName,"%")>0 or Instr(RegUserName,
chr(32))>0 or Instr(RegUserName,"?")>0 or Instr(RegUserName,"&")>0 or Instr
(RegUserName,";")> 0 or Instr(RegUserName,",")>0 or Instr(RegUserName,"'")>0 or
Instr(RegUserName,",")>0 or Instr(RegUserName,chr(34))>0 or Instr(RegUserName,
chr(9))>0 or Instr(RegUserName," ")>0 or Instr(RegUserName,"$")>0 then
        errmsg=errmsg+"<br><li>用户名中含有非法字符</li>"
        founderr=true
  end if
 end if
 if founderr=false then
 dim sqlCheckReg,rsCheckReg
 sqlCheckReg="select * from " & db_User_Table & " where " & db_User_Name &
"='" & RegUserName & "'"
 set rsCheckReg=server.createobject("adodb.recordset")
 rsCheckReg.open sqlCheckReg,Conn_User,1,1
 if not(rsCheckReg.bof and rsCheckReg.eof) then
     founderr=true
     errmsg=errmsg & "<br><li>“" & RegUserName & "”已经存在!请换一个用户名再
试试! </li>"
 else
 end if
 rsCheckReg.close
 set rsCheckReg=nothing
 end if
%>
```

任务二 检查 E-mail 地址的合法性

在注册信息中，经常需要填写 E-mail 地址，为了防止用户随便乱填，可以利用下面步骤来检查 E-mail 地址是否合法。

这里面除了上面任务中的条件语句，还要用到循环语句、数组和函数。具体要解决的问题包括以下几方面：

（1）把用户填写的 E-mail 地址利用@进行分割，然后赋值给 names 数组。

（2）如果@的数量不等于 1，即 names 数组包括两个元素，则 E-mail 地址非法。

（3）判断每一个数组元素，如果长度小于等于 0，或不包含字母、数字及 "_-." 中的其一，则 E-mail 地址非法。

（4）如果第一个及最后一个是 "."，则 E-mail 地址非法。判断第二个数组元素是否含有 "."，就是必须含有 "."，有同学会认为不是和上面重复了吗，答案是没有，上面定义必须含有字母、数字及 "_-." 中的其一，而这行定义必须有 "."。

【例 4-3】检查邮件地址合法性（4-3.asp）

详细代码如下：

```
function IsValidEmail(email)
    dim names, name, i, c
    IsValidEmail = true
    names = Split(email, "@")
    if UBound(names) <> 1 then
        IsValidEmail = false
        exit function
    end if
    for each name in names
        if Len(name) <= 0 then
            IsValidEmail = false
        exit function
        end if
        for i = 1 to Len(name)
            c = Lcase(Mid(name, i, 1))
            if InStr("abcdefghijklmnopqrstuvwxyz_-.", c) <= 0 and not
IsNumeric(c) then
                IsValidEmail = false
                exit function
            end if
        next
        if Left(name, 1) = "." or Right(name, 1) = "." then
        IsValidEmail = false
            exit function
        end if
    next
    if InStr(names(1), ".") <= 0 then
        IsValidEmail = false
        exit function
    end if
end function
```

（二）案例分析

新用户注册时需要提供一系列的信息，对于一个电子商务网站来说，这些用户的信息与网站的经营密切相关。网站必须对用户填写的各种信息进行跟踪，因此，保存这些用户的信息显得尤为重要。另外，注册与登录功能的实现可以有效地防止恶意用户的非法破坏。在这个例子中，充分利用了 VBScript 语言的强大功能，有效解决了非法信息的判断与检查等问题。

案例三　Reponse 对象与 Request 对象应用

（一）案例详解

上网浏览网站时，经常需要在网页上填写注册信息，填写完毕并提交后，网页会返回并显示注册信息。下面主要通过两个 ASP 内置对象，即利用 Request 对象实现从客户端读取注册信息，然后利用 Response 对象向客户端输出信息。

任务一　制作注册表单

注册表单的制作相对比较简单，在项目三中已经介绍，这里直接给出详细代码。

【例 4-4】注册表单的制作（4-4.asp）

详细代码如下：

```
<html><body>
    <h2 align="center">请填写以下注册信息</h2>
    <form method="post" action="4-5.asp" >
        姓名: <input type="text" name="username" > <br>
        密码: <input type="password" name="password" > <br>
        性别: <input type="radio" name="sex" value="男">男
        <input type="radio" name="sex" value="女">女<br>
        爱好: <input type="checkbox" name="hobby" value="音乐">音乐
        <input type="checkbox" name="hobby" value="计算机">计算机<br>
        职业: <select name="career">
        <option value="教育">教育</option>
            <option value="IT业">IT业</option>
                <option value="电子商务">电子商务</option>
                </select><br>
        简述: <textarea name="intro" rows="2" cols="40" ></textarea>
        <br>
        <input type="submit" value=" 确 定 ">
        <input type="reset" value="重新填写">
    </form></body> </html>
```

运行结果如图 4-25 所示。

图 4-25　输入数据前的执行画面

任务二　读取并显示注册信息

下面，就可以利用 Request 对象的 form 方法从客户端读取信息，然后利用 Response 对象的 write 方法输出了。

【例 4-5】从客户端读取信息（4-5.asp）

详细代码如下：

```
<html><body>
    <h2 align=center>下面是您的注册信息</h2>
    <%
    Dim user,pass,sex,hobby,career,intro
    user=Request.Form("user_name")
    pass=Request.Form("password")
    sex=Request.Form("sex")
    hobby=Request.Form("hobby")
    career=Request.Form("career")
    intro=Request.Form("intro")
    Response.Write "<br>姓名： " & user
    Response.Write "<br>密码： " & pass
    Response.Write "<br>性别： " & sex
    Response.Write "<br>爱好： " & hobby
    Response.Write "<br>职业： " & career
    Response.Write "<br>简介： " & intro
    %>
</body></html>
```

运行结果如图 4-26 所示。

（二）相关术语

实现动态网站的各种功能，仅有脚本语言是不够的，还需要利用 ASP 的内置对象。常用的包括 Response 对象、Request 对象等五大内置对象。在 ASP 中，提供了许多强大的对象，这些对象不需要经过声明或创建即可直接使用。一般情况下，并不需要知道这些对象内部的工作原理，只要掌握它们的属性、方法，完成编程要求即可。

图 4-26　输入数据后的执行结果

1．Response 对象

将信息发送给客户端浏览器。

2．Request 对象

获取客户端的信息。

（三）案例分析

对于文本框（包括单行文本框、密码框和多行文本框），Form 集合获取的是用户输入的内容；对于单选按钮、复选框和下拉列表框，Form 集合获取的是 value 属性的值。

也可将表单程序和获取表单内容的程序合并为一个程序文件，此时，表单的 action 属性应为空，即 action=" "，表示表单提交的处理程序是它自身。

还可以将上述两个文件合二为一，主要代码如下：

```
<html>
<body><h2 align="center">请填写以下注册信息</h2>
    <form method="post" action=" " >
        姓名：<input type="text" name="username" > <br>
        ……（此处略去代码同例 4-4）
        <input type="submit" value="确 定">
        <input type="reset" value="重新填写">
    </form>
  <% Dim user,pass,sex,hobby,career,intro
    user=Request.Form("user_name")
    pass=Request.Form("password")
    sex=Request.Form("sex")
    hobby=Request.Form("hobby")
    career=Request.Form("career")
    intro=Request.Form("intro")
If user<>"" then %>
<h2 align=center>下面是您的注册信息</h2>
    <% Response.Write "<br>姓名： " & user
```

```
        Response.Write "<br>密码: " & pass
        ……（此处略去代码同例 4-5）
    Else
        Response.write "请填写姓名等内容"
    End if
%></body></html>
```

案例四 利用 Session 对象和 Application 对象开发程序

（一）案例详解

最简单的聊天室。

聊天室允许多用户实时进行信息交流，所有用户可以看到彼此的信息，这与 Application 对象的特点正好符合，只要把所有用户聊天的信息存储在一个 Application 变量中，用户发言就是不断向这个 Application 变量添加内容，所以可以利用 Application 方便地实现聊天室。

聊天室实现的功能包括：

● 用户在页面上输入姓名和发言内容，提交后，发言内容显示在页面上。

● 页面每 5 秒钟刷新一次。

任务一 创建页面框架

聊天主页面是一个普通的框架页文件（index.asp），它将窗口分成了两个框架，其中的页面文件及功能分别如下：

（1）发言表单页面（say.asp）。

（2）显示发言页面（message.asp）。

```html
<html>
<frameset rows="*,60">
    <frame name="message" src="message.asp">
    <frame name="say" src="say.asp">
</frameset><noframes></noframes>
</html>
```

任务二 输入发言内容页面

主页面下方即为发言表单，发言人只需要在文本框内输入发言信息，然后单击【发送】即可。聊天内容被保存到 Application 变量中。详细代码如下：

```html
<html>
<body>
    <form name="form1" method="post" action="">
        昵称: <input type="text" name="txtName" size="10">
        发言: <input type="text" name="txtSay" size="30">
        <input type="submit" value=" 发送 ">
    </form>
```

```
<%
'如果提交了表单，就将发言内容添加到Application对象中
If Trim(Request.Form("txtName"))<>"" And Trim(Request.Form("txtSay"))<>""
Then
        '下面获取本次发言字符串，包括发言人和发言内容
        Dim strSay
        strSay=Request.Form("txtName") & "在" &Now()& "说: " & Request.Form
("txtSay") & "<br>"
        '下面将本次发言添加到聊天内容中
        Application.Lock                              '先锁定
        Application("strChat")=strSay & Application("strChat")
        Application.Unlock                            '解除锁定
    End if
    %>
</body> </html>
```

任务三 显示发言内容

详细代码如下：

```
<html><head>
    <title>显示发言页面</title>
    <meta http-equiv="refresh" content="5">
</head>
<body>
    <% Response.Write Application("strChat")      '显示聊天内容 %>
</body>
</html>
```

在局域网内由一台计算机作服务器，将本程序放于其中，其他人即可访问此台计算机上的聊天室程序进行聊天。运行结果如图 4-27 所示。

图 4-27 聊天室运行结果

（二）相关术语

1. Application 对象

存储一个应用程序中所有用户之间共享的信息。

2. Session 对象

存储单个用户的信息。

（三）案例分析

从上面的案例中可以看到，所谓简单聊天室，就是用 Application 中的字符串保存所有人的发言内容，各种复杂的操作都是针对这个字符串进行的，聊天信息不能无限制增加，所以一般当聊天内容超过一定长度时，可以使用 left 或 right 函数截短。对于复杂的聊天室，还可以在其中添加发言人用户名、时间以及 HTML 标记，使得聊天室显示出来的聊天信息更加漂亮。

需要说明的是，本聊天室是使用 Application 对象保存聊天信息，当然也可以用数据库或文本文件来保存。不过，由于在聊天室中几秒钟就要刷新一次页面，需要频繁读取信息，而数据库文件和文本文件读取速度相对较慢一些，所以建议根据实际情况进行选择。

上面的案例还有很多不足，主要表现在以下几个方面：

（1）能否登录时只输入一次用户名，发言时不再重新输入。

（2）在发言时不能选择和显示用户表情。

（3）不能显示在线成员。

（4）没有私聊功能。

感兴趣的读者可以尝试在简单聊天室基础上进行以上功能的完善。

模块二　动态网站制作相关知识

一、VBScript 语言

1. 概述

（1）简介。ASP 本身并不是一种脚本语言，但它却为嵌入 HTML 页面中的脚本语言提供了运行环境。在 ASP 程序中常用的脚本语言有 VBScript 和 JavaScript 等语言，系统默认的语言为 VBScript。

VBScript 语言直接来源于 VB，是 Visual Basic 的一个子集，编程方法和 Visual Basic 基本相同。它具有简单易学、使用灵活、标准规则开放、与 ActiveX 控件紧密结合、功能强大等特点。

（2）VBScript 的语法格式。VBScript 脚本语言既可以在服务器端执行，也可以在客户端执行。不过，就 ASP 来讲，其中的 VBScript 都是放在服务器端执行的。具体方法有以下两种。

方法一：<%VBScript 代码%>

方法二：<Script Language="VBScript" Runat="Server">

　　　　　VBScript 代码

　　　　　</Script>

说明：

● 这两种方法没有本质区别，一般使用方法一，方法二很少使用。

● 如果 VBScript 代码是在客户端执行，语法格式如下：

```
<Script Language="VBScript" >
        VBScript 代码
</Script>
```

- 如果在某一单个页面指定脚本语言，可在文件初始部分用一条声明语句进行指定。需要特别注意的是，该语句一定要放在所有语句之前，如下所示：

```
<%@Language="VBScript" %>
```

2. 数据类型与运算符

（1）数据类型。VBScript 只提供了一种数据类型，即变体类型（Variant）。可以根据用途的需要选择最合适的子类型，如整型、布尔类型、字符串类型等来存储数据。在程序中，可以使用 VBScript 的 Vartype()函数来返回 Variant 数据的子类型。

（2）运算符。VBScript 的运算符包括算术运算符、逻辑运算符、连接运算符和比较运算符。

① 算术运算符：加（+）、减（-）、乘（*）、除（/）、取余（Mod）、求幂（＾）及整除（\）等。

② 逻辑运算符：逻辑与（And）、逻辑或（or）、逻辑非（not）和逻辑异或（xor）。其返回值为真（True）或假（False）。

③ 字符串（连接）运算符：&和+。

④ 比较运算符：等于（=）、不等于（<>）、小于（<）、大于（>）、小于等于（<=）、大于等于（>=）。

3. 变量与常量

（1）定义常量。在程序运行过程中，其值不能被改变的量称为常量。常量有两种：一种是常值变量，如 100 是一个整数变量；另一种是符号常量，在定义符号常量时要用到 Const 语句，例如：

```
<%
Const PI=3.1415926              '表示数值型常量
Const str1="电子商务"           '表示字符串型常量
Const birthday=#1992-6-6#       '表示日期型常量
%>
```

注意：如果定义的常量为字符串，则要用双引号引起；如果定义的常量为日期（时间）子类型，要用符号#括起。

（2）变量的声明与赋值。什么是变量呢？先看下面这段代码：

```
<%
 a="asp 很有用，我一定好好学"
 response.write a
%>
```

代码中，可以把 a 看成一个盒子，先将字符串"asp 很有用，我一定好好学"装进盒子 a 里，而 response.write a 则相当于将盒子 a 里的东西输出。a 就是一个变量。

变量为计算机内存中的一块空间，在这个空间中，可以保存程序执行过程中所产生的信息。

VBScript 中的数据类型只有 Variant 一种，所以变量的类型也都是 Variant 类型的。当将整数数据指定给变量，该变量就是整数变量；指定日期给该变量，该变量就是日期类型的变量。

变量的命名规则如下：

① 必须以英文字母开头，且只可以使用字母、数字和下划线的组合。

② 变量名称的长度不能超过 255 个字符。

③ 在定义的有效范围中必须是唯一的。

④ 不能与 VBScript 的关键词相同。

变量的定义用 Dim，称"显式声明"。如 Dim x,y,z。

变量如果没有定义就直接使用，则称为"隐式声明"。不用声明即可使用，看起来很方便，但是也可能引起不必要的麻烦。如果在程序中不小心输错了变量名，自然会引起程序错误，而这种错误很难发现。所以，建议在以后的编程中，尽量养成"先声明后使用"的习惯。可在 ASP 程序中强制要求所有的变量必须先声明才能使用。方法如下：在 ASP 文件中所有的脚本语句之前添加<%Option Explicit%>语句。

（3）数组的定义。定义数组与变量类似，只是在变量名后加()，在()中加入数字（这个数字总是比数组元素个数少一个。这是因为在 VBScript 中数组元素的下标是从 0 开始的）。如：

```
<%
  Dim a(2)        '定义一个元素数为 3 的数组
  a(0)=1          '给第 1 个数组元素 a(0)赋值
  a(1)=10         '给第 2 个数组元素 a(1)赋值
  a(2)=20         '给第 3 个数组元素 a(2)赋值
%>
```

上面的代码中，声明了数组 a，数组 a 有三个元素，每个元素都可作为一个普通变量使用。

VBScript 还可以定义变长数组。即在程序运行过程中可以动态地改变数组的大小，这里要用到 ReDim 关键字。如：

```
<% Dim a( ) %>
```

当需要使用时，可以用 ReDim 语句重新声明该数组。如：

```
<%
ReDim a(3)        '重声明数组，长度为 4
a(3)=100
ReDim a(5)        '重声明数组，长度为 6
a(5)=300
%>
```

说明：定义变长数组的方法和普通数组类似，只是括号中不指明长度。当需要使用的时候，可任意多次重声明，不过要注意，重声明后，原有的数值将全部清空。如果希望保留，可以使用 Preserve 关键字。例如：

```
<% ReDim Preserve a(3) %>
```

4. 函数与过程

所谓函数，指的是一段用来表示完成某种特定的运算或功能的程序，并返回一个函数值。VBScript 提供了大量的内置函数，大家不用关心它内部具体是如何实现的，只要在程序中会引用就可以了。下面介绍最常用的内置函数。详细内容大家可参考相关教材。

（1）函数。

① 数学函数。

● 取绝对值。

格式：abs（<数值表达式>）

● 取整：返回数值表达式的整数部分。

格式：int（<数值表达式>）

● 求随机数：返回一个小于 1 大于 0 的随机数。

格式：rnd()

【例 4-6】产生 1～10 之间的随机数

代码如下：

```
<html>
<body>
    <%
    randomize timer()          '初始化随机数生成器
    temp=int(10*rnd())+1       '产生 1～10 之间的整数
    response.write temp
    %>
</body>
</html>
```

说明：randomize timer()语句用于初始化随机种子，否则产生的随机值都一样。

② 字符串函数。在 ASP 程序开发中，用得最多的还是字符串。如用户注册时的用户名、口令，还有发布的企业新闻的标题、内容等信息都是作为字符串处理的。VBScript 提供了大量的字符串函数，如表 4-1 所示。使用这些函数可完成字符串的截取与替换等操作。

表 4-1　常用的字符串函数及用法

函　　数	功　　能	用　　法
Len(string)	返回字符串 string 的长度	如 Len("hello")返回 5
Trim(string)	将字符串 string 前后的空格去掉	如 Trim("　hello　")返回"hello"
Mid(str, start, len)	从字符串 str 的 start 位置取长度为 len 的子字符串	如 Mid("VB Script is fun!", 4, 6)返回"Script"
Left(str, len)	从左边取 len 个字符	如 Left(hello", 3)返回"hel"

函 数	功 能	用 法
Right(str, len)	从右边取 len 个字符	如 Right(hello", 3)返回"llo"
Instr(str1, str2)	返回 str2 在 str1 中第一次出现的位置，两字符串相同返回 0	如 Instr("hello", "ell")返回 2
Split(str1, 符号)	根据符号将 str1 拆分成一维数组	如 Split("VBScriptXisXfun!", "X")返回数据元素分别为：VBScript、is 和 fun
Replace(str1, str2,str3)	将 str1 中的 str2 全部换成 str3	如 Replace("VBVB","B", "C")返回"VCVC"

③ 日期函数。论坛发帖、发布新闻都需要用到日期和时间函数来得到各种格式的日期和时间。常用的日期和时间函数如表 4-2 所示。

表 4-2　常用日期和时间函数及用法

函 数	功 能	用 法
Now()	得到系统当前的日期和时间	如 Now()返回当前日期和时间
Date()	得到系统的日期	如 Date()返回"年：月：日"
Time()	得到系统的时间	如 Time()返回"时：分：秒"
Year(Date)	取得 Date 中的年	如 Year(#2008-10-1#)返回 2008
Month(Date)	取得 Date 中的月	如 Month(#2008-10-1#)返回 10
Day(Date)	取得 Date 中的日	如 Day(#2008-10-1#)返回 1
WeekDay(Date)	取得特定日期是星期几	如果是星期天返回 1，如果是星期一返回 2，以此类推
DateDiff("str",d1,d2)	计算两个日期 d1 和 d2 之间的间隔	如果 str 是 yyyy，则计算年间隔，是 m 计算月间隔，d 计算日间隔，ww 计算星期间隔，h 代表小时间隔，s 代表秒间隔
DateAdd("str",d1,d2)	返回 d2 加上 d1，其中 d1 的单位根据 str 的不同而不同	如果 DateAdd("yyyy",15,Date())则返回 15 年以后的日期。如果 yyyy 变成 d，则计算 15 天以后的日期

【例 4-7】计算距离某天还有多少天

代码如下：

```
<html><body>
<%
response.write  formatdatetime(date(),vblongdate)
numtemp=datediff("d",date(),#1/1/2013#)
response.write "距离 2013 还有： "&numtemp&"天"
 %>
</body>
</html>
```

④ 检验函数。有时需要判断一个变量究竟是什么数据子类型，此时就要用到检验函数。如表 4-3 所示。

表 4-3　检验函数及用法

函　　数	功　　能	用　　法
VarType(Variant)	检查变量 Variant 的值	如果返回 0 表示空，2 表示整数，7 表示日期，8 表示字符串，11 表示布尔变量，8192 表示数组
IsNumeric(Variant)	检查是否为数字类型	IsNumeric(11)返回 True
IsDate(Variant)	检查是否为日期型	IsDate(Date())返回 True
IsNull(Variant)	检查是否为 Null 值	IsNull(Null)返回 True
IsEmpty(Variant)	检查是否为空值	IsEmpty(Empty)返回 True
IsArray(Variant)	检查是否未数组	IsArray(数组名)返回 True

（2）VBScript 过程。

本节已经学习了一些内置函数，但在很多情况下仍然没有现成的函数可用，这时就需要自己编制过程。在 VBScript 中，过程有两种，一种是 Sub 子程序；另一种是 Function 函数。两者的区别在于前者只执行程序不返回值，而后者会返回值。

① Sub 子程序。声明 Sub 子程序的语法格式：

```
Sub 子程序名([形参1，形参2，…])
……
End Sub
```

说明：如果 Sub 子程序无任何形式参数，Sub 语句中也必须使用空括号。

调用 Sub 子程序有以下两种方式：

● Call 子程序名（[实参 1,实参 2,…]）
● 子程序名 [实参 1,实参 2,…]

【例 4-8】求两个数的平方和

详细代码如下：

```
<html>
  <body>
    <%
    dim m,n,sum
    m=3
    n=4
    pingfanghe m,n
    sub pingfanghe(a,b)
    sum=a^2+b^2
    response.Write "a 与 b 的平方和："&cstr(sum)
    end sub
    %>
  </body>
</html>
```

② Function 函数。Function 函数的语法格式如下：

```
Function 函数名（[形参1,形参2,…]）
……
End Function
```

说明：调用 Function 的语法和前面的函数一样。

【例 4-9】仍求两个数的平方和

代码如下：

```
<html><body>
  <%
    dim m,n,sum
    m=3
    n=4
    sum=pingfanghe(m,n)
      response.Write ("平方和：" &sum)
      function pingfanghe(a,b)
        dim sum0
        sum0=a^2+b^2
        pingfanghe=sum0
      end function
%></body></html>
```

③ 子程序和函数的位置。子程序和函数的位置也可以放在另外一个 ASP 文件中。如例 4-9 可以改写成以下两个 ASP 文件。

【例 4-10】主程序（4-10.asp）和 function.asp

主程序代码如下：

```
<!-- #include file="function.asp" -->
<html>
  <body>
  <%
    dim m,n,sum
    m=3
    n=4
    sum=pingfanghe(m,n)
    response.Write ("平方和：" &sum)
    %>
  </body>
</html>
```

function.asp 代码如下：

```
<%
  function pingfanghe(a,b)
  dim sum0
  sum0=a^2+b^2
  pingfanghe=sum0
  end function
%>
```

说明：利用上述方法可将常用的函数都放在一个文件中，然后在其他文件中需要时用 #include file 命令包含该文件即可，可大大提高效率。

5．控制语句

程序的基本结构有三种，第一种，如前面的例子中的程序语句基本上是一条一条按顺序进行的，这样的语句叫做顺序语句。第二种，在程序执行过程中，我们还经常需要先判断，然后决定执行哪一段程序，即条件控制，如用户注册时，判断用户填写的密码是否正确等。第三种，要求计算机重复做某一件事情，直到某一条件成立或不成立为止，也就是所谓的循环控制。下面介绍这两种控制语句。

（1）条件控制语句。

条件控制语句的特点是根据所给定的选择条件为真（即条件成立）或为假，而决定从各分支中执行某一分支的相应操作。

① if…then…形式。

格式：

```
if 条件表达式 then 程序语句
```

功能：若条件成立，执行 then 后面的程序语句，否则跳过继续执行下一条语句。

② if…then…end if 形式。

格式：

```
if 条件表达式  then
    程序语句组
end if
```

功能：若条件成立，执行 then 后面的程序语句组，否则跳过继续执行下一条语句。"语句组"可以是一条语句，也可以是多条语句。

③ if…then…else…end if 形式。

格式：

```
if 条件表达式  then
    程序语句组 1
else
    程序语句组 2
end if
```

功能：若条件成立，执行 then 后面的程序语句组，否则跳过继续执行下一条语句。"语句组"可以是一条语句，也可以是多条语句。

④ if…then…elseif…then…else…end if 形式。

格式：

```
if 条件表达式 1  then
    程序语句组 1
else if 条件表达式 2  then
    程序语句组 2
    ……
else
    程序语句组 n
End if
```

功能：若条件 1 成立，执行 then 后面的程序语句组 1，然后跳出 if 语句，继续执行 end if 之后的语句；否则计算条件表达式 2，若为 True，执行程序语句组 2，然后跳出 if 语句……若条件都不成立，执行程序语句组 n。

⑤ Select Case 语句。

格式：

```
Select Case 表达式
Case 结果1
    程序语句组1
Case 结果2
    程序语句组2
……
Case 结果n
    程序语句组n
Case else
    程序语句组n+1
End Select
```

功能：首先计算表达式，然后将运算结果依次与结果 1 到结果 n 进行比较，当找到相等结果时，就执行该程序语句组，执行完毕就跳出 Select Case 语句，继续执行 End Select 之后的语句。当运算结果与所有结果都不相等时，执行 Case else 后面的程序语句组 n+1。

说明：多条件采用 if…then…else…end if 形式比较复杂，不好理解。这时可采用 Select Case，可使程序更简洁。

【例 4-11】设计一程序，实现根据学生学号判断其所在专业

详细代码如下。

```
<% Option Explicit %>
<html>
<body>
    <%
    Dim number,num
    number="05132356" ' 为了简单，直接赋值了，一般应从页面上读取
    num=mid(number,4,1)  ' number 中的第4位代表专业
    Select Case num
    Case "1"
        Response.Write "会计学专业"
    Case "2"
        Response.Write "计算机专业"
    Case "3"
        Response.Write "电子商务专业"
    Case Else
        Response.Write "你的学号输错了！"
    End Select
    %>
</body>
</html>
```

（2）循环控制语句。

① For…Next 循环。

格式：

```
For 循环变量=初值 to 终值 [step 步长]
    执行语句
Next
```

执行过程：假定步长为正。先将初值赋给循环变量，如果初值小于终值，进入循环体，执行体内的语句。然后执行 Next 语句，循环变量增加一个步长，继续与终值比较，如果仍小于终值，则开始第二次循环。周而复始，直到初值超出终值，循环结束。

【例 4-12】计算 1+2+3+…+100

主要代码如下：

```
<%
Dim sum,i
Sum=0
for i=1 to 100
    sum=sum+i
next
 response.write "1+2+3+…+100="&sum
%>
```

② Do…Loop 循环。

格式：

```
Do While 条件
    执行语句
    Loop
```

【例 4-13】利用 Do…Loop 循环计算例 4-12

代码如下：

```
<%
Dim sum,i
Sum=0
Do while i<=100
    sum=sum+i
    i=i+1
loop
 response.write "1+2+3+…+100="&sum
%>
```

说明：Do 循环还有另外一种形式，即：

```
Do
    执行语句
Loop While
```

这种循环执行时先执行语句，然后进行测试，如果条件为 False，则跳过循环体；若为 True，再重复执行循环体内的语句，直到条件变为 False 退出循环。

③ For Each…Next 循环。这是一种特殊的循环，既不指定循环次数，也不指定循环条件，而是对集合中的元素进行枚举，当枚举结束后退出循环。

语法：

```
For Each 元素 In 集合
    程序语句组
Next
```

二、利用 Response 对象向客户端输出信息

在前面学习 VBScript 语言时，很多例子中用到了 Response.Write 方法向客户端输出信息，实际上，Response 对象的功能还有很多，如重定向到另一个 URL、设置 Cookie 的值等。下面重点介绍 Response 对象的常用方法和属性。

1. Write 方法

Write 方法是我们平时最常用的方法之一，它可以将指定的信息从服务器端发到客户端输出。语法如下：

```
Response.Write 字符串或表达式
```

事实上，输出的信息如果不是字符串信息，ASP 会自动将其转换为字符串。

【例 4-14】利用 Write 方法输出信息

代码如下：

```
<%
Response.write "欢迎来到我们的网站"      ' 输出字符串
Response.write "欢迎光临，今天是"&date( )&"<br>" ' 输出一表达式
Response.write " <h1 align= 'center'>我的主页</h1> "  ' 输出 HTML 字符串
%>
```

另外，Write 方法还有一种简略写法，用法如下。

```
<%=字符串或表达式%>
```

上面例子可以改写为：

```
<%= "欢迎来到我们的网站"%>
<%="欢迎光临，今天是"&date()&"<br>"%>
```

注意： 在使用简略写法时，必须在每一个输出的字符串或表达式两端加上<%和%>。另外，输出 HTML 字符串时，其中的""要改为''。

【例 4-15】关于 VBSscript 脚本与 HTML 的混合使用

代码如下：

```
<html><body>
<% dim i
```

```
for i = 1 to 5 %>
<font size= "<%=i %>">Hello World</font><br>
<% next %>
</body></html>
```

程序运行结果如图 4-28 所示。

图 4-28   例 4-15 运行结果

对于例子中少量的<html>标记，也可以放在 VBScript 脚本使用。如例 4-15，可以改写如下：

```
<html><body>
<% dim i
for i = 1 To 5
response.write"<font size="&i&">Hello World</font><br>"
next
%>
</body></html>
```

程序运行结果与上例完全相同。

2. Redirect 方法

在网页中，可利用超链接引导用户至另一个页面，但是必须要用户单击超链接才行。如果我们在某些情况下希望网页自动引导到其他页面，如进行网上考试，当考试时间到时，应跳转到结束界面，这时就需要使用 Redirect 方法。

自动引导又叫做"重定向"，使用 Response 对象的 Redirect 方法可以使浏览器从当前页面重定向到另一个页面上。

用法：Response.Redirect URL，其中 URL 表示网页的网址（可以是相对路径，也可是绝对路径）。

如：

```
<%
Response.Redirect " http://www.sohu.com"        '将用户引导至搜狐网
Response.Redirect "admin\manage.asp"            '将用户引导至本地网站某网页
%>
```

【例 4-16】根据用户类型引导至不同页面

详细代码如下：

```
<html>
<body>
    <form name="form1" method="post" action="">
        请选择用户类型：
        <input type="radio" name="usertype" value="vip">vip 会员
        <input type="radio" name="usertype" value="guest">普通会员
        <input type="submit" value="确定">
    </form>
    <%
    if request.form("usertype")="vip" then
        response.redirect "vip.asp"        '将用户引导至 vip 网页
    elseif request.form("usertype")="guest" then
        response.redirect "guest.asp"       '将用户引导至普通会员网页
    end if
    %>
</body>
</html>
```

说明：如果是引导至站内网页，通常使用相对路径，本例由于处于同一文件夹，则直接写文件名即可。

3．Buffer 属性

Buffer 从英文直译过来的意思是"缓冲区"，缓冲区是指服务器端内存中的一块区域，是存储一系列数据的地方。如果没有设置缓冲区，那么每个访问 ASP 程序的人的客户端所得到的结果都是 ASP 程序执行一次所得到的结果，此时，页面内容是一边处理一边直接输出到客户端。而假如预先将 ASP 程序缓冲，那么每个客户端所得到的结果就是缓冲区的结果。例如，有 1 000 个用户同时访问一个 ASP 页面，假如这个 ASP 程序没有缓冲，那么程序将被执行 1 000 次，这样服务器的负荷就会很大，从而导致客户端打开页面速度变慢；假如这个 ASP 程序被缓冲了，那么结果就不一样了，每个客户端直接从缓冲区获得数据，服务器将不会因为访问增加而增加程序执行次数，因此客户端打开页面的速度也就比前一种情况要快。

利用 Buffer 属性可设置服务端是否将页面先输出到缓冲区。实现方法很简单，只要在 ASP 程序的第一行加上：

```
<% Response.Buffer = True %>
```

当 Buffer 属性设置为真时，服务器会阻止向浏览器的响应，直到所有的服务器脚本均被处理，或者直到脚本调用了 Flush 或 End 方法。

说明：IIS Version 4.0 中 Buffer 值默认为 False，而 IIS Version 5.0 及更高的版本默认为 True。在低版本 IIS 中使用 Response 的 Redirect 方法时，应在文件头设置 Buffer 为 True。

4．End 方法

使用 End 方法可以终止脚本程序。在 ASP 程序中，遇到 Response.End 语句后，将不再执行后面的语句，而把之前的页面内容发送到客户端。在调试程序的时候这个方法很有用，类似设置断点，特别是你的程序有问题而无法看到中间结果时时在 Response.Write 后加入 Response.End，就可以查看到中间结果了。

用法：Response.End

如：

```
<%
    Response.Write "这是第一句"
    Response.End
    Response.Write "这是第二句"
%>
```

这一段程序执行结果只会输出第一句，第二句则不会输出。也可以用注释语句屏蔽掉后面的语句。

5．Clear 方法

用于清除服务器缓冲区要输出的 HTML 数据。

用法：Response.Clear

如：

```
<%
Response.write now( )
Response.clear
Response.write rnd( )
%>
```

6．Flush 方法

用于将缓冲区中的内容立刻输出到客户端。

用法：Response.Flush

如：

```
<% Response.Write "第一句"
    Response.Flush    '立刻输出缓冲区中的内容
    Response.Write "第二句"
    Response.Clear    '清除缓冲区中的内容
    Response.Write "第三句"
%>
```

说明：由于 Flush 方法可以立刻将缓冲区中的内容立刻输出到客户端，所以"第一句"会显示出来，"第二句"则不会显示，"第三句"不受影响，会正常显示。

三、利用 Request 对象从客户端获取信息

与 Response 对象的作用正好相反，Request 对象的作用是与客户端交互，收集客户端的 Form、Cookies 等信息。如常见的注册，用户通过浏览器在表单里输入姓名等内容，单击【提交】按钮后将数据传送到服务器端，而服务器端利用 Request 对象就可以获取这些信息。

1．Request 对象简介

Request 对象获取客户端信息，主要依靠五种获取方法（也称集合），如表 4-4 所示。

表 4-4　Request 对象简要说明

集　　合	说　　明
Form	获取用户在客户端表单中输入的相关字段的值
QueryString	获取客户端附在 URL 查询字符串中的变量值，变量附在 URL 的"？"符号之后，一般用在页面的参数传递中
Cookies	取得存放在客户端中 Cookies 的内容
ServerVariables	获到客户端的 HTTP 请求信息中的头信息及服务器端环境变量值
ClientCertificate	获取客户端身份验证信息

Request 对象的语法格式：

```
Request[.获取方法]（变量名）
```

说明：变量名主要是指要获取的元素的名称，可以是字符串常量或字符串变量。[]之间的获取方法可以省略，此时由于没有指定获取方法，ASP 会依次在 QueryString、Form、Cookies、ServerVariables、ClientCertificate 这五种集合中检查是否有信息传递。

2．使用 Form 集合获取表单信息

在前面的章节中已经学过了如何制作表单，但是在表单提交后，如何在服务器端获取表单的内容并没有解决。下面就来学习如何利用 Request 的 Form 集合来获取这些表单元素的值。

格式：Request.Form（表单元素名称）

【例 4-17】填写表单信息

代码如下：

```
<html><body>
<form name="test" method="post" action="requtest2.asp">
 请输入姓名：<input type="text" name="name" >
 <input type="submit" value="确定">
</form></body></html>
```

输入姓名，单击【确定】按钮，就可以将输入的信息传递给处理程序 request2.asp。

【例 4-18】获取表单信息（request2.asp）

代码如下：

```
<html><body>
你输入的姓名是：<%=request.form("name") %>
</body></html>
```

程序运行结果如图 4-29 和图 4-30 所示。

说明：请注意<form>标记中的 method 属性的值 post，表示表单提交方式是按照 post 方式提交。如果将其改为 get 方式，那么表单信息就会附在 URL 后面提交到服务器端，此时就要用到后面的 QueryString 来获取信息了。

图 4-29　输入数据前的执行画面

图 4-30　输入数据后的执行结果

3．使用 QueryString 集合获取查询字符串信息

QueryString 集合用于获取 HTTP 查询字符串中的变量值，一般应用于网页间参数的传递。

查询字符串是指附加在网页 URL 后从"?"开始直到结尾的一串字符。当浏览器从一个页面重定向到另一个页面时，URL 附带查询字符串一并传送到目的页面，此时在目的页面中可以利用 QueryString 集合取得查询字符串带过来的信息。

例如：

```
http://www.xxx.com/search.asp?name=张三&age=16
```

其中，附加在 URL 后面的"?name=张三&id=16"就是一个查询字符串。查询字符串由"变量名=值"的格式构成，若有多个变量，变量之间要用"&"连接，中间不要留有空格。

【例 4-19】准备传送信息

代码如下：

```
<html>
<body>
    <a href="search.asp?name=张三&age=16">单击此处</a>
</body>
</html>
```

说明：单击超链接，就会打开 search.asp，在其中使用 QueryString 集合就可以获取传递过来的值了。

【例 4-20】显示获取的信息（search.asp）

详细代码如下：

```
<html><body>
    <%
    Dim name,age
    name=Request.QueryString("name")        '返回姓名，注意两个 name 的含义不同
    age=Request.QueryString("age")          '返回年龄，注意两个 age 的含义不同
    Response.Write "欢迎您，" & name & "，您的年龄是：" & age
    %>
</body></html>
```

前面提到如果表单采用 post 方式提交，应使用 Form 集合获取表单数据。那么，如果表单以 get 方式提交，应如何获取呢？

事实上，get 方式将表单中的数据直接附加到 URL 地址后面，以查询字符串的形式提

交给服务器，因此，这时我们也要使用 QueryString 集合获取。

【例 4-21】以 get 方式提交表单中的数据

代码如下：

```
<html><body>
<form name="form1" method="get" action="q2.asp">
 姓名：<input type="text" name="name"> <p>
 密码：<input type="password" name="password"><p>
        <input type="submit"  value="提交">
</form></body>
</html>
```

【例 4-22】显示用 QueryString 集合获取的信息，（q2.asp）

详细代码如下：

```
<html>
<body>
<%  Dim xm,pass
    xm=Request.querystring("username")
    pass=Request.querystring("password")
    if pass="123456" then response.write "欢迎您，"&xm&"<br>"
    else
    response.Write "您刚输入的密码是："&pass&"<br>"
    response.write "你的密码不对，请返回"
    end if
%>
</body>
</html>
```

运行结果如图 4-31 和图 4-32 所示。

图 4-31　输入数据前的执行画面　　　　图 4-32　输入数据后的执行画面

说明：比较图 4-32 与图 4-30 的变化，在图 4-32 的 URL 地址栏后附加了刚输入的姓名及密码等数据，这正是采用 get 方式提交表单的结果。

表单提交中，get 方式和 post 方式的区别可归纳为如下几点：

- get 是把参数数据队列附加到提交表单的 action 属性所指的 URL 中，值和表单内各个字段一一对应，在 URL 中可以看到。post 是通过 HTTP post 机制，将表单内各个字段与其内容放置在 HTML header 内一起传送到 action 属性所指的 URL 地址。用户看不到这个过程。
- 对于 get 方式，服务器端用 Request.QueryString 获取变量的值；对于 post 方式，服务器端用 Request.Form 获取提交的数据。

- get 传送的数据量较小，post 传送的数据量较大。
- get 安全性非常低，post 安全性较高。

4．使用 SeverVariables 集合获取环境变量信息

在浏览器中浏览 Web 页面时使用的传输协议是 HTTP，在 HTTP 头文件（header）中会记录一些客户端的信息，如客户的 IP 地址、服务器的名称、发送的请求端口号、浏览器的类型、版本等。有时服务器需要根据客户端信息做出不同的反应，这时就要用到 ServerVariables 集合来获取所需信息。如 QQ 中的天气预报就是首先获取客户端的 IP，进而显示当地的天气预报的。

语法格式：

```
Request. ServerVariables(环境变量名)
```

常用的环境变量有以下几个：

（1）ALL_HTTP：客户端发送的所有 HTTP 请求信息中的所有头信息。

（2）CONTENT_TYPE：客户端发出请求数据的类型，如 text/html。

（3）LOCAL_ADDR：服务器端 IP 地址。

（4）PATH_INFO：客户提供的路径信息。

（5）REMOTE_ADDR：客户端 IP 地址。

【例 4-23】显示来访者的 IP 地址

代码如下：

```
<html>
<head>
    <title> ServerVariables 用法示例</title>
</head>
<body>
    <%
    Dim IP
    IP=Request.ServerVariables("REMOTE_ADDR")
    Response.Write "你好，你的 IP 地址是：" & IP
    %>
</body>
</html>
```

说明：这个程序最好能上传服务器或在局域网中两台不同机器间进行测试。

5．使用 ClientCertificate 集合获取客户端浏览器的身份确认信息

如果客户端浏览器支持 SSL（Secure Sockets Layer）协议，并且服务器端要求进行身份确认，则利用 ClientCertificate 集合可以获取客户端浏览器身份确认信息。

语法格式：

```
Request. ClientCertificate (获取的字段名称)
```

若客户端浏览器没有送出身份确认信息或服务器端尚未设置向客户端要求身份确认

时，那么 ClientCertificate 将会返回 Empty 值。

说明：使用 SSL 确认时，URL 以 https://开头，而不是 http://。

四、利用 Cookies 集合在客户端保存信息

在 Response 对象和 Request 对象中都有 Cookies 集合。那么什么是 Cookies？Cookies 有什么作用？Response 中的 Cookies 和 Request 中的 Cookies 有什么区别？下面我们就来介绍一下 Cookies 集合。

1．Cookies 简介

Cookies 俗称小甜饼，用来在客户端长期保存信息。很多网站用 Cookies 来记住客户端用户的访问次数和用户名，当用户访问网站服务器时，服务器在客户端留下一个"标记"，当下次该用户再次访问服务器时，服务器就可以通过读取客户端的 Cookies，达到"记忆"的效果。这样，本来需要在服务器上数据库中保存的数据，此时只要保存在客户端就可以了，从而减轻了服务器的负担。

例如，可以在站点上放置一个调查问答表，询问访问者最喜欢的颜色和字体，然后根据这些信息定制用户的 Web 界面。另外，还可以保存访问者的登录密码，这样当访问者再次访问这个站点时，不用再输入密码进行登录。

存入 Cookies 的文件名命令规则为：用户名@网站名.txt，它保存在用户的计算机中，XP 系统中 Cookies 的位置为 C:\Documents and Settings\相应的用户名文件夹。Windows 7 中 Cookies 的位置为 C:\Users\用户名\AppData\Roaming\Microsoft\Windows\Cookies。

通常有如下两种使用 Cookies 的基本方式：

（1）将 Cookies 写入访问者（本地）的计算机（使用 Response.cookies 来创建 Cookies 对象）。

（2）从访问者（本地）的计算机中取回 Cookies（使用 Request.cookies 来读取 Cookies 值）。

2．使用 Response 对象创建 Cookies

利用 Response 对象的 Cookies 集合，服务器端可以将 Cookies 的值写入客户端。

语法格式：

```
Response.Cookies(cookies 名)[关键字|.属性]=cookies 值
```

其中，Cookies 名与 Cookies 值为必选，关键字与属性为可选。关键字如省略，表示一个单值 Cookies；若指定了关键字，则该 Cookies 为多值 Cookies，包含多个元素，可分别赋值。Response 的 Cookies 集合的主要属性如表 4-5 所示。

表 4-5 Response 的 Cookies 集合的属性

名　称	说　明
Expires	用来设置 Cookies 的过期时间
Domain	用来指定 Cookies 将发送到哪个域的请求中去
Path	指定，则 Cookies 将只发送到对该路径的请求中
Secure	指定 Cookies 是否安全

下面阅读以下 2 个程序，然后先运行程序 1，再运行程序 2。

【例 4-24】程序 1：设置 Cookies

代码如下：

```
<%
Response.Cookies("username")="张颖"              '创建不含关键字的单值 Cookies
Response.Cookies("book")("bookname")="电子商务"   '创建含关键字的多值 Cookies
Response.Cookies("book")("price")="28"
Response.Cookies("username").expires=#2018-8-8#  '创建单值 Cookies 的有效期
%>
```

说明：Cookies("username")由于设置了有效期，Cookies 值被存储在用户的硬盘上，即使关闭浏览器，该 Cookies 在有效期内也不会消失。而 Cookies("book")由于没有设置有效期，是临时性的，只在浏览器打开时存在。

3. 使用 Request 对象读取 Cookies 值

利用 Request 对象的 Cookies 集合，服务器端可以获取客户端的 Cookies 的值。

语法格式：Request.Cookies(cookies 名)[关键字|.属性]

其中，Cookies 名、关键字和属性的用法与 Response 对象相同。

下面获取上例中的 Cookies 值。

【例 4-25】程序 2：获取 Cookies 值

代码如下：

```
<% Dim username ,bookname,price
username= Request.Cookies("username")            '返回 "张颖"
bookname= Request.Cookies("book")("bookname")    '返回 "电子商务"
price= Request.Cookies("book")("price")
Response.Write "姓名是: "& username & "<br>"       '返回 28
Response.Write "图书名称是: " & bookname & "      价格是: "& price &"<br>"
%>
```

4. Cookies 应用

【例 4-26】通过留在本地磁盘上的 Cookies 来记录访问本站的次数，第一次显示 "您是第 1 次访问本站"，以后显示 "您是第 N 次访问本站"

代码如下：

```
<html><body>
    <%
    Dim num                                  '定义一个访问次数变量
    num=Request.Cookies("num")               '读取 Cookies 值
    if num="" then
        num=1                                '如果是第一次，则令访问次数为 1
    else
        varNumber=varNumber+1                '如果不是第一次，则令访问次数加 1
    end if
    Response.Write "您是第" & num & "次访问本站"
    Response.Cookies("num")=num              '将新的访问次数存到 Cookies 中
    Response.Cookies("num").Expires=#2018-1-1#  '设置有效期
    %>
</body></html>
```

运行结果如图 4-33 所示。

图 4-33 例 4-26 运行结果

五、利用 Session 对象保存单个用户信息

上网浏览网页离不开 HTTP 协议，但利用 HTTP 协议却很难跟踪用户。当用户客户端发出 HTTP 请求，服务器就会返回一个响应信息，之后这次会话就结束了。当客户端再次发出一个 HTTP 请求，服务器端并不记得刚才的会话，而是像对待新人一样再发回一个响应。所以，这种联系是离散的，不能持续连接。

例如，可以利用超链接很方便地从一个页面跳到另一个页面，如果客户在前一个页面中输入了自己的用户名和密码进行了登录，在其他页面还需要使用该用户名，那么用什么方法可以记住用户名呢？我们可能会想到利用 Cookies 保存信息，这个方法虽然也可以，但是由于它是把信息保存在客户端，很不安全。

Session 的引入可以弥补 HTTP 协议的缺陷，它主要用于存储特定用户会话所需的信息。当某个用户在 Web 站点的多个页面间切换时，Session 保存的信息可以被该站点的任何一个页面读取，如图 4-34 所示。

Session 对象的工作原理比较复杂，当一个用户访问一个网站时，服务器端为每个访问者都设立一个独立的 Session 对象，用以

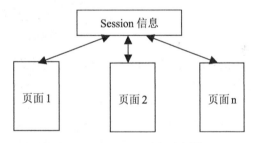

图 4-34 Session 对象示意图

存储 Session 变量，并自动产生一个长整型数 SessionID（也称会话标识符），各个访问者的 SessionID 都不相同，所以各自的 Session 对象互不干扰。由于 SessionID 会自动保存在客户端的 Cookies 中，所以 Session 的使用要求用户浏览器必须支持 Cookies，如果浏览器不支持使用 Cookies，或者设置为禁用 Cookies，那么将不能使用 Session。

1. 利用 Session 存储信息

语法格式：

```
Session(变量名)=值
```

【例 4-27】存入 Session 信息

主要代码如下：

```
<%
    Dim username,password
    username="李静"
    password="123456"
    Session("username")=username                    '给 Session 赋值
    Session("password")=password
%>
```

【例 4-28】读取 Session 信息

主要代码如下：

```
<%
    Dim username
    username=Session("username")                    '将 Session 值赋给变量
    Response.Write username & "您好，欢迎您<br>"
    Response.Write "您的密码是" & Session("password")    '直接使用 Session 值
%>
```

运行结果如图 4-35 所示。

图 4-35 读取 Session 信息

说明：注意 Session 变量和普通变量的联系和区别，两者的赋值和引用方式都是一样的；但是二者的命名方式有一些区别，对于 Session 变量来说，括号中的字符串才是该变量的名字；另外，普通变量只在本页面内有效，而 Session 在整个会话期间一直有效。

上面的例子实际上很有意义，很多网站要求用户由首页登录，并将用户信息保存在 Session 变量中，然后在其他页面只需要验证这些变量的值是否为空就可以判断出该用户是否已登录，从而可以决定是否重定向到首页。

另外，利用 Session 还可以存储数组信息，具体看下面的例子。

【例 4-29】存入数组信息

主要代码如下：

```
<%
    Dim username(2)                              '声明一个数组
    username(0)="小海"
    username(1)="小玉"
    Session("arry_username")=username            '传入数组到 Session 对象
    Response.Write "该程序仅用来存入 Session 数组，请自己打开 6-28.asp 查看结果"
%>
```

【例 4-30】读取 Session 中的数组信息

主要代码如下：

```
<%
    Dim username                                '注意声明方法，不要加括号
    username=Session("arry_username")           '返回 Session 数组元素
    Response.Write username(0) & "您好，欢迎您<br>"
    Response.Write username(1) & "您好，欢迎您<br>"
%>
```

说明：利用 Session 存储数组信息与存储变量信息基本相同，但要注意需要将数组作为一个整体存入和取出。如果需要修改某一个元素，可将 Session 赋给一个数组变量，然后在数组中进行操作。

2．Session 的属性

（1）TimeOut。

功能：以分钟为单位为 Session 对象指定有效时限。如果用户在该有效时限内不刷新或请求网页，则该会话将终止。TimeOut 的默认值是 20 分钟。

用法：Session.TimeOut=分钟数

例如：

```
<% Session.TimeOut=5                            '可将有效期设置为 5 分钟%>
```

提示：此属性经常用于用户登录的页面中，采用 Session 变量记录用户登录的信息，如果用户在 TimeOut 的时限内没有请求页面或刷新，当用户连接该页面时，浏览器将显示让用户登录的页面。

建议不要设置很长的失效时间，设置一个合适的失效时间会使程序更加安全而且可以减少消耗服务器资源。

（2）SessionID。

功能：用于返回用户的会话标识。即前面提到的由服务器端为每一个会话生成一个单独的标识，会话标识以长整型数据类型返回。

用法：长整型变量=Session.SessionID

例如：

```
你的 SessionID 为：<%=Session.SessionID%>
```

在电子商务网站中经常利用 Session 对象实现购物车功能。用户在不同页面选择不同的商品，所有商品名称、价格等信息都可保留在 Session 对象中，直到去收银台结账，Session 对象中的数据才被清除。而另一个用户进来时，系统自动产生一个新的 SessionID，会重新分配一个购物车，将购物信息重新保存在一个 Session 对象中。

3．Session 的方法

Session 对象到期后会自动清除，到期前也可用 Abandon 方法强行清除。例如，在网站中用户若要退出登录，就可以利用此方法清除 Session 中保存的用户名等信息。

用法：Session.Abandon

功能：清除所有存储在 Session 对象中的对象，并释放这些对象占用的资源。

一旦这条语句被执行，所有存储在 Session 对象中的信息将被清除，这与 Session 超时效果一样。

4. Session 对象的两个事件

（1）Session_Onstart：当某个用户第一次访问网站的网页时发生。

格式：

```
Sub Session_Onstart
程序区域
End Sub
```

（2）Session_Onend：当某个用户 Session 超时或关闭时发生。

格式：

```
Sub Session_Onend
程序区域
End Sub
```

六、利用 Application 对象保存所有用户共享信息

Session 对象解决了保存单个用户信息的问题，但若需要记录所有用户的共享信息，例如，统计网站的访问总次数和聊天室（如 QQ 群）的发言内容，此时就需要用到 Application 对象。

Application 对象是一个应用程序级的对象，其作用表现在以下两个方面。

（1）使用 Application 对象定义变量，与全局变量类似，该变量保存的信息可以在整个 Web 站点中被所有用户使用，如图 4-36 所示。

（2）所保存的信息可以在站点运行期间持久保存，没有有效期的限制，从服务器启动后第一个用户访问到所有用户都结束访问，它一直是有效的。

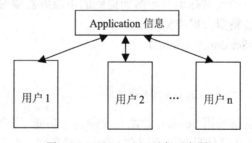

图 4-36　Application 对象示意图

1. Application 对象的方法

Application 提供了两种方法：Lock 和 Unlock。

在电子商务网站中，经常会出现一种冲突情况：两个以上用户同时修改某个 Application 变量的值。此时，可以利用 Lock 方法，将 Application 对象锁定，确保在同一时刻只有一个用户可以修改或存储 Application 对象中的变量，之后再使用 Unlock 方法解除锁定。

语法格式如下：

```
Application.Lock
Application.Unlock
```

2．利用 Application 存储信息

Application 对象的使用也是比较简单的，我们可以把变量或字符串等信息很容易地保存在 Application 中。

语法：

```
Application("Application 名")=变量或字符串信息
```

例如：

```
<%
    Application.Lock                        '先锁定
    Application.( "visitnum")=100           '给 Application 变量赋值
    Application.( "school")="清华大学"        '给 Application 变量赋值
    Application.Unlock
%>
```

读取 Application 信息就不需要锁定了：

```
<%  num=Application.( "visitnum")           '读取 Application 变量的值%>
```

3．Application 对象和 Session 对象的区别

Application 对象与 Session 对象都可以用于保存信息，但在很多方面存在区别。

（1）应用范围不同。Application 对象是针对所有用户，可以被多个用户共享。从一个用户接收到的 Application 变量可以传递给另外的用户。而 Session 对象是针对单一用户，某个用户无法访问其他用户的 Session 变量。

（2）存活时间不同。由于 Application 变量是多个用户共享的，因此不会因为某一个用户甚至全部用户离开而消失。一旦建立了 Application 变量，就会一直存在，直到网站关闭或这个 Application 变量被卸载（Unload）。而 Session 变量会随着用户离开网站而被自动删除。

Application 对象主要被用于：

- 统计网站访问的人数。
- 统计广告点击的次数。
- 创建聊天室。

而 Session 对象则常被用于：

- 创建购物车。
- 保存用户的身份标记，实现用户的身份认证和用户权限管理等。

七、利用 Server 对象开发

1．Server 对象的属性

ScriptTimeOut：规定脚本文件最长执行时间，超过时间就停止执行。默认为 90 秒。

服务器解释执行一个脚本程序是需要一定时间的。该属性就是用来规定脚本文件执行的最长时间。如果超出最长时间还没有执行完毕，就自动停止执行，并显示超时错误。

语法如下：

```
Server.ScriptTimeOut=number
```

其中，number 表示最长时间，默认为 90 秒。

例如：

```
<% Server.ScriptTimeOut=300          '设置最长执行时间为 300 秒%>
```

2. Server 对象的方法

（1）CreateObject：用于创建已注册到服务器的 ActiveX 组件、应用程序或脚本对象的示例。这是 Server 对象最主要的方法，利用它就可以调用其他外部程序或组件的功能。

语法如下：

```
Server.CreateObject(progID)
```

其中，progID 表示组件、应用程序或脚本对象的对象类型。

下面的语句将创建一个数据库连接对象示例：

```
<%
Set conn=Server.CreateObject("ADODB.Connection")
%>
```

（2）HTMLEncode：将字符串转换成 HTML 编码格式。如果想在页面中显示<、>等 HTML 特殊字符，就需要使用它们的字符实体。而 HTMLEncode 方法可以将字符串中的特殊字符（<、>和空格等）自动转换为字符实体。

语法如下：

```
Server.HTMLEncode(string)
```

其中，string 是转换的字符串常量、变量或表达式。例如：

```
<%
strA=Server.HTMLEncode("<br>")          '变量 strA 的返回值为 &lt;br&gt;
%>
```

该方法在需要输出 HTML 语句时非常有用。例如，用户在 BBS 或留言板发帖子时，经常希望发的 HTML 格式的帖子能够原样输出，而不是让浏览器将其中的 HTML 标记进行解释执行。

（3）URLEncode：将字符串转换成 URL 编码格式。该方法也是用来转换字符串，不过它是按照 URL 规则对字符串进行转换的。按照该规则的规定，URL 字符串中如果出现"空格、？、&"等特殊字符，则接收端有可能接收不到准确的字符，因此就需要进行相应的转换。

语法如下：

```
Server.URLEncode(string)
```

其中，string 就是转换的字符串常量、变量或表达式。

（4）MapPath：将虚拟路径转换为物理路径。

语法如下：

```
Server.MapPath(path)
```

其中，path 是相对路径或绝对路径字符串。

说明：一般以"/"或"\"开头的为绝对路径。对于绝对路径来说，要从应用程序根目录开始写完整的路径。对于相对路径来说，如属同一个文件夹，直接写文件名即可；如是子文件夹下的文件，用"子文件夹名/文件名"；若是上一级文件夹，则用"../"来表示。

（5）Execute：转到新的网页执行，执行完毕后返回原网页，继续执行后面的语句。该方法用来停止执行当前网页，转到新的网页执行，执行完毕后返回原网页，继续执行 Execute 方法后面的语句。

语法如下：

```
Server.Execute path
```

其中，path 表示要执行文件的相对路径或绝对路径。

例如：

```
<% Server.Execute "4-25.asp"    '转向执行 4-25.asp %>
```

模块三　动态网站制作基础项目实训

一、实训概述

本实训为动态网站制作基础，学生在教师指导下，通过修改教师提供的相关动态网站基础代码实现简单的功能，从而掌握基础的动态网页建设技术及相关知识。

二、实训流程图

动态网站开发基础实训流程图如图 4-37 所示。

三、实训素材

1．Photoshop、Dreamweaver 图片、网站编辑软件。
2．博星卓越电子商务网站建设实训平台。

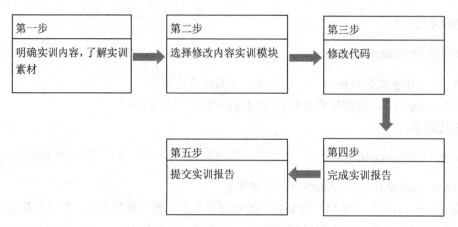

图 4-37　动态网站开发基础实训流程图

四、实训内容

登录学生端，单击动态网站制作基础实训，进入实训，通过教师部署实训题目，搜索或根据软件提供的相应的网站模板进行更改，完成对应的小模块功能设计，从而对动态网站建设基础有所认知。

任务一　通过教师提供的实训内容，选择实训小模块

选择对应模块，模块包含：

1. ASP 模式下网站的登录设计；

2. VB 模式下网站的登录设计。

针对选择的实训代码模块，完成网站栏目功能策划，如表 4-6 所示。

表 4-6　网站栏目功能策划

选 择 原 因	选择修改该段代码的原因
实现功能	通过修改该段代码，实现什么功能：
学习心得	通过修改，获得什么知识：
内容页页面	以 Word/图片或其他形式，勾勒出所涉及的网站内容页：
其他页面	以 Word/图片或其他形式，勾勒出所涉及的网站其他页面：

任务二　实训模块的设计与编辑

学生选择对应的模块后，进入编辑页面，需根据系统提供的界面，完成对应需要实现的功能的代码修改与编辑。

任务三　提交实训报告及作品，并对小组作品展示评分

在完成对应的代码模板修改后，学生提交源代码及实训报告至教师端，实训完成。

项目五　动态网站开发

 能力目标

📖 掌握连接数据库的方法；

📖 掌握查询记录、添加记录、删除记录及更新记录等操作；

📖 能编写企业网站中常用的新闻程序模块及带后台的新闻发布系统；

📖 掌握制作留言板的方法和步骤。

 知识目标

📖 掌握 ADO 存取组件的三个主要对象的属性和基本操作；

📖 掌握查询记录、添加记录、删除记录及更新记录等操作。

　　通过前面几个项目的介绍，我们已经掌握了静态网站设计和动态网站设计的基础知识，但由于各章节内容相对比较零散，还不能将学到的方法和技能灵活运用于一个实用的电子商务网站的设计和开发。本项目将综合利用前面所学知识，分别制作一个企业网站新闻系统和一个具有网上购物功能的电子商务网站——网上书店。

模块一 案 例 学 习

案例一 企业网站新闻模块开发

（一）案例详解

在项目三中，企业网站是静态网站，维护与更新十分不方便。本项目内容将以开发一个企业网站的新闻发布系统程序为例，将综合利用前面学到动态建站知识来实现新闻的显示、添加、删除与修改。与静态网页的制作比较，动态的新闻系统不再需要每次都重新编辑网页，而是直接把新闻记录数据保存到数据库里。网站首页一般都以新闻标题罗列的方式展示公司的最新动态及相关资讯，浏览者可通过单击标题的超链接进入到新闻资讯详细浏览页面，即从数据库中调出数据，显示在动态页面上，管理起来方便、快捷。如图 5-1 所示。

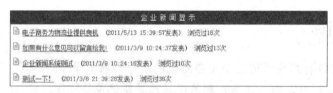

图 5-1 企业网站新闻页面

为此，本章将其在原来的基础上添加数据库，通过 ADO 组件实现新闻的添加、删除和修改，最后实现建立后台，并实现在后台发布新闻的功能。

任务一 项目分析与策划

1. 网页与数据库的关系

与静态网站不同，动态网站的信息大多存储于数据库中。因此，如何将数据库中的信息显示在网页上，是建设动态网站的第一步。接下来，设计者应清楚建立网站的目标，即确定它将如何显示企业新闻，具体应该提供哪些内容，如何进行信息的添加、删除和修改等。

2. 网站的目录结构与文件列表

该项目定位于小型企业网站的新闻,任务相对简单。用户只要通过该网站即可了解企业新闻信息，管理员能通过实现新闻的添加、删除和修改等管理工作，向用户展示企业形象即可。

网站目录结构及文件列表如图 5-2 所示。其中，index.asp 是首页文件，显示新闻列表，conn.asp 是数据库连接文件，addnews.asp 主要用来显示添加记录的表单

图 5-2 企业网站新闻系统目录结构与文件列表

页面，save.asp 是将新闻记录添加保存到数据库，show.asp 是显示新闻详细页，updatenews.asp 是修改新闻页面 ecnews.mdb 是数据库文件，用来保存记录，delete.asp 是用来删除新闻记录的文件，page.gjf 是图片文件。

任务二　数据库设计

1. 数据库准备工作

（1）首先，建立一个企业新闻数据库 ecnews.mdb，设计一个表，表名为 tbnews，表结构如图 5-3 所示。

字段名称	数据类型	
id	自动编号	
name	文本	发表新闻人的姓名
content	备注	发表新闻的内容
count	数字	新闻被浏览的次数
addtime	日期/时间	新闻发表的时间
title	文本	新闻标题

图 5-3　tbnews 表的字段设置

（2）在 tbnews 表中输入若干条记录，以方便后面的测试。

2. 连接数据库

要对数据库进行操作，首先要连接数据库，这里要用到 Connection 对象。利用下面的 conn.asp 程序代码可将网页与数据库连接起来。

```
<%
Dim conn
set conn=server.createobject("adodb.connection")
conn.open "DBQ="&server.mappath("ecnews.mdb")&";driver={microsoft access
driver (*.mdb)}"
%>
```

说明：

（1）第一句仅仅声明了一对象实例变量 conn。

（2）第二句利用 Server 对象的 CreateObject 方法，建立一个 Connection 对象实例 conn，注意这里是给对象变量赋值，需要用到 Set 关键字。

（3）利用 Connection 对象的 open 方法连接到数据源。

任务三　显示和管理数据库的企业新闻

1. 利用 Select 语句查询记录

要把记录显示在页面上，就需要用到 SQL 语言的 Select 语句。具体过程如下：

（1）利用 Connection 对象连接数据库。

（2）利用 Connection 对象的 Execute 方法执行一条 Select 语句，该方法就会返回一个记录集对象（Recordset）。

（3）在记录集中利用循环移动指针依次读取所有的记录。

2．将数据库中的企业新闻记录显示在首页页面上

index.asp 程序代码如下：

```html
<html>
<style type="text/css">
<!--
table {
    font-size: 9pt;
    text-decoration: none;
    border: 1px solid #000000;
a {
    font-size: 9pt;
    color: #000000;
    text-decoration: none;
}
-->
</style>
<body>
    <%
    ' 以下连接数据库，建立一个 Connection 对象实例 conn
    Dim conn,strConn
    Set conn=Server.CreateObject("ADODB.Connection")
    Conn.Open    "DBQ="&server.mappath("ecnews.mdb")&";driver={microsoft
access driver (*.mdb)}"
    ' 以下建立记录集，建立一个 RecordSet 对象实例 rs
    Dim rs,strSql
    strSql="Select * From tbnews Order By ID DESC"   '按自动编号字段降序排列
        Set rs=conn.Execute(strSql)  ' 执行后，返回记录集 rs
    ' 以下利用表格显示记录集 rs 中的记录
    %>
<table width="598" border="0" align="center" cellpadding="5" cellspacing="0">
  <tr align="center" bgcolor="#006666">
    <td><font color="#FFFFFF">新闻显示页面</font></td>
  </tr>
    <%do while not rs.eof%>
    <tr>
    <td height="28" align="left"><img src="page.gif" width="12" height="14">
 <a    href=show.asp?id=<%=rs("id")%>    target="_blank"><%=rs("title")%>
</a>   (<font  color="#006699"><%=rs("addtime")%> 发 表 </font>)<font
color="#006699"> 浏览过<%=rs("count")%>次</font></td>
    </tr>
    <%
    rs.movenext
    loop
    %>
</table>
</body>
</html>
```

程序运行结果如图 5-1 所示。

说明：执行 Conn.Execute 方法后，记录指针指向记录集 rs 的第一条记录，可利用 movenext 方法移动依次指向每条记录。当指针指向某条记录时，使用记录集变量（"字段名"）可以获取当前记录的指定字段的值。如上面代码中，rs("title")返回新闻的标题值。

3．企业新闻的添加

当希望增加一条新闻时，就需要在数据库中添加一条记录，此时就需要用到 SQL 语言的 Insert 语句。具体过程如下：

（1）首先利用 Connection 对象连接数据库。

（2）其次利用 Connection 对象的 Execute 方法执行一条 Insert 语句，就可以在数据库表中添加一条记录。

（3）为实现在线输入，可分两部分，一部分为普通表单，另一部分是表单处理程序。

在上面的页面中，我们可在首页 index.asp 中显示"添加记录"，并链接到 addnews.asp，具体方法可在上例代码中表格前面添加<a href="addnews.asp">添加记录</a>。

接下来，制作实现新闻记录的添加（addnews.asp 和 save.asp）两个页面。

addnews.asp 主要用来显示添加记录的表单，其代码如下：

```
<html>
<head>
<meta http-equiv="Content-Type" content="text/html; charset=gb2312">
<title>录入新闻</title>
<style type="text/css">
<!--
table {
    font-size: 9pt;
    text-decoration: none;
    border: 1px solid #000000;
}
-->
</style></head>
<body>
<form name="form1" method="post" action="save.asp">
  <table width="500" border="0" align="center" cellpadding="5"
cellspacing="0">
    <tr align="center" bgcolor="#006666">
      <td colspan="2"><font color="#FFFFFF">新闻录入</font></td>
    </tr>
    <tr align="center" bgcolor="#FFFFFF">
      <td align="right">录入时间:</td>
      <td align="left"><%=now()%></td>
    </tr>
    <tr align="center" bgcolor="#FFFFFF">
      <td align="right">新闻标题:</td>
      <td align="left"><input name="title" type="text" id="title" size="38">
</td>
    </tr>
```

```
        <tr>
          <td width="104" align="right">新闻内容:</td>
          <td  width="374"  rowspan="2"><textarea  name="content"  cols="50"
rows="8" id="content"></textarea></td>
        </tr>
        <tr>
          <td align="right"> </td>
        </tr>
        <tr>
          <td align="right">录入者:</td>
          <td><input name="name" type="text" id="name"></td>
        </tr>
        <tr align="center" valign="top">
          <td colspan="2"><input type="submit" name="Submit" value="确定提交">
   <input type="submit" name="Submit2" value="重新输入"></td>
        </tr>
    </table></form>
  </body></html>
```

本程序的运行是在首页 index.asp 中单击【添加记录】按钮，链接到 addnews.asp，显示添加新闻的表单，如图 5-4 所示。

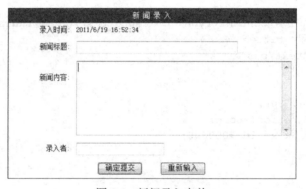

图 5-4　新闻录入表单

在上面的表单中填写相关信息后，单击【确定提交】按钮，将执行表单处理程序 save.asp。
save.asp 代码如下：

```
<!--#include file="conn.asp"-->
' 下面利用 Execute 方法添加记录
<%
dim vartitle,varname,varcontent,varcount,vartime,strsql
vartitle=trim(request.form("title"))
varname=trim(request.form("name"))
varcontent=request.form("content")
varcount=0
vartime=now( )
strsql="insert into tbnews(title,name,content,count,addtime) values('" &
vartitle & "','" & varname & "','" & varcontent & "'," & varcount & ",#" & vartime
& "#)"
```

```
conn.execute(strsql)                    '不需要返回记录集，直接添加记录到数据库
response.redirect "index.asp"
%>
```

说明：

- <!--#include file="conn.asp"-->的作用就是将conn.asp中的代码插入到当前asp文件中，就好像直接写在 save.asp 中一样，其作用是连接数据库。

其中，conn.asp 中的代码如下：

```
<% Dim conn
set conn=server.createobject("adodb.connection")
conn.open "DBQ="&server.mappath("ecnews.mdb")&";driver={microsoft access
driver (*.mdb)}" %>
```

- 在 strSQL 字符串中，由于包含了许多单引号和双引号，比较复杂。我们知道，在 SQL 语句中，文本字段值前后要加引号，又因为这里的 SQL 字符串中出现引号嵌套的情况，所以实际上文本字段值前后改为加单引号。
- 上面采用的 insert into 语句方法，还可以改用下面的记录集变量的 addnew 方法实现记录的添加。
- 完成记录添加后，最后一句 response.redirect "index.asp"，将重定向到 index.asp。如图 5-5 所示。

图 5-5　添加记录后的首页

4．重新改写 index.asp

以上内容实现了新闻的显示和添加。为了实现删除和更新，需要在首页中浏览次数的后面添加如下代码：

```
<a href="delete.asp?ID=<%=rs("ID")%>">删除</a>    
<a href="updatenews.asp?ID=<%=rs("ID")%>">更新</a>
```

说明：注意超链接中?后面的查询字符串，由于要把删除的记录编号传递到删除页面（delete.asp）中，本程序运行时会依次将当前记录的 ID 字段值输出在这里。如 rs("ID")=3，则删除的代码实际为<a href="delete.asp?ID=3">删除</a>，这样，在下面的 delete.asp 页面中，就可以利用 Request 对象的 QueryString 来获取 ID 值。更新记录也是如此。

重新改写 index.asp 后，运行结果如图 5-6 所示。

图 5-6　重新改写 index.asp 后的运行结果

5．利用 Delete 语句删除记录

当希望删除新闻记录时，就需要在数据库中删除记录，这就要用到 SQL 语言的 Delete语句。

删除记录也是利用 Connection 对象的 Execute 方法，不过也不需要返回记录集对象，具体过程和添加记录非常相似。

删除记录（delete.asp），代码如下：

```
<!--#include file="conn.asp"-->
<%
'以下删除记录，注意这里要用到由 index.asp 传过来的要删除的记录的 ID
Dim strSql
strSql="Delete From tbnews Where ID=" & Request.QueryString("ID")
conn.Execute(strSql)  '不需要返回记录集，直接删除
'删除完毕后，返回首页
Response.Redirect "index.asp"
%>
```

说明：

（1）delete.asp 不能单独运行，必须在 index.asp 中单击【删除】按钮删除链接。

（2）该程序并不需要在页面输出任何内容，所以其中省略了 HTML 标记。

任务四　利用 Recordset 对象存取数据库

在上面的例子中，利用 Connection 对象很方便地实现了记录的查询、添加记录和删除记录，但上面的方法返回的记录指针只能向前移动，且记录集是只读的。ADO 还提供了功能强大的 Recordset 对象，利用 Recordset 对象的一些属性和方法，可更加精确地控制指针的行为，提高查询和更新结果的能力。

1．利用 Recordset 对象的 AddNew 方法添加记录

向表中插入新记录时，除了前面的 Insert 方法，还可使用 Recordset 对象的 AddNew 方法，具体实现过程如下：

- 向表中插入一条空记录。
- 通过赋值语句向该记录的不同字段赋值。
- 通过 Update 方法完成对数据库的数据真正更新。

仍以上面新闻添加为例（save.asp），利用 Recordset 对象的 AddNew 方法改写如下。

【例 5-1】 使用 AddNew 方法改写 save.asp

主要代码如下：

```
<%
set rs=server.createobject("adodb.recordset")
sql="select * from tbnews"
rs.open sql,conn,1,3                              '打开表 tbnews，得到记录集 rs
rs.addnew                                         '向表中插入一条空记录
rs("title")=trim(request.form("title"))           '向每一个字段赋值
rs("name")=trim(request.form("name"))
rs("content")=server.htmlencode(request.form("content"))
rs("count")=0
rs("addtime")=now()
rs.update                                         '数据真正更新
rs.close
set rs=nothing
response.redirect "index.asp"
%>
```

说明：虽然连接对象的 Execute 方法也能用 Insert 命令实现记录的插入，但对于有较多字段名和多个字段值的情况来说，用 Insert 命令实现记录的插入书写代码比较麻烦，而且容易写错，不适合大量字符串的插入。相比之下，采用记录集对象的 Addnew 方法就方便多了。因此，Addnew 方法插入记录时更为常用。

2. 利用 Recordset 对象的 Update 方法更新记录

当需要修改某条新闻信息时，在 index.asp 页面中单击【更新】超链接，将链接到 updatenews.asp 页面，如图 5-7 所示。

图 5-7　企业新闻修改页面

【例 5-2】 用 Update 方法更新企业新闻信息

详细代码如下（updatenews.asp）：

```
<!--#include file="conn.asp"-->
<%
id=request.querystring("id")
set rs=server.createobject("adodb.recordset")
editsql="select * from tbnews where id="&id
rs.open editsql,conn,1,3
%>
```

```
<%
if request.form("active")="" then
else
rs("title")=trim(request.form("title"))
rs("content")=server.htmlencode(request.form("content"))
rs("name")=trim(request.form("name"))
rs.update
response.redirect "index.asp"
end if
%>
<html>
<head>
<meta http-equiv="Content-Type" content="text/html; charset=gb2312">
<title>新闻编辑页面</title>
<style type="text/css">
<!--
table {
    font-size: 9pt;
    text-decoration: none;
    border: 1px solid #000000;
}
-->
</style>
</head>
<body>
<form name="form1" method="post" action="">
  <table   width="500"   border="0"   align="center"   cellpadding="5"
cellspacing="0">
    <tr align="center" bgcolor="#006666">
     <td colspan="2"><font color="#FFFFFF">新 闻 修 改 编 辑</font></td>
    </tr>
    <tr align="center" bgcolor="#FFFFFF"> <td align="right">新闻标题:</td>
  <td align="left"><input name="title" type="text" id="title2" value=<%=
rs("title")%> size="38"></td></tr>
    <tr> <td width="104" align="right">新闻内容:</td>
     <td  width="374"  rowspan="2"><textarea  name="content"  cols="50"
rows="8" id="content"><%=rs("content")%></textarea></td> </tr>
    <tr> <td align="right"> </td> </tr>
    <tr> <td align="right">录入者:</td>
     <td><input name="name" type="text" value=<%=rs("name")%> id="name">
</td>
    </tr>
    <tr align="center" valign="top">
     <td   colspan="2"><input  name="active"  type="hidden"  id="active"
value="yes">
       <input type="submit" name="Submit" value="确定提交">   
 
       <input type="reset" name="Submit2" value="重新输入"></td>
    </tr>
  </table>
</form></body></html>
```

说明：用 Update 方法修改记录一般要设计三个页面，一是用于确定修改哪条记录的输入或选择页面；二是显示原始值并进行修改页面；三是执行具体修改操作。上面的代码中引入了隐藏域，并将后两个页面合并为一个文件，请大家注意体会其中的隐藏域的作用。

3. 显示新闻的详细页面

当单击某新闻标题链接时，则进入本新闻详细内容显示页面，此页的功能是接收上一页传送过来的新闻 id 号，用 SQL 语句从数据库中筛选出来并显示。本页显示效果如图 5-8 所示。

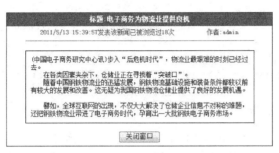

图 5-8　显示企业新闻详细内容页面

【例 5-3】显示新闻的详细页面 show.asp

分析： 通过在首页单击新闻链接，将 id 传递给 show.asp 页面，在 show.asp 页面中，通过 Request 的 QueryString 方法获取 id，进而在数据库中查询，将返回的记录集在页面中显示。

show.asp 程序代码如下：

```
<!--#include file="conn.asp"-->
<%
    if not isempty(request.querystring("id")) then
    id=request.querystring("id")
    else
    id=1
    end if   '判断传递过来的参数是否为空，不空就赋值给参数，空就赋值1
%>
<%
set rs=server.createobject("adodb.recordset")
sql="select * from tbnews where id="&id  '根据传递过来的id构造sql查询
rs.open sql,conn,1,3   ' 打开记录集
rs("count")=rs("count")+1   ' 浏览次数加1
rs.update
%>
<style type="text/css">
<!--
table {
    font-size: 9pt;
    text-decoration: none;
    border: 1px solid #000000;
```

```
}
-->
</style>
<html>
<body>
<table width="500" border="0" align="center" cellpadding="5" cellspacing="0">
  <tr align="center" bgcolor="#0099CC">
    <td colspan="3"><font color="#FFFFFF">标题:<%=rs("title")%></font></td>
  </tr>
    <tr align="center">
    <td colspan="3"><%=rs("addtime")%>发表该新闻已被浏览过<%=rs("count")%>次
   作者:<font color="#FF0000"><%=rs("name")%></font><br> <hr
width="88%" size="1"></td> </tr>
    <tr> <td colspan="3"><table width="88%" border="0" align="center"
cellspacing="8" >
    <tr> <td><%=(rs("content")%></td> </tr> </table>
 <div align="center"><br>
    <input type="button" name="Submit" value="关闭窗口"
 onClick="javascritp:window.close()"> </div></td> </tr></table>
</body></html>
```

任务五　实现一个带有后台的新闻发布系统

在前面的案例中，我们开发了一个企业网站的新闻发布系统程序，但这个系统并不完善，仍存在很多问题。

问题一：企业网站前台的新闻首页是给客户浏览用的，不应该具备管理功能，如新闻的添加、删除以及更新，这些功能在模块三中，都集中在了企业新闻的首页。

问题二：企业新闻系统是没有后台的，实际上，添加、删除以及新闻的更新，这些功能都应该放在网站的后台由专门的管理员来维护。因此，要给前面的系统加一个后台入口，只有具有权限的用户才能登录后台。

问题三：企业新闻的添加与更新都要用到编辑器，在前面的程序中，是通过一个多行文本域来实现编辑器的，不具备基本的排版以及图片上传等功能，与真正的商业网站相去甚远。

本节将在前面案例的基础上，实现一个带有后台的企业新闻系统，其主要功能有：通过后台的入口口令验证来保证只有管理员才能登录；通过后台实现企业新闻的管理；通过借助 eWebEditor 在线 HTML 编辑器让网站的后台强大起来，实现更加方便、高效的管理。

1. 企业新闻系统设计

（1）数据库设计。同前，如图 5-3 所示。

（2）功能设计。网站系统分为前台和后台两部分构成。

① 前台部分：首页上显示企业新闻，单击各新闻的标题可以查看详细信息（包括新闻的内容、发布时间等），如图 5-9 所示。

② 后台部分：通过登录页面和一个密码验证页面进入后台新闻管理页面，后台的每一

个页面都要加入一个登录验证，避免没有登录的非法用户直接在浏览器地址栏输入后台网页文件的网址进而打开后台的网页页面。新闻管理页面提供"添加新闻"、"修改新闻"、"删除新闻"的功能，编辑器采用在线编辑器 eWebEditor。

<table>
<tr><td colspan="2" align="center">企业新闻显示页面</td></tr>
<tr><td>□ 敦煌网移动电子商务平台升级 （2011/7/12 6:21:26发表） 浏览过0次</td></tr>
<tr><td>□ 第四届网商及电子商务生态学术研讨会 （2011/7/12 6:17:43发表） 浏览过0次</td></tr>
<tr><td>□ 移动营销的互联网实现 （2011/7/12 6:15:26发表） 浏览过0次</td></tr>
<tr><td>□ 全国大学生网络营销能力秀班级排名 （2011/6/18 20:40:14发表） 浏览过3次</td></tr>
<tr><td>□ 电子商务为物流业提供良机 仓储业寻找突破口 （2010/5/13 15:39:57发表） 浏览过8次</td></tr>
</table>

图 5-9　前台新闻显示页面

（3）目录结构设计如表 5-1 所示。

表 5-1　目录结构设计

根　目　录	说　　明
admin 文件夹	后台文件夹，包含 login.asp（后台登录页面）、 manage.asp（后台管理页面）、addnews.asp(添加新闻页面)、save.asp（保存新闻）、del.asp（删除）、edit.asp（编辑新闻）、cklogin.asp（密码验证）、loginout.asp（退出后台）、conn.asp（数据库连接）、ewebeditor 文件夹（在线编辑器）
data 文件夹	存放 Ecnews.mdb 数据库文件
images 文件夹	存放图片文件
conn.asp	数据库连接文件
index.asp	新闻首页
show.asp	显示新闻详细内容页面
foot.asp	版权信息

2．前台功能实现

由于前台页面去掉了管理功能，只保留了新闻标题的显示，所以这里的 index.asp 代码基本与前面案例相同，不再赘述。

3．后台功能实现

（1）登录页面。后台登录页面主要由一个表单组成，这里把样式和表格布局的一些代码略去，其核心代码如下。

【例 5-4】登录页面

主要代码如下（login.asp）：

```
<form name="form1" method="post" action="cklogin.asp">
  <input name="username" type="text" id="username">
  <input name="password" type="password" id="password">
  <input type="submit" name="Submit" value="确定进入">
  <input type="reset" name="Submit2" value="重新输入">
</form>
```

运行结果如图 5-10 所示。

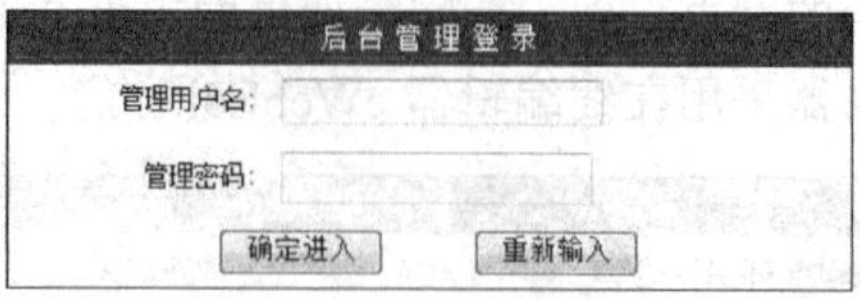

图 5-10　后台登录入口

（2）密码验证页。密码验证即验证用户提交的用户名、密码等信息是否正确。如果正确，允许其进入后台，访问后台的其他页面；如果不正确，则提示其密码错误，并回到登录页面进行重新输入。

【例 5-5】密码验证

主要代码如下（cklogin.asp）：

```
<%
name=trim(request.Form("username"))
pass=trim(request.form("password"))
if name="" or pass="" then
response.write "<script language=javascript>
alert('对不起未输入,请返回');history.go(-1)</script>"
end if
if name="admin" and pass="admin" then
session("dzsw")="yes"  ' 通过验证,给 session("dzsw")赋值
response.redirect "manage.asp"
else
response.write "<script language=javascript>alert('对不起,密码输入错误');
history.back(-1)</script>"
end if
%>
```

说明：上面的密码验证如通过，则记录 session("dzsw")的值，然后，后台其他页面就可以通过判断该 Session 变量是否为空来断定其是否进行了登录。在例 5-5 中，用户名和密码被固定为 admin，主要是为了简化程序、突出重点。事实上，更常用的做法是将用户名和密码保存在数据库中，在验证页面将用户登录时提交的用户名和密码与数据库中保存的记录进行比较。

（3）后台管理页面。用户从后台登录后，进入后台管理页面，如图 5-11 所示。

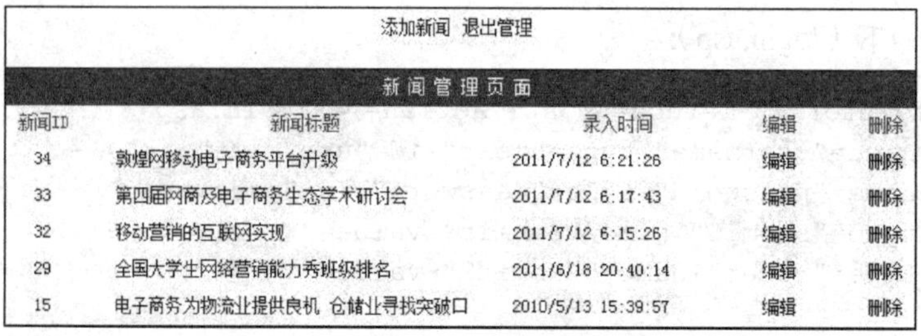

图 5-11　后台管理页面

【例5-6】后台管理

详细代码如下（manage.asp）：

```
<!--#include file="conn.asp"-->
<%
dim guanli
guanli=session("dzsw")
if guanli="" then
response.redirect "login.asp"
end if
%>
<%
sql="select * from tbnews order by id desc"
set rs=db.execute(sql)
%>
<html><head>
<meta http-equiv="Content-Type" content="text/html; charset=gb2312">
<title>企业新闻系统管理页面</title>
<style type="text/css">
table {
    font-size: 9pt;
    text-decoration: none;
    border: 1px solid #000000;
}
a {
    font-size: 9pt;
    color: #000000;
    text-decoration: none;
}
</style></head>
<body>
<p align="center"><font color="#FFFFFF"><a href="add.asp">添加新闻</a>
</font><a href="loginout.asp">退出管理</a></p>
<table width="666" border="0" align="center" cellpadding="5"
cellspacing="0">
  <tr align="center" bgcolor="#006699">
    <td colspan="5"><font color="#FFFFFF">新 闻 管 理 页 面</font></td>
  </tr>
  <tr align="center">
    <td width="80"><font color="#FF0000">新闻 ID</font></td>
    <td width="266"><font color="#FF0000">新闻标题</font></td>
    <td width="143"><font color="#FF0000">录入时间</font></td>
    <td width="62"><font color="#FF0000">编辑</font></td>
    <td width="63"><font color="#FF0000">删除</font></td>
  </tr>
  <%do while not rs.eof%> <tr>
    <td align="center"><%=rs("id")%></td>
  <td><a href=../show.asp?id=<%=rs("id")%> target="_blank"><%=rs("title")%>
</a>
  </td> <td><%=rs("addtime")%></td>
```

```
<td align="center"><a href="edit.asp?id=<%=rs("id")%>">编辑</a></td>
<td align="center"><a href="del.asp?id=<%=rs("id")%>">删除</a></td> </tr>
<%
rs.movenext
loop
%>
</table><br><!--#include file="../foot.asp"-->
</body></html>
```

说明：从功能上来讲，后台管理页面与模块三中重新改写后的 index.asp 基本相同。不同之处是例 5-6 加了密码验证，多出两个超链接。

（4）后台在线编辑器的完善。后台管理页面中涉及了新闻的添加、删除和更新。其中添加和更新都要用到编辑器。在前面的案例中，编辑器是通过一个多行文本域来完成的，显然，它的功能太简单了。下面介绍如何用在线编辑器 eWebEditor 来改进多行文本域，如图 5-12 所示。

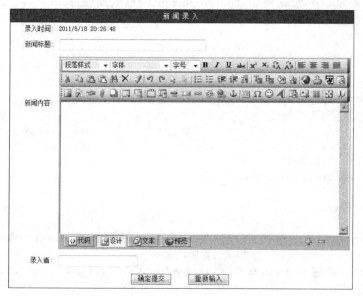

图 5-12　在线编辑器

首先，来介绍 eWebEditor 的特点：

- eWebEditor 是基于浏览器的、所见即所得的在线 HTML 编辑器。它能够在网页上实现许多桌面编辑软件（如 Word）所具有的强大可视编辑功能。Web 开发人员可以用它把传统的多行文本输入框<textarea>替换为可视化的富文本输入框，使最终用户可以可视化地发布 HTML 格式的网页内容。
- 调用简单：简单到只要一行代码即可完成 eWebEditor 的调用。
- 上传文件包括图片更加方便：内附文件上传功能。

接下来，下载 eWebEditor 编辑器（免费版或试用版），将其文件夹放到后台管理文件夹 admin 下面。然后修改后台页面，这里以添加新闻页面（见例 5-2）addnews.asp 代码为例。在 addnews.asp 代码中找到下面这一行：

```
<textarea name="content" cols="50" rows="8" id="content">
```

将其改为：

```
<textarea name="content" style="display:none"></textarea>
```

其中 style="display:none" 决定了这个文本域是隐藏的，是不可见的。

接下来，调用 eWebEditer。在 textarea 域的后面，只需加入一行代码：

```
<iframe id="eWebEditor1" src="ewebeditor\ewebeditor.htm?id=content" frameborder
= "0" scrolling="no" width="500" height="350"></iframe>
```

其中 src="ewebeditor\ewebeditor.htm?id=content "中 id=后面的参数必须和 textarea 域的
name 属性的值一致。

【例 5-7】修改后的 addnews.asp

代码如下：

```
<!--#include file="conn.asp"-->
<%
dim guanli
guanli=session("dzsw")
if guanli="" then
response.redirect "login.asp"
end if
%>
<html><body>
<form name="form1" method="post" action="save.asp">
<table width="650" border="0" align="center" cellpadding="5"
cellspacing="0">
<tr align="center" bgcolor="#006699">
<td colspan="2"><font color="#FFFFFF">新 闻 录 入</font></td>
</tr>
<tr align="center" bgcolor="#FFFFFF">
<td align="right">录入时间:</td> <td align="left"><%=now()%></td></tr>
<tr align="center" bgcolor="#FFFFFF"><td align="right">新闻标题:</td>
<td align="left"><input name="title" type="text" id="title" size="38"></td>
</tr>
<tr> <td width="104" align="right">新闻内容:</td>
<td width="374" rowspan="2">
<textarea name="content" cols="50" rows="8" id="content"
style="display:none">
</textarea>
<iframe id="eWebEditor4" src="eWebeditor\ewebeditor.htm?id=content"
frameborder="0"
scrolling="no" width="550" height="350"></iframe>
</td></tr> <tr> <td align="right"> </td> </tr>
<tr> <td align="right">录入者:</td>
<td><input name="name" type="text" id="name"></td></tr>
<tr align="center" valign="top">
```

```
<td colspan="2"><input type="submit" name="Submit" value="确定提交">  
<input type="submit" name="Submit2" value="重新输入"></td>
</tr></table></form>
</body>
</html
```

说明：后台的新闻更新也要用到在线编辑器，使用方法与例 5-7 类似，程序由大家自己完善。

任务六　留言模块开发

留言板是企业电子商务网站与客户实现交互的主要方式之一。下面先从一个简单的留言板开始。

1．留言板的总体设计

留言板大致包含以下五部分。

- 留言表单：用户在表单中输入信息，然后提交。
- 处理留言的 ASP 程序：接收访问者的留言并记录下来。
- 查看留言的网页：一般作为留言板的首页来显示。(但如果不想公开访问者的留言，则可以省略这个网页。)
- 删除留言的 ASP 程序：当用户留言内容出现广告或其他不良信息时，可由管理员删除留言。
- 存储留言：由于采用数据库在检索、管理等方面都会带来非常大的便利，所以这里采用数据库来存储访问者留言。

根据上面的分析，留言板包括以下主要文件。

（1）数据库文件 guest.mdb。由于留言板比较简单，只有一张表，其中包括编号、留言主题、留言内容、留言人姓名、留言人 E-mail、留言时间及回复等字段。如图 5-13 所示。

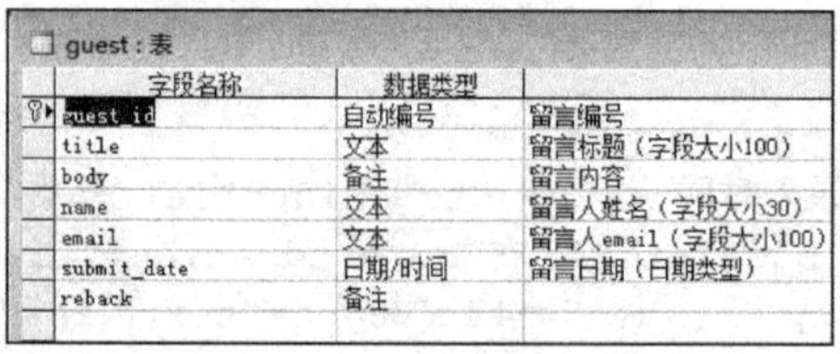
guest : 表

字段名称	数据类型	
guest_id	自动编号	留言编号
title	文本	留言标题（字段大小100）
body	备注	留言内容
name	文本	留言人姓名（字段大小30）
email	文本	留言人email（字段大小100）
submit_date	日期/时间	留言日期（日期类型）
reback	备注	

图 5-13　留言板的表结构

（2）首页 index.asp：显示一个添加留言的表单和所有留言。

（3）添加留言 add.asp：用户在表单中输入留言内容，提交到本页面，实现添加留言。

（4）删除留言 delete.asp：单击首页中的删除链接，可打开本页面。

（5）数据库连接文件 conn.asp。

2．留言板的实现

（1）留言板首页 index.asp。留言板首页页面结构比较简单，分为两部分：一是添加留言的表单，填写留言完毕表单，单击【提交】按钮后，提交到 add.asp 中去处理，处理完毕后再引导回显示留言页面 index.asp；二是显示已有留言，如图 5-14 所示。

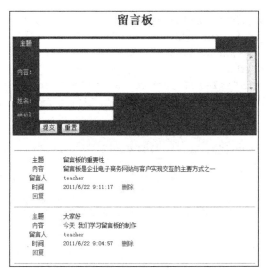

图 5-14 留言板首页显示效果

【例 5-8】留言板首页

程序代码如下（index.asp）：

```
<!-- #include file="conn.asp" --><html><body>
<form id="form1" name="form1" method="post" action="add.asp">
<table width="500" bgcolor="#006666" >
<tr> <td width="16%" class="STYLE1">主题</td>
<td width="84%" align="left"> <input type="text" name="txttopic" size="50"
/> </td>
</tr><tr><td >内容：</td> <td align="left">
<textarea name="txtcontent" cols="60" rows="5"></textarea></td> </tr>
<tr><td >姓名：</td><td align="left"><input type="text" name="txtname"
/></td></tr><tr>
<td >email:</td> <td  align="left"><input  type="text"  name="txtemail"
/></td></tr>
<tr><td> </td><td align="left">
        <input type="submit" name="Submit" value="提交" />
        <input type="reset" name="Submit2" value="重置" />
    </td></tr></table></form>
<%
    '现在开始显示已有留言
    Dim Sql,rs                               '声明变量
    Sql="Select guest_id,title,body,name,email,submit_date,reback From guest "
    Sql=Sql & " Order By submit_date desc "
    Set  rs=db.Execute(Sql)                  '返回一个Recordset对象
    If Not rs.Bof And Not rs.Eof Then        '如果有记录，就接着执行
    do while not rs.eof
%>
    <table border="0" bordercolor="#8800FF" width="500" align="center">
<tr> <td colspan=2><hr></td></tr>
    <tr><td  width=20%> 主 题 </td><td  align="left"><%=rs("title")%></td>
</tr>
```

```
        <tr><td>内容</td><td align="left"><%=rs("body")%></td></tr>
        <tr><td>留言人</td><td align="left"><a href="mailto:<%=rs("email")%>">
  <%=rs("name")%></a></td></tr>
        <tr><td>时间</td>
        <td align="left"><%=rs("submit_date")%>   
  <a href="delete.asp?id=<%=rs("guest_id")%>">删除</a></td>
        </tr>
        <tr><td><a
href="readd.asp?id=<%=rs("guest_id")%>&title=<%=rs("title")%>">回复</a></td>
<td align="left"><%=rs("reback")%></td> </tr>
    </table>
    <%
        rs.MoveNext        '将记录指针移动到下一条记录
        Loop
    %>
    <%end if %>
    </body></html>
```

说明：为突出重点代码，部分代码如样式及客户端验证略去，详细代码请参考本书的案例素材。

（2）添加留言程序 add.asp。当浏览者填写留言并提交后，就可以调用程序 add.asp，该文件会将留言信息接收并保存到数据库中，最后引导回显示留言页面 index.asp。这个程序不涉及页面输出。代码如例 5-9 所示。

【例 5-9】添加留言程序

主要代码如下（add.asp）：

```
<!-- #include file="conn.asp" -->
<%
dim title,body,author,email
title=request.Form("txttopic")
body=server.htmlencode(request.form("txtcontent"))
body=replace(body,chr(13),"<br>")
author=request.form("txtname")
email=request.form("txtemail")
dim strsql
if body<>"" then
strsql="insert   into   guest(title,body,name,email,submit_date)   values
('"&title&"','"&body
&"','"&author&"','"&email&"',#"&now()&"#)"
conn.execute(strsql)
end if
conn.close
response.Redirect "index.asp"
%>
```

【例 5-10】删除留言程序（delete.asp）

因为只有管理员才有权限删除留言，所以在删除语句前加了一个验证表单，当密码正确才继续真正地删除留言；不正确则输出提示，不执行删除。默认密码为 123，可以根据需要进行修改。本程序删除成功后会自动转向到显示留言页 index.asp。删除留言程序详细代码如下：

```
<!-- #include file="conn.asp" -->
<html>
<body>
<%
dim id,strsql
id=request.querystring("id")
%>
<form action="" method="post"> <p align="center">请输入管理员密码：
  <input type="text" name="password">
    <input type="submit" name="Submit" value="提交">
  <input type="hidden" name="id" value="<%=id%>">
 </form>
<%
if request.form("password")="123" then
strsql="delete from guest where guest_id="&request.Form("id")
conn.execute(strsql)
conn.close
response.redirect("index.asp")
elseif request.form("password")<>"" then
response.write "密码错误！"
end if
%>
</body>
</html>
```

说明：上面的留言板程序没有给出数据库连接文件 conn.asp 和留言回复功能，请大家自己完成。

3. 制作具有分页功能的留言板

如何实现 ADO 存取数据库时的分页显示？分页功能在动态网站制作过程中的应用是非常普遍的。比如很多论坛网站为提高页面的读取速度，一般不会将所有的帖子全部在一页中罗列出来，而是将其分成多页显示，每页显示一定数目的帖子数，如 20 条。这就是数据库查询的分页显示。

（1）PageSize 属性。PageSize 属性是决定 ADO 存取数据库时如何分页显示的关键，使用它可以决定多少记录组成一个逻辑上的"一页"。即设定并建立一个页的大小，从而允许使用 AbsolutePage 属性移到其他逻辑页的第一条记录。

（2）PageCount 属性。使用 PageCount 属性，决定 Recordset 对象包括多少"页"的数据。这里的"页"是数据记录的集合，大小等于 PageSize 属性的设定，即使最后一页的记录数比 PageSize 的值少，最后一页也算是 PageCount 的一页。必须注意并不是所有的数据提供者都支持此项属性。

（3）AbsolutePage 属性。AbsolutePage 属性设定当前记录的位置是位于哪一页的页数编号；使用 PageSize 属性将 Recordset 对象分割为逻辑上的页数，每一页的记录数为 PageSize

（除了最后一页可能会有少于 PageSize 的记录数）。

（4）AbsolutePosition 属性。若需要确定目前指针在 RecordSet 中的位置，可以用 AbsolutePosition 属性。该属性的数值为目前指针相对于第一条记录的位置。

（5）RecordCount 属性。我们常用 RecordCount 属性来找出一个 Recordset 对象包括多少条记录。

在了解了 Recordset 对象的以上属性和方法后，接下来考虑如何运用它们来改写留言板程序，使得留言板能实现自动地分页显示。

【例 5-11】分页显示留言程序

主要代码如下：

```
<%
'现在开始显示已有留言
Dim Sql,rs                                  '声明变量
Sql="Select guest_id,title,body,name,email,submit_date,reback From guest"
Sql=Sql & " Order By submit_date desc,guest_id desc"'这里用了两个字段排序
set rs=server.CreateObject("adodb.recordset")
 rs.open Sql,conn,1,3                       '返回一个 Recordset 对象
  If Not rs.Bof And Not rs.Eof Then         '如果有记录,就接着执行
'下面一段判断当前显示第几页
dim page_no
if request.QueryString("page_no")<>"" then
page_no=cint(request.QueryString("page_no"))'如选择了页码,就令其为指定页码
else
page_no=1                                   '如是第一次打开,为 1
end if
rs.pagesize=5                               '每页显示多少条
rs.absolutepage=page_no                     '设置当前显示第几页
dim i
i=rs.pagesize                               '该变量用来控制显示当前页记录
do while not rs.eof and i>0                 '循环直到当前页结束或记录集结尾
 i=i-1
%>
<table border="0" bordercolor="#8800FF" width="500" align="center">
<tr><td colspan=2><hr></td></tr>
<tr><td width=20%>主题</td><td align="left"><%=rs("title")%></td></tr>
<tr><td>内容</td><td align="left"><%=rs("body")%></td></tr>
<tr><td>留言人</td>
<td align="left"><a href="mailto:<%=rs("email")%>"><%=rs("name")%></a></td>
</tr><tr><td>时间</td>
<td align="left"><%=rs("submit_date")%>   
<a href="delete.asp?id=<%=rs("guest_id")%>">删除</a></td>
</tr>
<tr><td><a href="readd.asp?id=<%=rs("guest_id")%>&title=<%=rs("title")%>">
回复</a></td> <td align="left"><%=rs("reback")%></td> </tr>
</table>
<% rs.MoveNext                              '将记录指针移动到下一条记录
Loop
```

```
for i=1 to rs.pagecount '显示页数信息，从 1 到总页数，如不是当前页，就加上超链接
if i<>page_no then
response.write "<a href='index.asp?page_no="&i&"'>"&i&" </a>"
else
    response.Write i&" "                '如是当前页，就不加超链接
    end if
    next
    %>
<%end if %>
```

（二）相关术语

1. ADO

ADO 是一组具有访问数据库功能的对象和集合。它是微软对所支持的数据库进行操作的最有效和最简单直接的方法，用于访问存储在数据库或其他表格式数据结构中的数据。

2. Connection

Connection 称为数据库连接对象，主要负责建立与数据库的连接。

3. Recordset 对象

Recordset 称为记录集对象，用于返回从数据库查询到的记录。

（三）案例分析

本案例中完成了数据库的设计和前后台设计，并利用 Connection 对象将网页与数据库实现了连接，利用 Connection 对象和 Recordset 对象完成了记录的显示、添加、删除和更新，一个简单的带有后台的企业新闻系统基本完成。"麻雀虽小，五脏俱全"，尽管这个系统比较小，但通过剖析加上亲自动手实践，可以掌握很多电子商务网站开发的方法和技巧。大家可以在此基础上加以完善和补充，实现更多的功能，例如页面的风格、新闻的分类、分页显示等。

案例二 网上书店网站开发

（一）案例详解

本案例将综合利用前面所学知识，制作一个具有网上购物功能的电子商务网站——网上书店。

任务一 网站需求定位与功能模块划分

1. 需求分析

首先需要为网上书店做一个简单地需求分析。网上书店的核心功能是提供图书的在线零售业务。用户的最基本需求就是可以方便地在线浏览网上书店中提供的各种图书，也可以在线订购所需要的图书。而管理员的基本需求就是可以维护客户注册信息、维护图书信息、处理订单信息、维护系统公告、网上售书。

2．功能模块划分

综合以上需求，确定网站的功能如下。

功能一：用户注册功能，需要填写用户名、密码、确认密码、地址、邮编、邮箱等用户信息。

功能二：用户登录功能。使用已经注册过的用户名和密码进行登录，经过系统确认正确后，即可进入下一步操作。

功能三：浏览搜索图书功能，用户可以通过输入想要找的图书的关键字进行查询，然后从若干本书中进行浏览，挑选出自己想要的图书。

功能四：购物车功能，用户在浏览网页和查找图书的过程中，如果选中某一本书，就可以随时将它添加到自己的购物车中。在购物车中，还可以修改数量和删除图书，并且能计算出用户购买图书的实际价格，让用户明白自己的消费情况。

功能五：结账功能。当用户将挑选好的图书放到购物车，并决定要购买这些图书时，可以结账，生成订单及订单号，此时必须判断当前用户是否登录，如果未登录，要先登录。

功能六：排行榜功能，该功能是将网站上的所有图书按照销售量进行排序显示，并将网站上的所有图书按照上传日期进行排序再显示。

功能七：书店网站管理员对图书进行分类管理功能，该功能包括添加图书、修改图书、删除图书、添加图书类型、修改图书类型、删除图书类型并且显示出所有的图书类型和图书信息（如书号、名称等）。

功能八：书店网站管理员对网站的用户进行管理，该功能是指管理员可以维护客户注册信息、维护图书信息、维护系统公告，同时，还可以将一些使用不规范的用户或者长期不用的用户删除。

3．网站架构

从结构上来讲，可将上面的功能分为两大部分，一是面向用户的前台，二是面向管理员的后台，如图 5-15 所示。

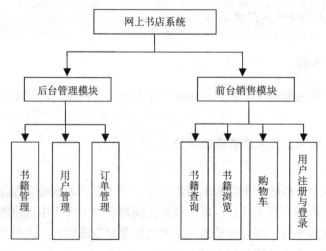

图 5-15　网上书店架构

任务二 数据库设计

数据库是整个网站的基础，因此必须在数据库设计好以后，才能完成其他模块的实施。

1．用户信息表（表名：users）

用来存放用户的注册信息，表结构如图 5-16 所示。

字段名称	数据类型	
UserID	文本	用户名
UserType	文本	用户类型：A表示管理员 N 表示普通客户
Password	文本	密码
RealName	文本	真实姓名
Address	文本	通讯地址
Postalcode	文本	邮政编码
Sex	文本	性别
Tel	文本	电话
Email	文本	电子信箱
QQ	文本	QQ号码
Intro	备注	简介
SubmitDate	日期/时间	注册日期
TotalNum	数字	总购买数量
TotalMoney	货币	总购买金额

图 5-16 users 表结构

2．图书信息表（表名：book）

用来存放图书的信息，表结构如图 5-17 所示。

字段名称	数据类型	
BookId	自动编号	图书编号
BookName	文本	名称
BookAuthor	文本	作者
BookPrice	数字	价格
BookNum	数字	进书数量
Picture	OLE 对象	图书封面图片，直接保存在数据库中
BookIntro	备注	图书简介
BookIndex	备注	图书目录
KindId	数字	类别编号，与kind中的id字段对应
SubmitDate	日期/时间	上架日期

图 5-17 book 表结构

3．图书类型表（表名：kind）

用来存放图书的类型，结构如图 5-18 所示。

4．订单表（表名：orders）

用来存放用户的订单信息，结构如图 5-19 所示。

字段名称	数据类型	
OrderId	自动编号	订单编号
UserId	文本	用户名
TotalNum	数字	该订单图书数量
TotalMoney	货币	该订单图书总金额
SubmitDate	日期/时间	购买日期
Consign	是/否	是否发货，发货为True，否则为False
ConsignDate	日期/时间	发货日期

字段名称	数据类型	
KindId	自动编号	图书类别编号
KindName	文本	图书类别名称

图 5-18 kind 表结构   图 5-19 orders 表结构

5．订单详细信息表（表名：orders_particular）

用来存放订单的详细信息，结构如图 5-20 所示。

图 5-20　orders_particular 表结构

数据库设计完成以后，可以先在各个表中添加一些测试数据，以方便在后边的程序设计过程中使用。

任务三　主要模块设计

1. 用户注册与登录模块

电子商务网站通常都提供用户注册与登录模块。当用户第一次访问时，可以注册一个用户名，以后就可以用这个用户名和密码进行登录了。新用户注册时需要提供一系列信息，这些用户信息与网站的经营密切相关，因此保存这些用户信息显得尤为重要。同时，注册与登录功能的实现还可以有效地防止恶意用户的非法破坏。

（1）注册页面（reg1.asp、reg2.asp、reg3.asp）。在本例中，新用户在首页单击【注册】按钮，显示本系统的用户注册界面（reg1.asp），输入用户名，要求大于或等于 4 位，小于 20 位，密码与确认密码必须一致。然后，进入用户详细信息注册（reg2.asp），完成后提交到 reg3.asp，显示注册成功。

① reg1.asp 显示用户注册界面，如图 5-21 所示。

图 5-21　用户注册界面

reg1.asp 的主要代码如下：

```
<!--#include file="../conn.asp"-->
<html><head> <script language="javascript">
        function check_Null(){
            if (document.form1.UserId.value==""){
                alert("用户名不能为空!");
                return false;
            }
            if (document.form1.password.value==""){
                alert("密码不能为空!");
                return false;
            }
            if (document.form1.password.value!=document.form1.password2
.value){
                alert("密码和密码确认必须一致!");
                return false;
```

```
                    }
                return true;
                }
            </script></head>
    <body > <table width="607" border="0" align="center" cellpadding="0"
cellspacing="0">
    <tr> <td align="center" bgcolor="#FFFFFF">
    <h3 align="center"><font color="#AB0000">用户注册</font></h3>
    <form onSubmit="javascript: return check_Null();" action="" method="post">
    <table width="80%" border=0 >
    <tr ><td width="21%" height="25">用户名</td>
    <td width="79%"><input size=15 name="UserId" class="inputbox">
    <font color=#990000>* </font>（大于或等于 4 位，小于 20 位）</td></tr>
    <tr bgcolor="#FFFFFF"> <td height="25">密 码</td>
    <td><input type="password" name="password" >
        <font color=#990000>* </font></td></tr>
    <tr bgcolor="#FFFFFF"> <td height="25">确认密码</td>
    <td><input type="password" name="password2" >
    <font color=#990000>* </font></td></tr></table><br>
    <input type=submit value="确定" name="submit"  >
    </form>
    <% ' 各项验证正确无误，则可继续注册，否则返回
    if request("UserId")<>"" then ' 先检验账号，如果正确，则 exit_flag 为 0，否则为 1
    Dim exit_flag,strTemp
    exit_flag=0
    if len(request("UserId"))<4 or len(request("UserId"))>20 Then
    strTemp="<br>用户名必须大于 4 位小于 20 位"
        exit_flag=1
    end if
    Dim strSql,rs
    strSql="Select UserId From Users Where UserId='" & request("UserId") & "'"
    set rs=db.execute(strSql)
    if not rs.eof and not rs.bof Then
    exit_flag=1
    strTemp="<br>已有人使用该用户"
    end if
    if exit_flag=0 Then                        '表示可以注册
    Dim UserId,password
    UserId=request("UserId")
    password=request("password")
    strSql="Insert Into users(UserId,password,UserType) Values('" & UserId &
"','" & password & "','N')"                  'N 表示是普通用户
    db.execute(strSql)
    session("UserId")=UserId                  '用 session 记住用户名，以备 reg2.asp 使用
    response.redirect "reg2.asp"
    Else
    response.write "<p><font color='red'>提示：" & strTemp & "，请重新填写</font>
</p>"
    end if
    end if%>
```

说明：运行 reg1.asp，单击【确定】按钮，提交表单。此时，程序要判断四件事，一是用户名和密码是否为空，如果为空，要重新输入。这个任务由客户端的 JavaScript 程序来完成。二是要判断输入两次密码是否一致，如果不一致也要返回。这个任务也是由客户端的 JavaScript 程序来完成的。三是输入的用户名是否满足"大于或等于 4 位，小于 20 位"，这个任务由服务器来判断。四是还要检查是否有人使用了该用户名，如已经被人占用，则必须重新输入。以上如果都没有问题，则允许用户注册，将把用户名和密码添加到数据库中，并保存其 Session 信息，继续进行下一步注册。

② reg2.asp 用来进行用户的详细信息注册，界面如图 5-22 所示。

用户注册

填写详细信息

用户名	sunny
真实姓名	
通讯地址	
邮政编码	
性别	⊙男 ○女
电话	
E-mail	
QQ号码	
个人简介	

确定

图 5-22 用户详细信息注册

reg2.asp 的主要代码如下（为突出重点，省略了表单显示等代码）：

```
<%
if Request.Form("realname")<>"" And Request.Form("email")<>"" Then
dim UserId,strSql
UserId=session("UserId") '从 Session 中获取用户名
' 下面组织 SQL 语句，因为某些项目允许为空，所以需要判断一下
strSql="Update users Set realname='" & Request.Form("RealName") & "'"
strSql=strSql & ",email='" & Request.Form("email") & "'"
strSql=strSql & ",sex='" & Request.Form("sex") & "'"
strSql=strSql & ",SubmitDate=#" & Date() & "#"
strSql=strSql & ",Address='" & Request.Form("address") & "'"
strSql=strSql & ",postalcode='" & Request.Form("postalcode") & "'"
If Request("QQ") <> "" Then
        strSql = strSql & ",QQ='" & Request.Form("QQ") & "'"
```

```
end if
if Request("tel") <> "" Then
        strSql = strSql & ",tel='" & Request.Form("tel") & "'"
end if
if Request("intro") <> "" Then
    strSql = strSql & ",intro='" & Request.Form("intro") & "'"
end if
    strSql=strSql & " Where UserId='" & UserId & "'"
    db.Execute(strSql)
    db.close '关闭对象
set db=nothing
    Response.Redirect "reg3.asp"
end if
%>
```

说明：为了便于阅读程序，例子中所采用的变量名基本上与数据库的字段名一致，表单域名与字段名相同。

③ reg3.asp 比较简单，主要是显示注册成功等信息，代码参考教材配套案例。

（2）登录页面（login.asp）。在登录页面中，要求用户输入用户名和密码，提交后，在数据库中查找，如果找到了该用户，就表示用户名和密码正确，允许登录，并将其用户名保存到 Session 中，重定向到首页 index.asp；如果没有找到，表示用户名或密码错误，提示重新输入。

login.asp 主要代码如下：

```
Dim username,password
username=request.Form("username")
password=request.form("password")
sql="Select * From users Where username='" & username & "' And password='"
& password & "'"
    Set rs=db.Execute(sql)
    if Not rs.Bof And Not rs.Eof Then
'如果有记录，表示有该用户，则将用户名保存到 Session 中，然后重定向到首页 index.asp
session("username")=rs("username")
response.redirect "index.asp"
    else
    response.write "对不起，用户名或密码有误，请重新登录"
end if
```

2. 商品展示模块

为了让用户购买图书，必须先提供让其了解图书信息的页面，然后由用户浏览后做出购买的决定，如图 5-23 所示。在首页展示图书的信息，如果用户需要分类了解图书信息，要为每个分类都提供相应页面查询。

图 5-23　图书展示页面

（1）图书分类导航。如图 5-23 所示，首页上方显示图书的分类导航，只需依次读取 kind 表中字段 kindname 的值并将其显示出来就可以了。另外，还要给每一个显示的图书分类名加上超链接，即向 index.asp 传递其相应的 id 值。注意一点，就是"首页"本身并不是一个分类，所以可以赋给它一个特殊的 id 值 0。

　　分类导航的主要代码如下：

```
<a href="index.asp?KindId=0">首页</a>  
    <%  '下面输出类别信息
        Dim rs,strSql
        strSql="Select * From Kind Order By KindId"
        Set rs=db.Execute(strSql)
            Do While Not rs.Eof
    Response.Write "<a href='index.asp?KindId=" & rs("KindId") & "&KindName="
& rs("KindName") & "'>" & rs("KindName") & "</a>  "
        rs.MoveNext
        Loop %>
```

　　（2）获取全部展示或分类展示的 id。当用户第一次打开网站，或在浏览图书的过程中，单击了"首页"超链接，看到的将是图书的全部展示页面。而当用户单击"图书分类"时，则是分类展示页面。这里可以通过接收前面的 id 值加以区分，并利用 Session 信息将其保存。具体代码如下：

```
Dim KindId
    if Session("KindId")="" Then
        '这表示刚打开本页面，所以令 KindId="0"，表示所有
        KindId="0"
        Session("KindId")="0"
    else if Request.QueryString("KindId")<>"" Then
        '这表示用户选择了具体类别
```

```
        KindId=Request.QueryString("KindId")
        Session("KindId")=KindId
    else
        '这表示其他情况下返回首页
        KindId=Session("KindId")
    end if
```

（3）获取分页显示的页码。当图书比较多时，通常的做法是进行分页。所以，在展示图书时之前，也要获取图书展示页的页码。主要代码如下：

```
'获取数据页码变量
    Dim page_no
    if Session("page_no")="" Then
        '这表示用户刚刚打开页面
        page_no=1
        Session("page_no")=page_no
    else if Request.QueryString("KindId")<>"" Then
        '这表示用户选择了新的类别，应该显示第1页
        page_no=1
        Session("page_no")=page_no
    else if Request.QueryString("page_no")<>"" Then
        '这表示选择了页码，所以显示指定页码
        page_no=Cint(Request.QueryString("page_no"))
        Session("page_no")=page_no
    else
        '其他情况下应该回到原来的页面，所以从 Session 中读取
        page_no=Session("page_no")
    end if
```

综合考虑上面的几种情况以后，图书展示的主要代码如下（为了让大家看得更清楚，省略了一些布局上的代码，如表格的标记、属性等。详细的代码可参考配套教材案例。）：

```
<%
'下面开始分页显示所有数据
if KindId="0" Then
strSql="Select * From book Order By Submitdate Desc"
else
strSql="Select * From book Where KindId=" & KindId & " Order By Submitdate
Desc"
end if
Set rs=Server.CreateObject("ADODB.Recordset")
rs.Open strSql,db,1            '因为要分页显示，所以用键盘指针
'下面如果非空就显示记录
if Not rs.Bof And Not rs.Eof Then
'以下主要为了分页显示
rs.PageSize=PageSize          '设置每页显示多少条记录，从配置文件中读取
dim page_total
page_total=rs.PageCount       'page_total 会返回总页数
rs.AbsolutePage=page_no       '设置当前显示第几页，这里用到了传过来的 page_no。
```

```
Dim I
I=PageSize                      'I 用来控制显示当前页记录,注意这里和 rs.PageSize 要一致
Do While Not rs.Eof And I>0  '循环直到当前页结束或记录集结尾
I=I-1                          '每显示一条，I 减 1，当变成 0 时，表示本页结束
    %>
<a href="particular.asp?BookId=<%=rs("BookId")%>">
<img src="showimage.asp?BookId=<%=rs("BookId")%>"></a>
        名称：<%=rs("bookName")%>
        <br>作者：<%=rs("bookAuthor")%>
        <br>价格：<%=rs("bookPrice")%>元
<p><a href="particular.asp?BookId=<%=rs("BookId")%>" >详细信息</a> 
<a href="#"  onClick="open('buybook.asp?BookId=<%=rs("BookId")%>','购物车
','resizable=0,scrollbars=1,status=no,toolbar=no,location=no,menu=no,width=6
60,height=400,left=100,top=100')">
<img border="0" src="images/buy.gif"></a>
<%  rs.movenext
loop
end if%>
<%
'以下语句依次写出各页页码，并将非当前页设置超链接，当前页则不设置
Response.Write "<p align='center'><b><font color='#CC0066'>" & page_no & "/"
& page_total & "</b></font>页 "
For I=1 To page_total
if I=page_no Then
Response.Write I & " "
Else
Response.Write "<a href='index.asp?page_no=" & I & "'>" & I & "</a> "
end if
Next %>
```

3. 购物车模块

电子商务网站的核心就是购物车。用户在这个网站内下订单，只要选择各种自己需求的商品，并将它们添加到自己的购物车内即可，就像在超市购物一样。当然，还可以随时查看购买商品数量、商品单价和总金额，有权将商品从车中取出，或者将车推往前台结账。购物车如图 5-24 所示。

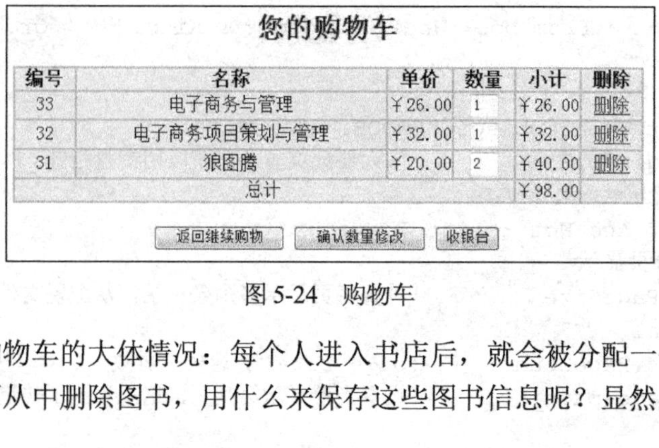

编号	名称	单价	数量	小计	删除
	您的购物车				
33	电子商务与管理	￥26.00	1	￥26.00	删除
32	电子商务项目策划与管理	￥32.00	1	￥32.00	删除
31	狼图腾	￥20.00	2	￥40.00	删除
	总计			￥98.00	

返回继续购物　确认数量修改　收银台

图 5-24　购物车

先设想一下购物车的大体情况：每个人进入书店后，就会被分配一个购物车，可以往里添加图书，也可从中删除图书，用什么来保存这些图书信息呢？显然，一个普通变量是

不能胜任的。因为购物车里面可能是一本书，也可能是多本书（可以看成是一个列表了），而且，每本书的数量可能是不一样的。问题的关键是这个列表是变动的，所以处理这种变动的列表一般就是项目六将学到的变长数组，并且还要将变长数组保存在 Session 变量中。

　　具体实现起来有很多方法，这里采用两个一维数组 books 和 booksnum 来分别保存图书编号和购买数量。

　　当用户买第一本书时，就分别建立两个长度为 1 的数组，并将图书编号和购买数量分别保存到两个数组中，然后将它们保存到 Session 中。如果用户又选择了另外一本书，就从 Session 中读取 2 个数组，并利用 ReDim 重新定义数组，将它们的长度加 1，然后将该书编号和数量分别保存在每个数组的最后一项中，最后重新存回 Session 中。

　　如果用户又要购买购物车已经存在的图书，则从 Session 中读取数组，然后在 books 数组中找到这个图书的编号，并根据这一项的下标找到 booksnum 对应的数组项，然后将其中的数量加 1。最后仍将数组保存回 Session 中。

　　下面是与购物车相关的几个重要函数和子程序的代码。

　　（1）BookExist 函数。

　　作用：判断某一本书是否在购物车中已经存在，如存在，则返回对应的数组下标，否则返回-1。代码如下：

```
Function BookExist(BookId)
    Dim Books
    Books=Session("Books")
    '如果条件成立,表示不是数组,说明其中根本没有书,直接返回值,退出函数即可
    if IsArray(Books)=False Then
        BookExist=-1
        Exit Function
    end if
    Dim numTemp,subScript
    subScript=-1                        '用于获得对应于该书的下标
    numTemp=Ubound(Books)               '获得数组的最大下标，也就是长度
    Dim I
    For I=0 To numTemp
        if Books(I)=BookId Then          '存在相同的书号，返回数组的下标值
            subScript=I
            Exit For
        end if
    Next
    BookExist=subScript
End Function
```

　　（2）AddBook 子程序。

　　作用：用来向购物车中添加图书。

```
Sub AddBook(BookId,BookNum)
    '首先返回两个数组
    Dim Books,BooksNum
    Books=Session("Books")
```

```
BooksNum=Session("BooksNum")
'调用函数返回该书在已有数组中的编号,如果尚不存在,则返回-1
Dim subScript
subScript=BookExist(BookId)
'下面根据各种情况判断
if IsArray(Books)=False Then
    '不是数组,说明其中还没有任何书,这是添加的第一本
    ReDim Books(0)
    Redim BooksNum(0)
    Books(0)=BookId
    BooksNum(0)=BookNum
else if subScript<>-1 Then
    '这表示该书已经在购物车,只要修改添加数量即可
    BooksNum(subScript) = BookNum + BooksNum(subScript)
else
    '这表示购物车有书,但是该书不存在,重新定义数组长度,添加到后面即可
    Dim numTemp
    numTemp=Ubound(Books)
    Redim Preserve Books(numTemp+1)           '重新定义数组
    Redim Preserve BooksNum(numTemp+1)        '重新定义数组
    Books(numTemp+1)=BookId
    BooksNum(numTemp+1)=BookNum
end if
'最后将新的购物车数组保存到 Session 中
Session("Books")=Books
Session("BooksNum")=BooksNum
End Sub
```

（3）DelBook 子程序。

作用：用来从购物车中删除一本图书。代码如下：

```
Sub DelBook(BookId)
    '返回两个数组
    Dim Books,BooksNum
    Books=Session("Books")
    BooksNum=Session("BooksNum")
    '首先调用函数找到该书编号在数组中的下标
    Dim subScript
    subScript=BookExist(BookId)
    '返回数组的长度
    Dim numTemp
    numTemp=Ubound(Books)
    if numTemp=0 Then
        '这表示就一本书,直接清空数组即可
        Session("Books")=""
        Session("BooksNum")=""
    else
        '这表示有若干本书,将该书以后的图书往前移动一位即可
        Dim I
        For I=subScript To numTemp-1
```

```
                Books(I)=Books(I+1)
                BooksNum(I)=BooksNum(I+1)
            Next
            Redim Preserve Books(numTemp-1)          '重新定义数组
            Redim Preserve BooksNum(numTemp-1)       '重新定义数组
            '最后将新的购物车数组保存到Session中
            Session("Book UpdateBook s")=Books
            Session("BooksNum")=BooksNum
        end if
End Sub
```

（4）UpdateBook 子程序。

作用：用来更改购物车中的货物数量。代码如下：

```
Sub UpdateBook(BookId,BookNum)
        '返回两个数组
        Dim Books,BooksNum
        Books=Session("Books")
        BooksNum=Session("BooksNum")
        '首先找到该书编号在数组中的下标
        Dim subScript
        subScript=BookExist(BookId)
        '下面分两种情况修改数量
        if subScript<>-1 And BookNum>0 Then
            '这表示该书存在，且数量不为0，直接修改数量即可
            BooksNum(subScript)=BookNum
            '最后将新的购物车数组保存到Session中
            Session("Books")=Books
            Session("BooksNum")=BooksNum
        else if subScript<>-1 And BookNum<=0 Then
            '这表示该书存在，但是数量为0或负数，直接调用函数删除即可
            Call DelBook(BookId)
        end if
End Sub
```

4．结账

当顾客选购图书完毕，接下来的流程就是带着购物车去收银台结账。传统书店的收银员结账就是把你的购物车中的商品一件一件拿出来，计算每种商品的数量及累加的总金额，然后一手交钱一手交货即可。网上书店则是记录你购物的详细信息（看做一笔订单），当你通过某种支付方式付款得到确认以后，再组织货物通过物流送到你的手中。

基于以上考虑，结账的流程可以做如下处理：

- 由于前面网站提供了用户注册的功能，所以不必再让用户结账时重复这个工作，只要在结账之前要求用户登录即可获取用户的详细信息；
- 从 Session 中读取购物的详细信息，计算购买图书的总数量和总金额；
- 在订单表 Orders 中添加一条记录，即产生一笔订单；
- 添加订单后，立即返回刚才的订单编号值（orderid）；

● 在订单详细表 order_particular 中添加此次购物的详细信息。

结账过程中用到的主要函数是 CheckOut()。

作用：产生本次订单，并记录明细情况，最后返回订单号码。代码如下：

```
Function CheckOut( )
    Dim Books,BooksNum,numTemp
    Books=Session("Books")
    BooksNum=Session("BooksNum")
    '这表示根本没有买书，不必结算
    if IsArray(Books)=False Then
        Exit Function
    end if
    '首先添加一个订单，这里要调用求总数量和总金额的函数
    Dim rs,rs2,strSql
    strSql="Insert Into orders(UserId,TotalNum,TotalMoney,SubmitDate)
Values('" & Session("UserId") & "'," & GetTotalNum() & "," & GetTotalMoney() &
",#" & Now() & "#)"
    db.Execute(strSql)
    '马上返回本次的订单编号
    Dim OrderId
    strSql="Select Top 1 OrderId From orders Where UserId='" & Session
("UserId") & "' Order By OrderId Desc"
    Set rs=db.Execute(strSql)
    OrderId=rs("OrderId")
    '下面再依次将每一项添加到明细表Orders_particular中,这里使用了RecordSet对象添加
    '当然也可以不用Recordset对象，循环执行多条Insert语句也可以
    Set rs=Server.CreateObject("Adodb.recordset")
    rs.open "Select * From Orders_particular",db,0,2
    numTemp=Ubound(Books)
    For I=0 To numTemp
        rs.Addnew
        rs("OrderId")=OrderId
        rs("BookId")=Books(I)
        rs("BuyNum")=BooksNum(I)
        rs.Update
    Next
    rs.Close
    '结账完毕，可以将数组清空
    Session("Books")=""
    Session("BooksNum")=""
    '返回订单号
    CheckOut=OrderId
End Function
%>
```

5. 图书管理和用户管理模块

图书管理模块负责管理系统所有图书信息。主要功能包括图书的分类管理及图书添加、删除、修改等。只有管理员才具有对图书信息进行维护的权利，商品管理是网上书店系统

的核心，网上书店对图书价格的调整以及新书的添加等都将在这部分完成。

如图 5-25 是图书的添加页面。

<table>
<tr><td colspan="2" align="center">添加书籍</td></tr>
<tr><td>名称</td><td>瓦尔登湖 *</td></tr>
<tr><td>作者</td><td>梭罗 *</td></tr>
<tr><td>价格</td><td>13 *</td></tr>
<tr><td>数量</td><td>50 *</td></tr>
<tr><td>所属类别</td><td>文学类 ▼ *</td></tr>
<tr><td>内容简介</td><td>瓦尔登湖(Walden; or, Life in the Woods)是美国作家亨利·戴维·梭罗所著的一本著名散文集。该书出版于1854年，梭罗在书中详尽地描述了他在瓦尔登湖湖畔一片再生林中度过两年零两个月的生活以及期间他的许多思考。瓦尔登湖地处美国马萨诸塞州东部的康科德城，离梭罗家不远。梭罗把这次经历称为简朴隐居生活的一次尝试。</td></tr>
<tr><td>目录</td><td>乡村
湖泊
贝克农庄
更高的法则
与兽为邻
搬家
旧居民；冬天的访客</td></tr>
<tr><td colspan="2" align="center">确定</td></tr>
</table>

图 5-25 图书的添加页面

用户管理模块负责管理所有网上书店的用户信息。主要功能包括添加、删除、修改以及查找用户信息。每个用户的购买数量、购买金额、购买种类等数据可以用来分析用户消费习惯，对于电子商务网站的运营水平，为用户提供更好的个性化服务有很大的帮助。

由于两个模块功能的实现与前面企业新闻管理的模块很类似，这里不再给出程序代码，详细内容可参考配套教材案例。

（二）相关术语

字段

在数据库中，大多数时，表的"列"称为"字段"，每个字段包含某一专题的信息。就像"通讯录"数据库中，"姓名"、"联系电话"这些都是表中所有行共有的属性，所以把这些列称为"姓名"字段和"联系电话"字段。

（三）案例分析

通过对案例一模块化开发的理解，实现案例二含有订单维护功能的完整网站，尽管开发层面较为简单，但要做好还是需要下工夫挖掘，并且从中能够迸发出许多亮点。

模块二 动态网站开发相关知识

一、数据库的基本概念

绝大多数的电子商务网站都需要有后台数据库的支持，商品数据、客户数据及交易数据都需要保存在数据库中。因为数据库作为重要的信息存储工具，不但能保证信息安全、高效地利用服务器端的空间进行存储，而且还可以结合 SQL 语句对存储的信息进行添加、修改、删除、查询等操作。本项目大多数内容大家可能在过去的课程中曾经学习过，所以本项目各节内容均属简介，详细内容可查阅以前教材。

1. 基本概念

数据库，顾名思义就是数据存储的仓库，是将数据按照某种方式组织起来并存储在计算机中，以方便用户使用。在这一点上数据库与普通的仓库是类似的，只不过存储的方式及使用的方式不一样。数据库是用来组织和管理数据的一个逻辑单位。

一个典型的关系型数据库通常由一个或多个被称做表的对象组成。数据库中的所有数据或信息都被保存在这些数据库表中。数据库中的每一个表都具有自己唯一的表名称，都是由行和列组成，其中每一列包括了该列字段名称、数据类型以及字段的其他属性等信息，而行则具体包含某一列的记录或数据。

（1）字段：字段是表中的一列，是表中各个实体某一属性的总和。

（2）记录：表中的一行数据，它是对某一个具体实体的描述。

（3）主键：表中的一个或多个字段，用于唯一地标识表中的某一条记录，不允许空值。

（4）表：由若干条同类记录组成的信息集合，即多个实体的所有数据按行排列后构成的一个二维表格。

表的有关特性如下：

● 每一列中的数据必须是同类型的数据，具有相同的取值范围。

● 每一个字段值必须是不可再分的最小数据项。

● 任意两条记录的值不能完全相同。

● 表中记录的次序无关紧要，改变一个表中两条记录的顺序不影响数据的含义。

2. 数据库管理系统

要科学地组织和存储数据，高效地获取和维护数据，就需要由一个专门的软件系统来完成，这个软件系统就是数据库管理系统（Database Management System，DBMS）。也就是说，数据库管理系统是帮助用户建立、使用和管理数据库的软件系统，如 Microsoft Access、SQL Server、MySQL、Oracle、DB2、Informix 等。根据数据库管理系统中数据的组织方式的不同，数据库管理系统又分为关系型、层次型和网状型。目前用得最多的是关系型数据库管理系统，SQL Server、Microsoft Access 都是关系型数据库管理系统。

二、网络数据库的选择

在 ASP 中，一般使用 SQL Server 或 Access 数据库。Access 数据库的优点是配置简单、容易使用，只要空间支持 ASP 即可，不需要另外购买数据库空间，数据库直接和网站一起传到空间即可，移植方便，但效率较低、网站承受力小，适合一般的小型网站；SQL Server 面向中大型应用，运行稳定、效率高、速度快，但配置起来稍复杂些。

由于 Access 数据库易学易用的特点，本书的例子将以 Access 数据库为主，如果需要用到 SQL Server 数据库，只需要改写连接数据库的语句即可。

1．Access 数据库

（1）Access 数据库简介。Access 是微软公司推出的在 Windows 操作系统下工作的关系型数据库管理系统。它采用了 Windows 程序设计理念，以 Windows 特有的技术设计查询、用户界面、报表等数据对象，内嵌了 VBA 程序设计语言，具有集成的开发环境。Access 提供图形化的查询工具和屏幕、报表生成器，用户无需编程和了解 SQL 语言就可建立复杂的报表、界面，它会自动生成 SQL 代码。

Access 被集成到 Office 系统办公软件中，具有 Office 系列软件的一般特点，如菜单、工具栏等。与其他数据库管理系统软件相比，Access 更加简单易学，一个普通的计算机用户，即使没有程序语言基础，仍然可以快速地掌握和使用。不过 Access 属于桌面型数据库系统，不能提供基于客户/服务器的多用户访问能力，所以比较适合访问量不大的小型网站。Access 数据库以文件形式保存，文件的扩展名是.mdb。

（2）Access 数据库的基本操作。由于 Access 数据库的操作比较简单，本书略去，请读者自己参考相关 Access 数据库的资料。

2．SQL Server 数据库

（1）SQL Server 2000 数据库简介。SQL Server 2000 是由微软开发和推广的关系型数据库管理系统。它功能强大、操作方便，广泛应用于数据库后台系统。

与 Access 数据库相比，SQL Server 2000 具有以下特点：

- 真正的客户机/服务器体系结构；
- 规模更大，可以将用户的数据存储在多个服务器上，并利用复制技术跨越多个服务器进行分布式处理，实现真正意义上的分布式数据库；
- SQL Server 2000 的安全性更好，它可以对登录用户的身份进行认证，并对用户的权限进行控制；
- 对 Web 技术的支持，使用户能够很容易地将数据库中的数据发布到 Web 页面；
- 强大的数据库备份和恢复功能，当故障发生时，能根据备份和日志迅速恢复到某一时刻。

综上所述，SQL Server 2000 无论是从规模上还是在功能上都更优于 Access 数据库，更适合应用于较大规模的网站数据库系统。

（2）管理工具。

① SQL Server 服务管理器。SQL Server 服务管理器负责启动、暂停和停止 SQL Server 的进程。在对 SQL Server 数据库进行任何操作以前，必须启动本地或远程 SQL Server 服务，这个操作可以在 SQL Server 服务管理器中完成，如图 5-26 所示。

图 5-26 服务已启动

在打开的对话框的【服务器】下拉列表框中选择要启动或关闭的 SQL Server 服务器，从【服务】下拉列表框中选择要启动或关闭的服务。然后单击 按钮，启动（或继续执行）选择的服务；单击 按钮，暂停正在开始的服务；单击 按钮，关闭正在开始的服务。启动服务后，就可以进入企业管理器开始创建数据库，或对已创建的数据库进

行操作。

② 企业管理器。企业管理器类似于 Windows 资源管理器的树型结构,显示出所有 SQL Server 对象,使用企业管理器几乎可以完成所有的管理工作。主要包括:注册和管理 SQL Server 服务器,连接、启动、暂停或停止 SQL Server 服务,创建和管理数据库,创建和管理各种数据库对象(包括表、视图、存储过程、触发器、角色、规则、默认值、用户自定义数据类型、用户自定义函数以及全文目录),备份数据库和事务日志,数据库复制,设置任务调度、让管理者进行警报设置,提供跨服务器的拖放操作,管理用户账户,编写和执行 Transact-SQL 语句,管理和控制 SQL Mail 等。企业管理器工作界面如图 5-27 所示。

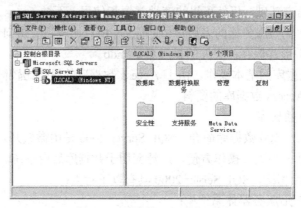

图 5-27 企业管理器工作界面

- 创建数据库。在企业管理器中,找到相应的数据库服务器(如 LOCAL),并展开该服务器节点,找到【数据库】,在该节点上右击,在弹出的快捷菜单中选择【新建数据库】命令,弹出如图 5-28 所示的对话框。在【常规】选项卡中设置数据库的名称为 myweb,然后打开【数据文件】选项卡,为该数据库的数据文件定义大小和存储位置,如图 5-29 所示。

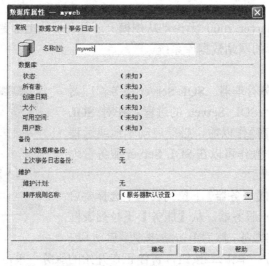

图 5-28 【数据库属性】对话框

图 5-29 【数据文件】选项卡

● 创建表。表是存放数据的对象，在 SQL Server 中，创建数据表的操作如下：选择新建的 myweb 数据库，右击，在弹出的快捷菜单中选择【新建表】命令，打开如图 5-30 所示的对话框。在弹出的【新建表】对话框中，定义表的结构，包括列名、数据类型、长度以及允许空属性。建立表以后，单击工具栏【保存】按钮，在弹出的【选择名称】对话框中输入新表的名称，如 users。

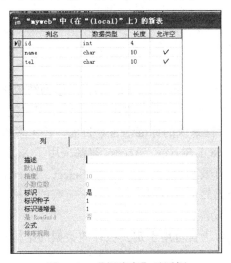

图 5-30 【新建表】对话框

● 为数据库增加用户。SQL Server 数据库的安全性非常高，通过用户名和密码才能访问。以上面的数据库 myweb 为例，为该数据库增加一个用户，用户名为 test，密码为 123456。

在企业管理器窗口的左侧展开【安全性】，找到【登录】，右击，在弹出的快捷菜单中选择【新建登录】命令，打开如图 5-31 所示的对话框。

图 5-31 中，在【名称】栏输入 test；在【身份验证】栏中选中【SQL Server 身份验证】单选按钮，并输入密码 123456；在下方【数据库】下拉菜单中选择 myweb。然后，单击上方的【数据库访问】选项卡，打开如图 5-32 所示的对话框。

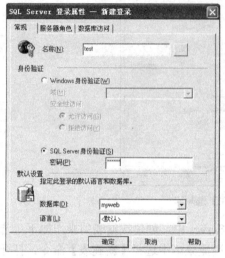

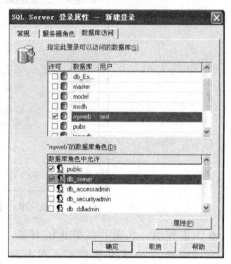

图 5-31 【新建登录】对话框（一）　　　　图 5-32 【新建登录】对话框（二）

在图 5-32 上方选中 myweb 数据库，在下方选中 public 和 db_owner，然后单击【确定】按钮即可。至此，创建数据库的操作基本完毕。

三、SQL 语言简介

1. 简介

SQL 是英文 Structure Query Language 的缩写，意思为结构化查询语言。SQL 语言的主要功能就是同各种数据库建立联系，进行沟通。按照 ANSI（美国国家标准协会）的规定，SQL 被作为关系型数据库管理系统的标准语言。目前，绝大多数流行的关系型数据库管理系统，如 Oracle、Sybase、SQL Server、Access 等都采用了 SQL 语言标准。虽然很多数据库都对 SQL 语句进行了再开发和扩展，但是包括 Select、Insert、Update、Delete 和 Create 等在内的标准的 SQL 命令仍然可以被用来完成几乎所有的数据库操作。

（1）SQL 语言的主要功能。

① 数据定义功能：SQL 语言可用于定义被存放数据的结构和组织，以及各数据项间的相互关系。

② 数据检索功能：SQL 语言能使用户或应用程序从数据库中检索数据并使用这些数据。

③ 数据操纵功能：用户或应用程序通过 SQL 语言可以更改数据库内容，如增加新数据、删除旧数据或修改已存入的数据等。

（2）SQL 语言的主要特点。

① SQL 是一种交互式查询语言。用户可以通过输入 SQL 命令以检索数据，并将其显

示在屏幕上。这是一种简单易用的数据查询方法。

②　SQL 是一种数据库编程语言。程序员可将 SQL 命令嵌入到用某种语言所编写的应用程序中，以存取数据库中的数据。

③　SQL 是一种数据库管理语言。数据库管理员可以利用 SQL 来定义数据库组织结构、控制数据存取等，从而实现对大中型数据库系统的管理。

本节将介绍 ASP 中最常用到的 SQL 语句，详细 SQL 语言内容请大家参考相关书籍。

2．利用 Select 语句进行数据查询

在众多的 SQL 命令中，Select 语句应该算是使用最频繁的。Select 语句主要被用来对数据库进行查询并返回符合用户查询标准的结果数据。

语法格式如下：

```
Select [Top n] 字段列表 From 表 [Where 条件][Order By 字段][Group By 字段]
```

说明：

- Top n：表示只选取前 n 条记录。如选取前 5 条记录，为 Top 5。
- 字段列表：用来决定哪些字段将作为查询结果返回。用户可以按照自己的需要选择任意字段，还可以使用通配符 "*" 来设定返回表格中的所有字段。
- 表：就是要查询操作的目标数据表，如果是多个表，中间用逗号隔开。
- Where 条件：就是查询时要求满足的条件。
- Order By：表示按字段排序。
- Group By：表示按字段分组。

（1）简单查询。简单查询，就是不需要任何条件，只是简单地选取若干字段和记录。假定 txl 表结构如图 5-33 所示，并输入若干条记录。

字段名称	数据类型	
ID	自动编号	编号
strName	文本	姓名（小于20位）
strSex	文本	性别（1位）
intAge	数字	年龄
strTel	文本	电话（小于20位）
strEmail	文本	E-mail（小于50位）
strIntro	备注	个人简介
dtmSubmit	日期/时间	添加日期

图 5-33　txl 表结构

【例 5-12】简单查询

输出 txl 表中所有字段和记录：

```
Select * from txl
```

输出 txl 表中前 5 条记录：

```
Select top 5 * from txl
```

输出 txl 表中指定字段：

```
Select strname,strtel from txl
```

（2）Where 条件查询。利用 Where 条件可以根据条件进行查询。

【例5-13】查询所有性别为"男"的记录

```
Select * from txl where strsex= "男"
```

在 Where 条件中可以使用以下一些运算符来设定查询标准：=（等于）、>（大于）、<（小于）、>=（大于等于）、<=（小于等于）、<>（不等于）。

另外，还有几个特殊运算符用得很多。

- Between 运算符：介于。
- In 运算符：在列表中。
- Like 运算符：模糊查询。通过使用 Like 运算符可以设定只选择与用户规定格式相同的记录。此外，还可以使用通配符"%"用来代替任何字符串。

【例5-14】where 条件查询

查找介于 2011 年 7 月 8 日到 8 月 8 日添加的成员：

```
Select * from txl where dtmsubmit between #2011-7-8# and #2011-8-8#
```

查找年龄是 18 或 21 的成员：

```
Select * from txl where intage in (18,21)
```

查询所有姓"李"的成员：

```
Select * from txl where strname like "李%"
```

（3）排序。利用 Order By 子句可以对查询结果排序。用字段名指定排序关键字。Desc 表示降序，Asc 表示升序。系统默认为升序。

【例5-15】查询结果排序

如按姓名升序排序：

```
Select * from txl order by strname asc
```

（4）使用统计函数查询。

- 计数函数 Count（<字段名>）：统计字段名所在列的行数。一般用 Count（*）表示计算查询结果的行，即元组的个数。
- 求和函数 Sum（<字段名>）：对某一列的值求和（必须是数值型字段）。
- 计算平均值 Avg（<字段名>）：对某一列的值计算平均值（必须是数值型字段）。
- 求最大值 Max（<字段名>）：找出一列中的最大值。
- 求最小值 Min（<字段名>）：找出一列中的最小值。

【例5-16】统计查询

查询表中的记录总数：

```
Select count(*) as total from txl
```

返回记录集中只有一条记录、一个字段。total 就是该字段的名称。

查询表中最大年龄：

```
Select max(intage) as maxage from txl
```

返回记录集中也只有一条记录、一个字段。maxage 就是该字段的名称。

（5）多表查询。以上介绍的都是单表查询，在实际查询中经常会遇到从多个表中组合查询。

假定一图书借阅系统包括的三个基本表如下：

① 图书（总编号，分类号，书名，作者，出版单位，单价）；

② 读者（借书证号，单位，姓名，性别，职称，地址）；

③ 借阅（借书证号，总编号，借书日期）。

【例 5-17】查找所有借阅了图书的读者的姓名和单位

```
Select 姓名,单位 from 读者,借阅 Where 读者.借书证号=借阅.借书证号
```

【例 5-18】查找价格在 20 元以上已借出的图书，结果按单价升序排列

```
Select * from 借阅,图书 where 图书.总编号=借阅.总编号 and 单价>=20 order by 单价 asc
```

3．利用 Insert 语句进行数据的添加

在电子商务网站的信息维护中，经常需要向数据库中添加数据，如企业信息、产品信息等。这时，可通过 Insert 语句实现向表中添加新数据，格式如下：

```
Insert Into 表名（字段列表）Values（字段值列表）
```

说明：

（1）要求字段值列表中的各数值顺序及数据类型与字段列表中各字段相互对应，否则会出现操作错误。

（2）可以只给部分字段赋值，但是主键字段必须赋值。允许为空的和有默认值的字段名都可以省略，但不允许为空的字段不能省略。

（3）不需要给自动编号的字段赋值。

（4）若字段类型为文本或备注型，则该字段值两边要加引号；若为日期/时间型，则该字段值两边要加#号；若为数字型，可直接写数字；若为布尔型，则字段值为 True 或 False。

【例 5-19】使用 Insert 语句添加记录

向 txl 表中添加一条记录，只添加 strname 字段：

```
Insert Into txl(strname) Values("李庆航")
```

向 txl 表中添加一条完整记录：

```
Insert Into txl(strname,strsex,intage,strtel,stremail,strintro,dtmsubmit)
Values("孙冬冬", "男", 20, "5185188", "sdd@163.com","电商 10",#2011-7-8#)
```

4. 利用 Delete 语句删除数据

在 SQL 语言中，利用 Delete 语句可以完成删除表中一条记录或若干条记录。格式如下：

```
Delete from 表名 [Where 删除条件]
```

说明：

（1）如果设定了 Where 条件，那么凡是符合条件的记录都会被删除。如果没有符合条件的记录，则不删除。

（2）如果用户在使用 Delete 语句时不设定 Where 从句，则表格中的所有记录将全部被删除。

【例 5-20】使用 Delete 语句添加记录

删除 txl 表中所有记录：

```
Delete from txl
```

删除 txl 表中 strname 为"李英梅"的记录：

```
Delete from txl where strname="李英梅"
```

5. 利用 Update 语句进行数据的更新

数据库中的信息不是一成不变的，而是每时每刻都在发生着变化。例如 txl 表中用户的联系方式变了，这时就需要对已存在的数据进行更新。在 SQL 语言中，利用 Update 语句来实现更新数据的功能。语法如下：

```
pdate 表名 Set 字段名1=字段值1,字段名2=字段值2,…[Where 条件]
```

说明：如果设定了 Where 条件，那么 Where 条件是用来指定更新数据的范围。如果省略 Where 条件，将更新数据库表内的所有记录。

【例 5-21】利用 Update 语句更新数据

给 txl 表中所有人的年龄增加 1 岁：

```
update txl set intage =intage+1
```

更新 txl 表中 strname 为"宋西"的年龄和电话：

```
update txl set intage =21 ,strtel="8589999" where strname= "宋西"
```

四、设置 ODBC 数据源

动态网站的制作，离不开数据库的支持。如何将网页与数据库进行连接呢？连接数据库有多种方式，其中重要的一种就是通过 ODBC 数据源。

所谓 ODBC（Open Database Connectivity），又称为开放数据库互连，它建立了一组规范，并提供了一组对数据库访问的标准 API（应用程序编程接口）来管理和操作数据库。因此，其内部原理我们不必关心，只要掌握使用 ODBC 的方法和步骤即可。

以 Windows XP /Windows 7 为例（二者步骤相同），为数据库 ecnews.mdb 建立数据源。

（1）选择【开始】→【控制面板】→【管理工具】→【数据源（ODBC）】命令，弹出如图 5-34 所示的对话框。

（2）选择【系统 DSN】选项卡，然后单击【添加】按钮，弹出如图 5-35 所示的【创建新数据源】对话框。

（3）选择 Microsoft Access Driver（*.mdb）选项，然后单击【完成】按钮，将弹出如图 5-36 所示的【ODBC Microsoft Access 安装】对话框。

（4）在【数据源名】文本框中输入 news，单击【选择】按钮，选择数据库的路径为 E:\myasp\news0\ecnews.mdb，然后单击【确定】按钮即可。

（5）添加完毕后，可以看到在【ODBC 数据源管理器】对话框中出现了该数据源的名称 news。

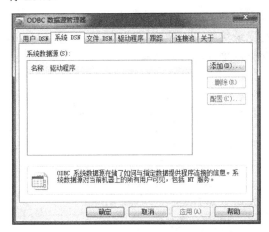

图 5-34　【ODBC 数据源管理器】对话框

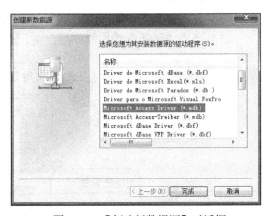

图 5-35　【创建新数据源】对话框

图 5-36　【ODBC Microsoft Access 安装】对话框

五、ADO 的三个主要对象

Web 应用程序开发过程中最常见和最实用的任务就是访问服务器端的数据库，如显示企业发布的信息、添加新的产品等。ASP 中内置的数据库存取组件（Database Access Component）是使用 ADO（ActiveX Data Objects）技术来存取符合 ODBC 标准的数据库或具有表格状的数据（如 Excel 文件），是所有 ASP 内置组件中最重要的和最常用的一个组件。

ADO 包括 Connection、Command 及 Recordset 三个主要对象，其中 Connection 对象称为数据库连接对象，主要负责建立与数据库的连接；Command 对象称为数据库命令对象，负责执行对数据库的一些操作；Recordset 对象称为记录集对象，用于返回从数据库查询到的记录。记录集类似于一个数据库中的表，由若干列和若干行组成，可以看作一个虚拟的表。

事实上，由于三个对象功能有交叉，所以使用时 Command 对象经常可以省略。图 5-37 是开发数据库程序的常用流程。

（1）创建数据库连接对象 Connection。

（2）利用连接对象 Connection 连接数据库。

（3）利用建立好的连接，通过 Connection 对象或 Recordset 对象执行 SQL 命令。

（4）使用记录集。完成查询以后，返回的记录集就可以被应用程序所使用。

（5）当完成了所有数据操作后，关闭数据库连接，并释放对象。

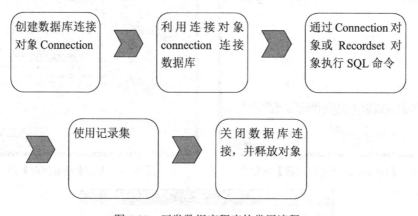

图 5-37 开发数据库程序的常用流程

六、连接数据库

Web 页面要访问数据库，必须和数据源建立连接。此时，可利用 Connection 对象，建立并管理 Web 程序和数据库之间的连接。

1. 创建 Connection 对象示例

在使用 Connection 对象之前，必须首先建立 Connection 对象示例。可通过调用 Server 对象的 CreateObject 方法实现。语法如下：

```
Set Connection 对象示例=Server.CreateObject（"ADODB.Connection"）
```

建立了示例以后，并没有实现与数据库的真正连接，还需要利用 Connection 对象的 open 方法建立与数据库的真正连接。语法如下：

```
Connection 对象示例.Open 数据库连接字符串
```

这里的数据库连接方式有多种,下面以 Access 数据库和 SQL Server 数据库为例分别予以介绍。

（1）连接 Access 数据库。

① 基于 ODBC 数据源的连接方式。这种方法通过 ODBC 建立与数据库的连接,要求必须在控制面板的【ODBC 数据源管理器】中建立数据源 DSN,并根据 DSN 提供的数据库位置、数据库类型及 ODBC 驱动程序等信息,建立起与具体数据库的联系。如标题四（设置 ODBC 数据源）中建立的 ecnews.mdb 的数据源 news,则可以通过以下代码实现与数据库的连接。

```
<%
    Dim conn
    Set conn=Server.CreateObject("ADODB.Connection")
    conn.Open "DSN=news"
%>
```

注意：其中,news 为标题四中建立的数据源名称。另外,数据库连接字符串通常可以省略"DSN ＝",因此最后一句还可以写为：conn.Open "news"。

② 基于 ODBC,但是不用数据源的连接方式。使用上面的数据源的连接方式比较简单,但是它的可移植性比较差。如果希望把一个网站程序从一个服务器移植到另一个服务器上,还需要在另一台服务器上设置数据源,比较麻烦。下面是不利用数据源的直接连接方法：

```
<%
Dim conn
Set conn=Server.CreateObject("ADODB.Connection")
conn.Open "Driver={Microsoft Access Driver (*.mdb)};Dbq=E:\myasp\ecnews.mdb"
%>
```

上面的连接字符串比较长,其作用可分为两部分：分号前面是指定数据库的驱动程序,分号后面是指定数据库的物理路径。当网站程序移植时,数据库文件的物理路径仍需要修改,很麻烦。实际做法通常利用 Server 对象的 MapPath 方法将相对路径转换为物理路径,因此,上面的程序可改写为：

```
<%
    Dim conn
Set conn=Server.CreateObject("ADODB.Connection")
conn.Open "Driver={Microsoft Access Driver (*.mdb)};Dbq=" & Server.MapPath
("ecnews.mdb")
%>
```

注意：Driver 与括号之间有空格。

③ 基于 OLE DB 的连接方式。OLE DB 是一种更底层也更高效的数据库连接方式,是微软的战略性的通向不同数据源的低级应用程序接口。方法如下：

```
<%
Dim conn
```

```
Set conn=Server.CreateObject("ADODB.Connection")
conn.Open "Provider=Microsoft.Jet.OLEDB.4.0;Data Source=" & Server.Mappath
("ecnews.mdb")
%>
```

（2）连接 SQL Server 数据库。连接 SQL Server 数据库其实和 Access 数据库是一样的，只是数据库连接字符串略有区别。

例如，已经建立一个 SQL Server 数据库，Database 名称为 news，数据库登录账号为 test，密码为 123456，ODBC 数据源名称为 newstest，连接方法如下。

① 基于 ODBC 数据源的连接方式。

```
<%
Dim conn
Set conn=Server.CreateObject("ADODB.Connection")
conn.Open "DSN=newstest;Uid=test;Pwd=123456"
%>
```

② 基于 ODBC，但是不用数据源的连接方式。

```
<%
Dim conn
Set conn=Server.CreateObject("ADODB.Connection")
conn.Open " Driver={SQL Server}; Server=localhost; Database=news; Uid=test;
Pwd=123456"
%>
```

③ 基于 OLE DB 的连接方式。

```
<%
Dim conn
Set conn=Server.CreateObject("ADODB.Connection")
conn.Open "Provider=SQLOLEDB; Data Source=localhost; initial Catalog=news;
Uid=test; Pwd=123456"
%>
```

2. Connection 对象的常用属性和方法

Connection 对象包含很多属性和方法。除了前面讲过的 Open 方法，常用的属性和方法还包括以下几个。

（1）ConnectionString 属性和 Mode 属性。ConnectionString 属性用于指定数据库连接字符串，这样就不需要在 Open 方法中指定了。例如：

```
< %
conn. ConnectionString="DSN=news"
conn.Open
%>
```

Mode 属性用来设置连接数据库的权限，如只读或只写。属性值为 1 表示只读，2 表示只写。默认为 3，表示可读可写。例如：

```
< %
conn. Mode=1                                        '设置打开的数据库为只读
conn.Open "DSN=news"
%>
```

（2）Close 方法。Close 方法用来关闭一个已打开的 Connection 对象。关闭对象并非从内存中删除，可以更改它的属性设置并且在此后再次打开。要将对象从内存中完全删除，还要将其设置为 nothing。用法如下：

```
< %
Conn.close                                          '关闭与数据库的连接
Set conn=nothing                                    '从内存中清除该对象
%>
```

（3）Execute 方法。当连接了数据库后就可以对数据库进行操作，如查询、删除、更新等，这些操作都是通过 SQL 指令来完成的，语法格式如下。

① 无返回记录集的使用格式：

```
Connection.Execute SQL 语句
```

② 返回记录集的使用格式：

```
Set Recordset 对象实例= Connection 对象实例.Execute SQL 语句
```

③ 在数据库 txl 表中查询所有姓"李"的记录：

```
< %
sql="select * from txl where strname like      '李%' "
Set rs = Conn.Execute(sql)                      '返回记录集 rs
%>
```

上面的命令执行后，会返回一个记录集对象 rs。

注意：此时返回的 Recordset 对象 rs 始终为只读，指针仅能向前。如需要具有更多功能的 Recordset 对象，应首先创建 Recordset 对象，然后使用 Recordset 对象的 Open 方法执行查询。

七、Recordset 对象的基本属性和方法

1. 创建 Recordset 对象的实例

在前面，我们已经接触到了 Recordset 对象，Recordset 对象又称记录集对象。创建 Recordset 对象有显式和隐式两种方法。当 Connection 对象或 Command 对象执行查询命令后，就会隐式返回一个记录集对象，记录集包含满足条件的所有记录，然后就可以利用 ASP 语句将记录集的数据显示在网页的页面上。

除了隐式方法，还可以显式明确建立 Recordset 对象，语法如下：

```
Set Recordset 对象实例=Server.CreateObject("ADODB. Recordset")
```

2. Recordset 对象的方法和基本属性

（1）Open 方法。建立 Recordset 对象后，其中还没有任何可供使用的记录数据，可以通过 Recordset 对象的 Open 方法获取真正的记录数据。语法格式如下：

```
Recordset 实例.Open [Source], [ActiveConnection], [CursorType], [LockType],
[Options]
```

说明：

- Source：可以是 SQL 语句、表名或存储过程等。
- ActiveConnection：为数据库连接字符串。
- CursorType：用来确定打开记录集使用的指针类型（也称游标类型），如表 5-2 所示。
- LockType：用来确定打开 Recordset 时使用的锁定（并发）类型，如表 5-3 所示。
- Options：指定数据库查询指令类型（很少使用），如表 5-4 所示。

表 5-2　CursorType 参数说明

常　　量	参　数　值	说　　明
adOpenForwardOnly	0	默认值，打开仅向前类型指针
adOpenKeyset	1	打开键集类型指针，可前后移动
adOpenDynamic	2	打开动态类型指针
adOpenStatic	3	打开静态类型指针

表 5-3　LockType 参数说明

常　　量	参　数　值	说　　明
adLockReadOnly	1	默认值，只读，不允许修改记录集
adLockPessimistic	2	只能同时被一个客户修改，修改时锁定，修改完毕释放
adLockOptimistic	3	可以修改，只有在修改瞬间即调用 Update 方法时才锁定记录
adLockBatchOptimistic	4	在批量更新时使用该锁定

表 5-4　Options 参数说明

常　　量	参　数　值	说　　明
adCmdUnknown	-1	Source 参数中类型由系统自己确定，默认值
adCmdText	1	Source 参数中类型是 SQL 语句
adCmdTable	2	Source 参数中类型是一个数据表名
adCmdStoredProc	3	Source 参数中类型是一个存储过程

注意： 如果没有特殊要求，通常可以省略后面三个参数，但若要省略中间的参数，则必须用逗号给中间的参数留出位置，例如：

```
rs.open "select * from tbnews",conn, ,3
```

在上面的代码中，省略了第 3 个和第 5 个参数，但必须用逗号给第 3 个参数留出位置。

（2）Recordset 对象的其他常用方法。记录集 Recordset 有一些方法是用来在记录之间移动记录指针的。移动当前指针的方法有五种，除了 Move 方法有两个参数外，其余的四个不含参数，使用很方便。

- MoveFirst：用于将记录指针移动到第 1 条记录。
- MovePrevious：用于将记录指针向后（或向上）移动一条记录。
- MoveNext：用于将记录指针向前（或向下）移动一条记录。
- MoveLast：用于将指针移动到最后一条记录。
- Move：用于将指针移动到指定的记录。

Recordset 对象有六个可直接更新记录的方法，其中 UpdateBatch 方法是用于成批处理记录的，其他四种方法都是对当前记录操作的，所以不带任何参数。

- AddNew：添加一条新的空记录。
- Delete：删除当前记录。
- Update：更新数据库数据。
- CancalUpdate：撤消更新操作。撤消了 AddNew 和 Delete 命令的效果。
- UpdateBatch：更新（保存）一个或多个记录的修改
- Close：用于关闭记录集。

说明：添加记录时一般要同时用到 AddNew 方法和 Update 方法，例如：

```
<%
rs.AddNew
rs("title")="企业新产品开发获得成功"  '对各个字段赋值，但不写回到表中
……
rs.Update                         '执行 Updete 方法后才可以完成真正的添加记录功能
%>
```

删除记录时比较简单，首先将指针移动到要删除的记录，然后利用 Delete 方法就可以删除当前记录，不过也要用 Update 方法更新数据库。例如：

```
<%
rs. Delete              '删除当前记录
rs.Update              '更新数据库
%>
```

更新记录时首先将指针移动到要更新记录，然后直接给字段赋值，之后使用 Update 方法更新数据库即可。例如：

```
<%
rs("title")="企业新产品开发获得巨大成功"
……
rs.Update
%>
```

（3）Recordset 对象的常用属性。Recordset 对象的常用属性比较多，下面分别予以介绍。

- RecordCount：该属性用于返回记录集中的记录总数。

- Bof、Eof：这两个属性用于判断当前记录指针是否指向记录集的开头或结尾，返回值为 True 或 False。当指针指向开头时，Bof 属性的值为 True；当指针指向结尾时，Eof 属性的值为 True。打开 Recordset 时，当前记录位于第 1 个记录（如果有），并且 Bof 和 Eof 属性被设置为 False。如果没有记录，Bof 和 Eof 属性均为 True。常常同时使用这两个属性来判断记录集是否为空，例如：

```
<%
rs.open…                              '打开记录集
if not rs.eof and not rs.bof then    '如果既不是开头也不是结尾，即非空，就执行
……
end if
%>
```

- PageSize、PageCount、AbsolutePage、AbsolutePosition：这一组属性用来完成分页显示数据的功能。
- PageSize：用于设置每一页的记录数。例如：

```
<% rs.PageSize =10                    '设置每页显示 10 条记录 %>
```

- PageCount：用于返回数据页的总数。例如：

```
<% Response.Write rs.PageCount        '输出数据页总数 %>
```

- AbsolutePage：用于设置当前指针指向哪一页。例如：

```
<% rs.AbsolutePage=2                  '指向第 2 页 %>
```

- AbsolutePosition：用于设置当前指针指向的记录行的绝对值。例如：

```
<% rs.AbsolutePosition=10             '指向第 10 条记录 %>
```

说明：利用这几个属性时一般要求设置指针类型为 1（键集指针）。

- BookMark：该属性用于设置或返回书签位置，例如下面语句就可以将当前记录位置保存到一个变量中。

```
<% varA=rs.BookMark %>
```

当希望重新指向该记录时，只要将该变量赋值给 BookMark 属性即可，记录指针就会自动指向书签所在记录。例如：<% rs.BookMark=varA %>

模块三　动态网站开发项目实训

一、实训概述

本实训为动态网站开发项目实训，学生在教师指导下，通过修改教师提供的动态网站

模板，根据教师部署实训情景来完成动态网页建设，从而掌握基础的动态网页建设技术及相关知识。

二、实训流程图

动态网站开发实训流程图如图 5-38 所示。

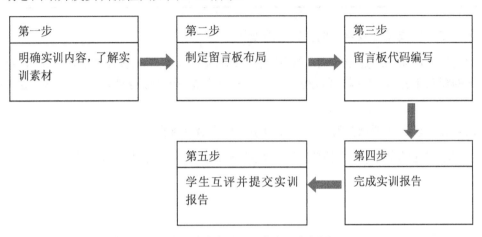

图 5-38　动态网站开发实训流程图

三、实训素材

1．网站策划工具，如 Visio 等。
2．网站图标素材站点 http://sc.admin5.com、http://penshow.cn。
3．Dreamweaver 图片。
4．博星卓越电子商务网站建设实训平台。

四、实训内容

库花网定位于小型电子商务网站，用户通过该网站即可了解库花品牌旗下鲜花库存信息，以及库花资讯及相关鲜花品牌优惠情况等。库花网向用户展示了库花企业形象的同时方便用户，引导花卉网络消费模式。

现根据库花网需求，需要设计留言板功能，学生根据软件提供的动态网站模板，完成库花网留言板的编写。

登录学生端，单击动态网站开发实训，阅读教师部署实训题目，搜索或根据软件提供的相应的动态网站模板进行更改再编辑，学生亦上传自定义模板来完成库花网电子商务网站网站栏目功能的建设。

任务一　通过教师提供的网站模板，完成留言板或其他栏目结构设置

网站栏目策划如表 5-5 所示。

表 5-5　网站栏目策划

栏 目 设 置	网站有哪些栏目以及设置这些栏目的原因
页面结构	以 Word/图片或其他形式，勾勒出所涉及的网站首页：
栏目功能	以 Word/图片或其他形式，勾勒出所涉及的网站栏目页：

任务二　完成留言板或其他栏目功能设计

学生进入动态网站建设实训，单击留言板编辑模块，根据系统提供的多种留言板模块，在不同的窗口下完成 CSS 样式，网页代码，JS 的调试与更改。学生亦可自己编写独立的留言板。

任务三　提交实训报告及作品，并对小组作品展示评分

在完成对应的留言板代码编辑后，学生提交网站及实训报告至教师端，实训完成。

项目六　电子商务网站综合开发

能力目标

📖 掌握动态网站建设的过程；
📖 对各种建站工具有所了解。

知识目标

📖 明确动态网站建设的一般流程。

在项目三中，详细介绍了静态网站建设技术，对网站建设的步骤已经有所了解，并对 CSS 网页布局技术有所掌握。本项目是建立在静态网站建设基础上，通过免费建站系统，实现动态网站的搭建与设计。动态网页具交互性、自动更新和随机性的特点，在大型网站设计中具有较大的优势。掌握动态网站建设技术是研发人员必须具备的技能之一。

模块一 案 例 学 习

（一）支持企业

北京博导前程信息技术有限公司。

（二）企业背景

北京博导前程信息技术有限公司 Logo 如图 6-1 所示。

图 6-1　北京博导前程信息技术有限公司 Logo

北京博导前程信息技术有限公司是国内知名的教学软件研发、销售商。公司致力于提升互联网环境下学生的综合竞争力，是国内高校教学软件的领跑者。

开设企业官方网站有利于提升企业形象，使公司具有网络沟通能力、实现电子商务能力、与客户保持密切联系的同时，挖掘潜在用户，建立商业联系并提供给客户一个反馈的信息平台。北京博导前程信息技术有限公司建设了自己的企业官方网站（www.bjbodao.com）。

早期的官方网站是静态网站，静态网站在更新内容或更改时较为麻烦，公司在重要新闻更新及对网站做出更改时，往往耗费大量的时间，给维护人员带来极大的不便，于是研发人员决定在原有静态网站基础上，进行修改，建立动态网站。

（三）案例详解

本案例通过介绍北京博导前程信息技术有限公司官方网站的建设过程，包含网站策划、样式规划、内容添加、优化等层面，剖析动态网站建设全过程。

任务一　网站建设分析

1. 网站实施背景及实施原因

北京博导前程信息技术有限公司官方网站的建设目的在于树立公司企业形象。早期的设计中，考虑到公司网站功能需求和内容较少，需要达成的功能较为简单，更新量不是很大，故采用纯静态网页的方式创建。随着时间的推移，公司对网站的优化推广要求有所提升，庞大的页面量优化的弊端因而开始凸显。为解决静态网站给维护人员带来的不便，研发人员决定对网站进行改版，在原有网站基础上，对栏目及功能模块进行重新策划及设计。

2．网站实施资源

新网站在原有的网站基础上进行栏目及内容扩充，旧网站上所积累的新闻资讯及相关资源较为充实。同时，免费建站系统及北京博导前程信息技术有限公司强大的研发团队也为网站建设提供了强大技术支持。

3．网站实施目的

（1）有利于提升企业形象。

（2）使公司具有网络沟通能力。

（3）实现电子商务功能。

（4）可以与客户保持密切联系。

（5）可以与潜在客户建立商业联系。

（6）可以降低通信费用。

（7）有利于及时得到客户的反馈信息。

当然，解决网站维护、更新量庞大的问题也是最重要的因素之一。

任务二　网站规划

北京博导前程信息技术有限公司官方网站定位于公司品牌、形象宣传。研发人员根据之前的静态网站在长期运营与维护中突显出的问题，以及客户对旧网站的用户体验及反馈，决定在原有网站栏目设置上进行更改及扩充。

新的网站栏目在原有栏目基础上增加了免费试用栏目，并对网站栏目重新整理。栏目拓扑图如图 6-2 所示。网站基本栏目设置如表 6-1 所示。

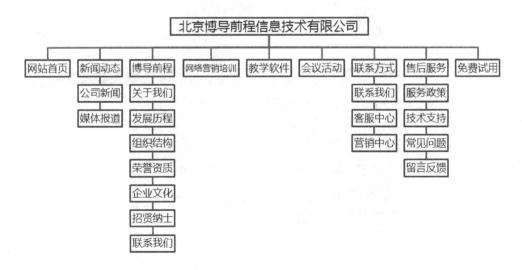

图 6-2　前台栏目拓扑图

表6-1　网站基本栏目设置

栏 目 构 成	设置原因与栏目价值
新闻动态	作为公司官方网站，新闻动态栏目的设立，方便用户对企业最新动态有所了解，网站最新新闻的更新也是网站被搜索引擎收录数量的保证
博导前程	公司信息详细情况的整体呈现，用户可通过该栏目对北京博导前程信息技术有限公司有所了解
网络营销培训	作为公司主要业务，将其单独划分出来，告知用户企业做什么，主营什么，也是用户对企业业务的直观了解入口
教学软件	
会议活动	
联系方式	用户联系企业入口，客户中心、营销中心栏目的独立，使得企业官网看上去更加专业
售后服务	售后服务栏目是企业官网必备的栏目之一，用户反馈及相关服务政策均会在这里提出，用户可以根据企业提供的 FAQ 或技术支持服务解决产品使用中遇到的问题
免费试用	北京博导前程信息技术有限公司主营教学软件，免费试用栏目的添加使得用户在购买商品前有一个免费试用和了解的过程，在用户体验方面发挥极致

任务三　网站建设

1. 网站前台布局

北京博导前程信息技术有限公司旧官方网站如图 6-3 所示。

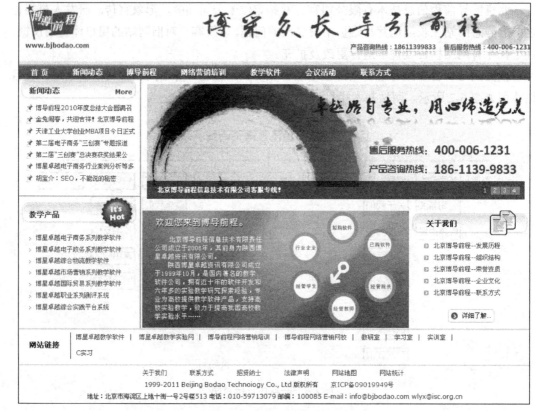

图 6-3　旧官方网站截图

从图 6-3 中可以看到，旧官方网站在内容承载上没有太多的信息，作为经常被搜索引擎抓取的首页，从 SEO 方面，首页承载信息量直接关系到搜索引擎的友好度，其次，网站底部"网站链接"及"关于我们"的栏目样式简单，排版较乱，用户体验不友好。

结合上述原因及用户反馈信息，研发人员对页面进行了重新布局。主页及内容页布局如图 6-4 和图 6-5 所示。

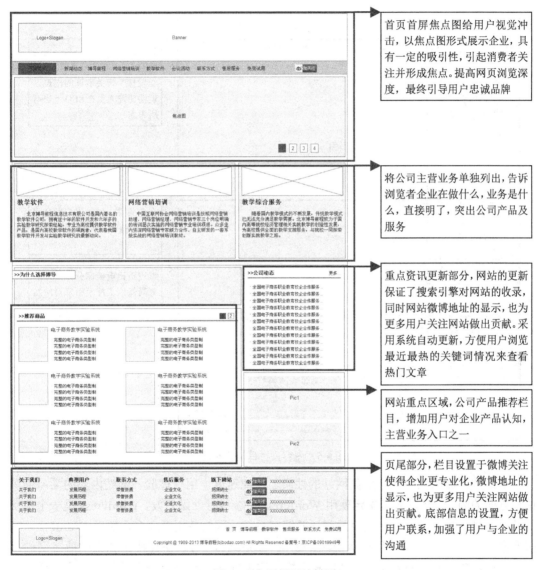

图 6-4　主页栏目结构图

2. 网站建设工具选择

在确定了网站主题布局后，北京博导前程信息技术有限公司以企业形象及主营业务为建设主旨，网站从栏目设置到内容收录都要表现出企业特色。从策划到实施做了完善部署，策划规划出网站布局及栏目，开发人员对网站开发平台进行仔细斟酌。

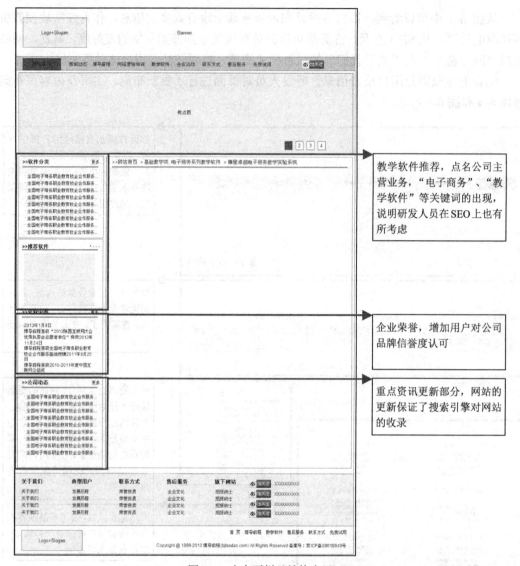

图 6-5　内容页栏目结构布局

　　网站结构图策划中，考虑到网站的性质、反应速度、用户体验、网站内容的简易性等诸多方面的因素，研发人员决定使用 WordPress 系统进行网站开发，WordPress 是一个免费的开源项目，是目前世界上使用最广泛的博客系统。因为使用者众多，所以 WordPress 社区非常活跃，有丰富的插件模板资源。使用 WordPress 可以快速搭建独立的博客网站。WordPress 拥有世界上最强大的插件和模板，这也是 WordPress 非常流行的一个特性。当前 WordPress 插件数据库中有超过 18 000 个插件，包括 SEO、控件等。个人可以根据它的核心程序提供的规则自己开发模板和插件。这些插件可以快速地把你的博客改变成 CMS，功能较强大的插件会有一个自己的管理目录在后台出现，就像程序自带似的方便，这些插件囊括了几乎所有互联网上可以实现的功能。

　　使用该软件大大节省了研发周期，研发人员只需根据后台设置，选择对应主题，修改相应栏目设置及样式即可完成 CMS 系统的搭建。

　　WordPress 系统后台不仅能够独立运行，而且具有强大的网站编辑能力，在网站内容发布及相关设置上较为方便，用户只需更改外观、设置及添加插件即可完成一个简单的 CMS 建站系统，因而可以节省不少时间。WordPress 系统后台如图 6-6 所示。

图 6-6　WordPress 系统后台

3．网站建设

　　确定好开发工具后，可以开始网站的整体开发。

　　（1）第一步，环境配置。WordPress 系统环境需要搭载 MySQL 数据库，所以研发人员在研发本站时，先在本地搭建了网站环境，使用 PHPNOW 创建数据库环境，环境安装完成后，将下载的 WordPress 文件复制到 PHP 下 htdocs 文件夹下，如图 6-7 所示。

图 6-7　WordPress 安装目录

在完成该步后，在浏览器中输入 localhost/wordpress，便可以开始配置自己的 WordPress 网站了。

具体流程图如图 6-8 至图 6-13 所示。

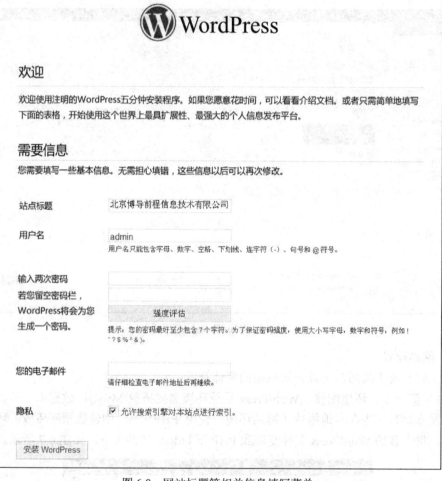

图 6-8　网站标题等相关信息填写菜单

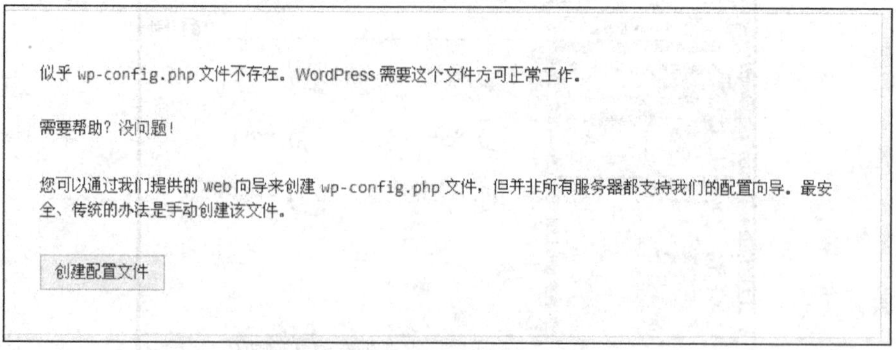

似乎 wp-config.php 文件不存在。WordPress 需要这个文件方可正常工作。

需要帮助？没问题！

您可以通过我们提供的 web 向导来创建 wp-config.php 文件，但并非所有服务器都支持我们的配置向导。最安全、传统的办法是手动创建该文件。

创建配置文件

图 6-9　网站搭建配置文件创建

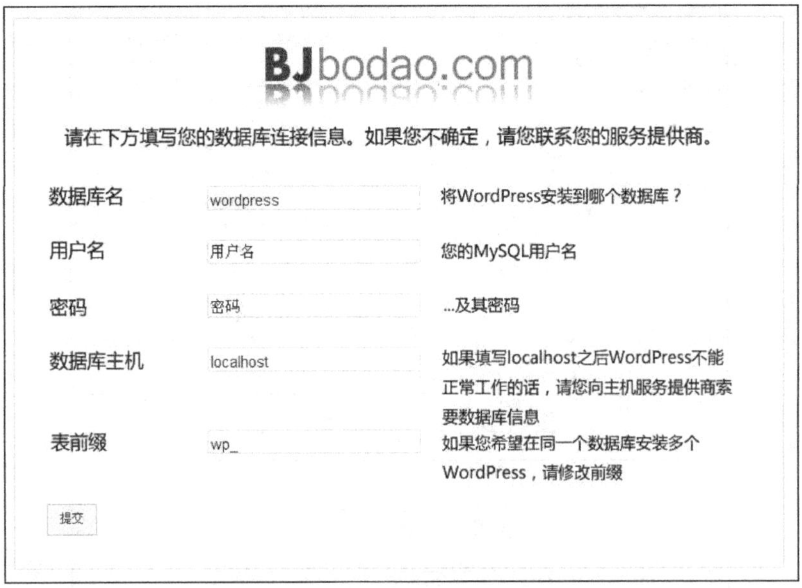

图 6-10　网站数据库连接信息填写菜单

从图 6-10 可以看到需要创建用户数据库，为数据库起名为"wordpress"，需要进入数据库操作后台，在浏览器中输入地址 localhost:81/phpmyadmin，进入数据库后台。

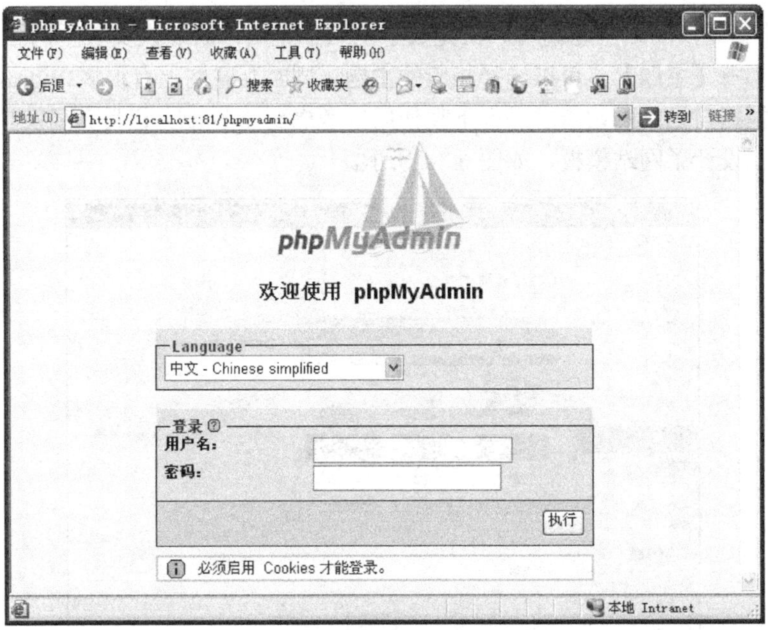

图 6-11　本地 wordpress 数据库环境 phpmyadmin

输入用户名和密码后，单击【执行】按钮，进入操作后台，创建"Wordpress"数据库，单击【创建】按钮。

完成后，WordPress 环境就搭建成功了。

图 6-12 phpmyadmin 操作页面

图 6-13 WordPress 网站安装完成

（2）第二步，网站主题编辑。在完成了网站配置后，研发人员着手网站首页的制作. 单击【外观】→【主题】，可以选择相应的主题，同时互联网上有很多 WordPress 免费主题，用户可根据自己的网站需求进行下载使用。考虑到 bjbodao 栏目布局及功能性需求，研发人员自己设计了网站模板，如图 6-14 所示。

图 6-14 WordPress 主题选择页面

（3）第三步，网站栏目编辑。出于对导航栏设计的考虑，研发人员首先对网站栏目进行了编辑，选择【页面】→【新建页面】命令来完成所有页面名字的命名，如图6-15所示。

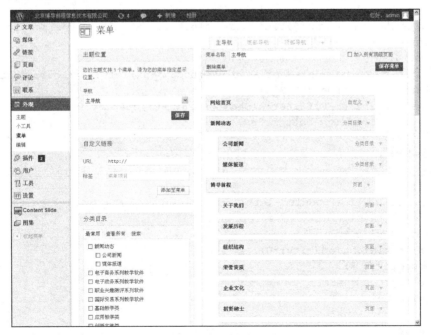

图6-15　导航栏制作

添加完成后，单击【外观】→【菜单】选择之前所编辑的网站页面，确定主导航、底部导航、顶部导航等设置，如图6-16所示。

图6-16　网站导航栏制作

导航代码为：

```
    <div id="access" role="navigation">
      <span style="float:right; z-index:10000;padding-top:8px;padding-right:
26px;"><a  href="http://weibo.com/bjbodao"  target="_blank"><img  src="<?php
bloginfo('template_url');?>/images/gz.jpg" title="关注北京博导前程公司微博" />
</a></span>
        <?php wp_nav_menu( array( 'container_class' => 'menu-header', 'theme_
location' => 'primary' ) ); ?>
    </div>
```

样式代码为：

```
/* =Menu
-------------------------------------------------------------- */
#access {display: block;float: left;margin: 0 auto;width: 980px;background:url
(images/hot.gif) 803px 8px #de1919;background-repeat:no-repeat;z-index:100000;
 font-family:"微软雅黑";}
#access .menu-header,
div.menu {
     font-size: 14px;margin-left: 12px;width: 928px;
}
#access .menu-header ul,
div.menu ul {
     list-style: none;
     margin: 0;
}
#access .menu-header li,
div.menu li {float: left;position: relative;}
.menu-header a {color: #FFF;display: block;line-height: 38px;padding: 0 15px;
text-decoration: none;}
#access ul ul {
     display: none;position: absolute;top: 38px;left: 0;float: left;width:
180px;width:auto;z-index: 99999;
     background:#FFF;filter:alpha(opacity:80);opacity:0.8;
padding-top:8px;padding-bottom:8px;
}
#access ul ul li {min-width: 180px;min-width:auto;}
#access ul ul li a:hover{width:164px;background:#DE1919;margin-left:6px;
color:#fff; }
#access ul ul li a{padding-left:15px;}
#access ul ul ul {left: 100%;top: 0;}
#access ul ul a {
     filter:alpha(opacity:80);
     opacity:0.8;
     background: #FFF;
     line-height: 1em;
     padding: 10px;
     width: 180px;
     height: auto;
```

```
    color:#000;
}
#access li:hover > a,
#access ul ul :hover > a {
    /*background: #333;
    color: #fff;
    background:#FFF;*/
    background:#fff;
    color:#333;
    font-weight:bold;
    filter:alpha(opacity:80);
    opacity:0.8;
}
#access ul li:hover > ul {
    display: block;
}
#access ul li.current_page_item > a,
#access ul li.current-menu-ancestor > a,
#access ul li.current-menu-item > a,
#access ul li.current-menu-parent > a {
    font-size:14px;
    font-weight:bold;
```

（4）第四步，首页编辑。研发人员考虑到自己设计的布局，决定自己对前台进行重新布局编辑。单击【外观】→【编辑】进入页面编辑模块，如图 6-17 所示。

图 6-17　WordPress 页面编辑模板

在项目三中，对 CSS 样式布局进行了大概讲解，本项目只从布局上对北京博导前程信息技术有限公司官方网站进行讲解。

从网站首页布局可以看到，首页由顶部、导航栏、焦点图、主内容区及页尾组成。从 WordPress 代码结构可以看出，首页代码 index.php 由顶部代码 header.php、footer.php 以及焦点图代码构成，头部 header.php 代码如下：

```html
<body>
<a id="returnTop" href="javascript:;">回到顶部</a>
<script src="<?php bloginfo('template_url');?>/images/jquery-1.8.3.min.js">
</script>
<script src="<?php bloginfo('template_url');?>/images/common.js"></script>
<div class="container">
    <div class="header">
    </div>
    <div id="access" role="navigation">
    <span style="float:right; z-index:10000;padding-top:8px;padding-right:
26px;"><a href="http://weibo.com/bjbodao" target="_blank"><img src="<?php
bloginfo('template_url');?>/images/gz.jpg" title="关注北京博导前程公司微博"
/></a></span>
        <?php wp_nav_menu( array( 'container_class' => 'menu-header', 'theme_
location' => 'primary' ) ); ?>
    </div>
```

从上述代码可以看到，网站头部由 Banner 及导航组成。

下面开始着手焦点图部分的制作。WordPress 拥有众多的网站插件，所以在制作焦点图时，并不需要研发人员自己动手花费太多时间，研发人员在网上下载到焦点图插件：Content Slide Plugin，安装成功后，研发人员只需要进入该插件编辑页面进行编辑即可，包含焦点图大小背景色等信息均可设置，如图 6-18 所示。

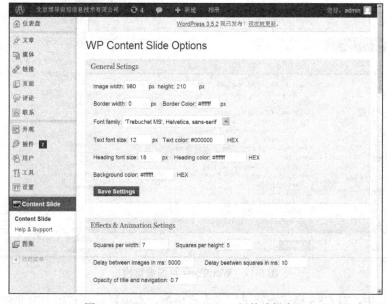

图 6-18　Content Slide Plugin 插件编辑窗口

完成该焦点图后，在首页 index.php 代码中加入如下代码，调用 Content Slide Plugin
插件：

```
<?php get_header();?>
<div class="banner">
<?php if(function_exists('wp_content_slider')) { wp_content_slider(); } ?>
</div>
```

CSS 代码如下：

```
.banner{width:980px; height:210px; margin:0 auto;padding-top:8px; clear:
both;}
#wpcontent_slider_container{margin:0 auto;}
```

完成后研发人员将进行首页内容栏目部分的编辑，栏目内容部分布局如图 6-19 所示。

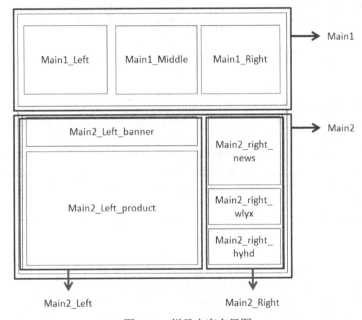

图 6-19　栏目内容布局图

代码如下：

```
<div class="main1">
<div class="main1_left"></div>
<div class="main1_middle"></div>
<div class="main1_right"></div>
</div>
<div class="main2">
<div class="main2_left">
<div class="main2_left_banner"></div>
<div class="main2_left_product"></div>
</div>
```

```
<div class="main2_right">
<div class="main2_right_news"></div>
<div class="main2_right_wlyx"></div>
<div class="main2_rigjt_hyhd"></div>
<div>
</div>
</div>
```

CSS 样式如下：

```
.main1{width:980px; height:300px;margin-top:8px; background:#FFF;}

    .main1_left{float:left;width:326px;padding-top:15px;
background:url(images/line.jpg) 325px 0px; background-repeat:no-repeat;}
    .main1_left_img{background:url(images/main1_left.png)
no-repeat;width:285px; height:93px;margin:0 auto;}
    .main1_left_img a{display:block;cursor:hand;width:285px;height:93px;}
    .main1_left h2{padding-left:20px;padding-top:8px; font-family:"微软雅黑";
font-size:18px;}
    .main1_left p{text-indent:2em; font-size:13px;padding:15px 15px 15px 20px;
line-height:22px;}

    .main1_middle{float:left;width:326px;padding-top:15px;
background:url(images/line.jpg) 325px 0px; background-repeat:no-repeat;}
    .main1_middle_img{background:url(images/main1_middle.png)
no-repeat;width:285px; height:93px;margin:0 auto;}
    .main1_middle_img a{display:block;cursor:hand;width:285px;height:93px;}
    .main1_middle h2{padding-left:20px;padding-top:8px;font-family:"微软雅黑";
font-size:18px;}
    .main1_middle p{text-indent:2em; font-size:13px;padding:15px 15px 15px 20px;
line-height:22px;}

    .main1_right{float:left;width:326px;padding-top:15px;}
    .main1_right_img{background:url(images/main1_right.png)
no-repeat;width:285px; height:93px;margin:0 auto;}
    .main1_right_img a{display:block;cursor:hand;width:285px;height:93px;}
    .main1_right h2{padding-left:20px;padding-top:8px;font-family:"微软雅黑";
font-size:18px;}
    .main1_right p{text-indent:2em; font-size:13px;padding:15px 15px 15px 20px;
line-height:22px;}

    .main2{width:980px; height:560px;margin-top:8px; clear:both;}
    .main2_left{width:672px;height:560px;float:left;}
    .main2_left_banner{width:672px;height:130px; background:#FFF; background:
url(images/bjbodao.png) no-repeat;}
    .main2_left_product{width:672px;height:428px;
background:#FFF;margin-top:8px;}

    .main2_right{width:300px;height:560px;float:right;}
```

```
    .main2_right h3{height:36px; line-height:36px;padding-left:15px; font-size:
14px; font-weight:normal; background:url(images/title2.jpg) repeat-x;border-
bottom:2px solid #0274BC;}
    .main2_right h3 span{float:right;padding-right:10px;}

    .main2_right_news{width:300px;height:300px; background:#FFF;}
    .main2_right_wlyx{width:300px; height:150px; background:#FFF;margin-top:
8px; background:url(images/markting.png) no-repeat;}
    .main2_right_wlyx a{display:block;cursor:hand;width:300px;height:150px;}
    .main2_right_hyhd{width:300px;height:100px;
background:#FFF;margin-top:8px;background:url(images/conference.png)
no-repeat;}
    .main2_right_hyhd a{display:block;cursor:hand;width:300px;height:100px;}
```

网站底部 Footer 结构布局如图 6-20 所示。

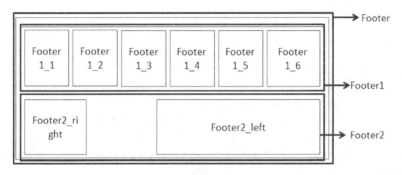

图 6-20　网站底部结构布局

代码如下：

```
<div class="footer1">
      <div class="footer1_1">
      </div>
      <div class="footer1_2">
      </div>
      <div class="footer1_3">
      </div>
      <div class="footer1_4">
      </div>
      <div class="footer1_5">
      </div>
      <div class="footer1_6">
      </div>
   </div>
   <div class="footer2">
      <div class="footer2_left"></div>
      <div class="footer2_right">
```

```
        </div>
      </div>
  </div>
  </body>
  </html>
```

CSS 样式如下：

```
.footer1{ height:175px;background:#ececec; clear:both; }
.footer1 a{ color:#333;}
.footer1_1{ float:left; width:135px;}
.footer1_1 h3{text-align:center;padding-top:25px;}
.footer1_1 ul{padding-top:20px;}
.footer1_1 ul li{text-align:center;font-size:14px; height:22px;}
.footer1_2{ float:left; width:135px;}
.footer1_2 h3{text-align:center;padding-top:25px;}
.footer1_2 ul{padding-top:20px;}
.footer1_2 ul li{text-align:center;font-size:14px; height:22px;}
.footer1_3{ float:left; width:135px;}
.footer1_3 h3{text-align:center;padding-top:25px;}
.footer1_3 ul{padding-top:20px;}
.footer1_3 ul li{text-align:center;font-size:14px; height:22px;}
.footer1_4{ float:left; width:135px;}
.footer1_4 h3{text-align:center;padding-top:25px;}
.footer1_4 ul{padding-top:20px;}
.footer1_4 ul li{text-align:center;font-size:14px; height:22px;}
.footer1_5{ float:left; width:135px;}
.footer1_5 h3{text-align:center;padding-top:25px;}
.footer1_5 ul{padding-top:20px;}
.footer1_5 ul li{text-align:center;font-size:14px; height:22px;}
.footer1_6{ float:left; width:280px;padding-left:25px;}
.footer1_6 ul{padding-top:22px;}
.footer1_6 ul li{text-align:left;font-size:14px; height:31px; line-height:
31px;}
.footer1_6 a:hover{ text-decoration:underline;}

.footer2{background:#881717; height:100px;}
.footer2_left{float:left;width:170px; height:100px; background:url(images/
foot_logo.png) 30px 15px; background-repeat:no-repeat; z-index:100px;}
.footer2_right{float:right;width:730px;}
.footer2_right ul{padding-top:20px;padding-right:20px;}
.footer2_right ul li{text-align:right; font-size:14px; color:#FFF;}
.footer2_right ul li a{text-align:right; font-size:14px; color:#FFF;
font-weight:bold;padding-left:10px;}
.f2rt{padding-top:27px; font-weight:normal; font-family:"微软雅黑";}
```

至此网站首页布局结束，接下来研发人员开始内容页的制作，从图 6-5 可以看到，内容页除去 header.php，页尾 footer.php 部分，页面主要由侧边栏和内容页组成。

从网站后台代码找到 page.php，该页面即为内容页模板，代码如下：

```
<?php get_header(); ?>
<div class="banner">
<!--焦点图--><?php if(function_exists('wp_content_slider')) { wp_content_
slider(); } ?>
</div>
<div id="page_right">
    <?php get_template_part( 'loop', 'page' );?>
</div>
<div id="page_left">
    <?php get_sidebar(); ?>
</div>
<?php get_footer(); ?>
```

其中页面内容部分，代码调用网站头部、焦点图以及页尾，中间部分便是网站内容页主要内容，从图 6-5 看到，研发人员将侧边栏分为三栏：一是调用相关栏目，二是推荐产品栏目，三是旗下网站栏目。页面结构如图 6-21 所示。

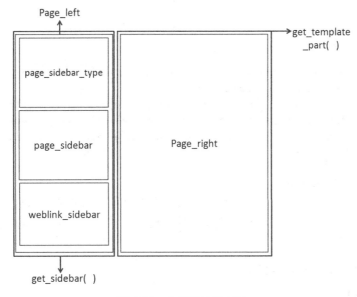

图 6-21　内容页结构布局

研发人员选择 sidebar.php 并进行编辑，内容页侧边栏代码如下：

```
<div class="page_sidebar_type">
    <H3>栏目分类</H3>
            <?php
global $notfound;
if (is_page() and ($notfound != '1')) {
 $current_page = $post->ID;
 while($current_page) {
    $page_query = $wpdb->get_row("SELECT ID, post_title, post_status, post_
parent FROM $wpdb->posts WHERE ID = '$current_page'");
```

```
    $current_page = $page_query->post_parent;
  }
  $parent_id = $page_query->ID;
  $parent_title = $page_query->post_title;
  $page_menu = wp_list_pages('echo=0&sort_column=menu_order&title_li=&child_
of='. $parent_id);
  if ($page_menu) {
?>
<ul>
  <?php echo $page_menu; ?>
</ul>
<?php } } ?>
</div>
<div class="page_sidebar">
        <H3 class=product-title>推荐产品</H3>
</div>

<div class="weblink_sidebar">
        <H3 class=product-title>旗下网站</H3>
</div>
```

CSS 样式结构如下：

```
  .page_sidebar_type{width:250px; height:auto; float:left;margin-bottom:8px;
background:#FFF;padding-bottom:9px;}
  .page_sidebar{width:250px;   height:auto;   float:left;margin-bottom:8px;
background:#FFF;}
  .weblink_sidebar{width:250px; height:auto; float:left;margin-bottom:8px;
background:#FFF;}
```

至此，内容页代码完成。

在完成了相关内容页及列表页代码后，北京博导前程信息技术有限公司官方网站初步建成了，但网站代码的编写完成并不代表网站建设已经结束，接下来，研发人员需要做的便是对网站的测试。

任务四 网站测试与内容维护

1. 网站测试

北京博导前程信息技术有限公司在完成建设后，对网站进行了测试，分别测试在不同浏览器下的兼容模式，以及链接出错等情况。

表 6-2 网站测试表

测 试 类 别	测试 名 称	测 试 内 容	测 试 方 法
功能性测试	链接测试	1. 测试所有链接能否按指示的那样确实链接到了该链接的页面； 2. 测试所有链接的页面是否存在； 3. 保证网站上没有孤立的页面	1. 手工：正式上线前，可通过测试人员人工单击、浏览来判断；或使用 Xenu-s Link Slueth； 2. 自动：正式上线后，通过工具实现，如：http://tool.chinaz.com/Links/

续表

测 试 类 别	测 试 名 称	测 试 内 容	测 试 方 法
可用性测试	导航测试	导航最为直观，它的位置也非常突出。 1. 导航是否直观； 2. 网站的主要部分能否通过导航引导过去； 3. 导航能否将用户快速地引导到各个区域，且准确无误	手工：测试人员人工单击、提交、浏览来判断
	图形测试	图形测试包括了网站上所有可视化效果，图片、图标、边框、Flash、颜色、字体等。 1. 确保每个图形都有自己的用途，不要胡乱堆砌，且尺寸与大小只能减少，保证页面加载速度； 2. 验证页面字体是否统一； 3. 验证背景色与字体颜色搭配后的视觉效果； 4. 图片格式是否正确，如 JPG 或 GIF，个别用 PNG 或 PSD 等	手工：测试人员人工单击、提交、浏览来判断
	内容测试	测试内容添加与上传的过程； 编辑器是否可用、附件上传功能及大小、媒体插入效果，文字编辑效果	手工：测试人员人工单击、提交、浏览来判断
	布局测试	首页、频道页、栏目页、内容页的页面整体感是否舒适，能否凭直觉找到信息，设计风格是否统一	手工：测试人员人工单击、提交、浏览来判断
兼容性测试	浏览器测试	网站在 IE 6/7/8、Firefox、Chrome、Opera、World 等主流浏览器中页面显示是否正确，插件功能是否完备	1. 手工：测试人员人工单击、提交、浏览来判断 2. 自动：IETester 或 Firefox Fire Bug
上线后测试	安全测试	1. 用户安全：找出各种手段尝试能否登录后台，或者需要登录验证的页面是否可以不登录就查看，以及用户注册的大小写是否敏感，对用户信息的保护、登录多久超时等； 2. 网站是否有完备的日志记录； 3. 插件及特效代码的安全性，是否存在漏洞	手工：测试人员人工单击、提交、浏览来判断
	速度测试	1. 客户端的网速； 2. 服务器的速度； 3. 服务器处理速度； 4. 服务器并发量	自动：通过网上大量的网站速度测试来选择节点对网站进行考量。如：webkaka.com
	SEO 测试	1. 网站静态化； 2. 网站页面 META 标签的可用性与舒适性； 3. 网站代码混乱； 4. 网站 URL 设计	手工：测试人员人工单击、提交、浏览来判断

整站在完成测试后，研发人员决定在浏览人数不多的假期或周末，将网站挂载公司服务器端。

首先研发人员在服务器端配置 PHP 环境，将本地网页模板及数据库中 wordpress 数据库导出，如图 6-22 所示。

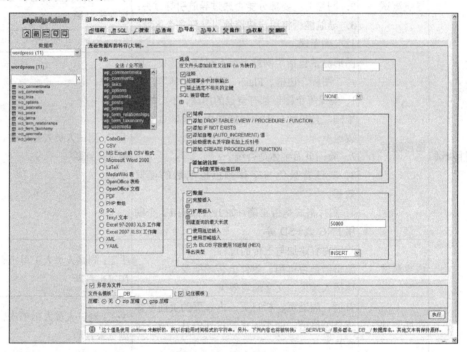

图 6-22　本地数据库导出

完成后并导入至服务器端，在服务器端 phpmyadmin 环境下导入数据库，如图 6-23 所示。

图 6-23　数据库导入

数据库导入后，研发人员开始在服务器端进行 IIS 配置，具体过程如图 6-2 至图 6-26 所示。

图 6-24　新建网站，建立虚拟目录

图 6-25　选择 WordPress 网站目录后，单击【下一步】按钮

图 6-26　IIS 目录创建完成

在完成 IIS 目录创建后，需要对网站域名进行绑定，具体过程如图 6-27 和图 6-28 所示。

图 6-27　www.bjbodao.com 域名绑定（一）　　　　图 6-28　bjbodao.com 域名绑定（二）

在完成了域名解析后，研发人员需要对网站进行 IP 解析，由于 bjbodao.com 属于网站更新，故不需要注册域名，登录中国频道，选择【域名类】→【域名管理】，选中 bjbodao.com，单击 enter 超链接，如图 6-29 所示。

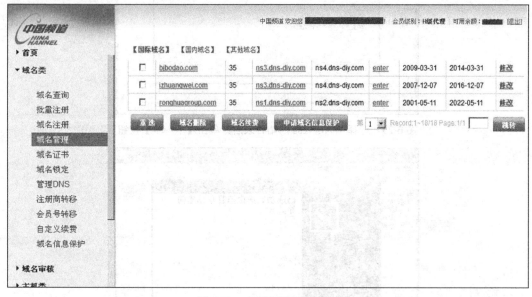

图 6-29　中国频道域名绑定

进入后填写对应的 IP 地址及主机名，完成后单击【修改】网站 IP 绑定成功，如图 6-30 所示。

至此，网站便可以在互联网端访问了。

| 域名解析 | | | | | | 常见问题 | 退出 |

当前域名：**bjbodao.com**

域名解析 - 域名指向 - 邮件转发

bjbodao.com		**Name servers**
标志：	Normal	为了使域名解析生效，请将DNS设置为我们的服务器。
更新时间：	2013-03-29 00:08:02.0	ns1.dns-diy.com
创建时间：	2008-02-27 13:35:55.0	ns2.dns-diy.com
允许最多的记录数：	100	**或者**
允许最小的TTL(秒)：	5	ns3.dns-diy.com
默认TTL(秒)：	3600	ns4.dns-diy.com

主机名	类型	IP地址/主机名	优先级	TTL(秒)	编辑	删除	**提示**
	A ▼	1.85.2.103	0	3600	修改	X	● 在"主机名"栏中直接输入第三级域名的名字即可，无须包含二级域名。例如：您要为 www.yourdomain.com作解析，"主机名"栏中只要输入www即可。
*	A ▼	1.85.2.103	0	3600	修改	X	
www	A ▼	1.85.2.103	0	3600	修改	X	

最近5个操作记录

id	time	operator	type	action	result	● "主机名"栏为空，可为该二级域名做解析；"主机名"栏为"*"可以做泛解析。
21461728	2013-03-29 00:08:02.0	0	RR	UPDATE	SUCCESS	

图 6-30　中国频道域名绑定界面

回到 WordPress 后台可以看到，WordPress 人性化设计里，有错误导航 404 重定向页面，如图 6-31 所示，研发人员在完成网站整体建设后，404 页面的编辑也是不能忽视的。代码如下：

```
<title>404 错误 - 北京博导前程信息技术有限公司</title>
</head>
<body>
        <h2><em>404 Error</em>:您访问的页面找不回来了</h2>
        <p class="portal">
        <a href="http://www.bjbodao.com">网站首页</a> |
        <a href="http://www.bjbodao.com/news/">新闻动态</a> |
        <a href="http://www.bjbodao.com/bodao/">博导前程</a> |
        <a href="http://www.bjbodao.com/training/">网络营销培训</a> |
        <a href="http://www.bjbodao.com/product/">教学软件</a> |
        <a href="http://www.bjbodao.com/meeting/">会议活动</a> |
        <a href="http://www.bjbodao.com/contact/">联系方式</a> |
        <a href="http://www.bjbodao.com/service/">售后服务</a> |
        <a href="http://www.bjbodao.com/free/">免费试用</a>
    </p>
        <div class="gongyi"><script type="text/javascript" src=
"http://www.qq.com/404/search_children.js" charset="utf-8"></script></div>
        <div style="margin:0 auto;width:500px;height:68px;position:relative;">
<div class="chinazgongyi"><a href="http://www.bjbodao.com/"><img src=
"http://www.bjbodao.com/ wp-content/themes/bjbodao/404.png" width="154"
height="48"  alt="北京博导前程信息技术有限公司公益 404 页面"></a></div></div>
```

图 6-31 链接出错 404 页面

网站重定向 404 页面的制作是网站制作中重要的一个页面，寻人启事的定向 404 页面体现了互联网人性化的一面。

2. 内容维护

WordPress 强大的系统后台，使得维护人员在编辑内容时变得简单，维护人员只需在后台选择【文章】→【写文章】，填写对应的文章标题，并选中对应的栏目，在编辑框中完成内容的编辑，单击【发布】按钮，即可完成文章的编辑，如图 6-32 所示。

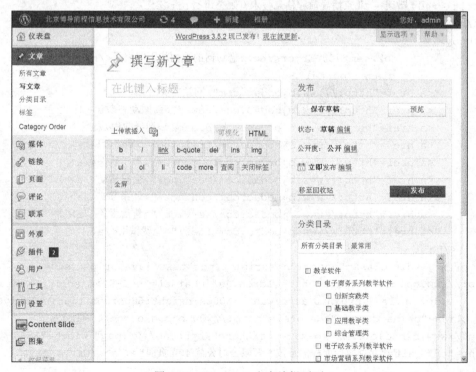

图 6-32 WordPress 文章编辑页面

（四）相关术语

1．WordPress

WordPress 起初是一款个人博客系统，并逐步演化成一款内容管理系统软件，它是使用 PHP 语言和 MySQL 数据库开发的，用户可以在支持 PHP 和 MySQL 数据库的服务器上使用自己的 Blog。当前 WordPress 插件数据库中有超过 18 000 个插件，包括 SEO、控件等。用户个人可以根据它的核心程序提供的规则自己开发模板和插件。这些插件可以快速地把你的博客改变成 CMS、forums、门户等各种类型的站点。

2．CMS

网站内容管理系统（Content Management System，CMS）具有许多基于模板的优秀设计，可以加快网站开发的速度和减少开发的成本。网站内容管理系统的功能并不只限于文本处理，也可以处理图片、Flash 动画、声像流、图像甚至电子邮件档案。网站内容管理系统其实是一个很广泛的称呼，从一般的博客程序、新闻发布程序，到综合性的网站管理程序都可以被称为内容管理系统。

（五）案例分析

北京博导前程信息技术有限公司官方网站建设经历了分析、策划、实施、测试、推广、运营等环节，有效地凸显了企业网站建设的整个流程。

1．网站定位

北京博导前程信息技术有限公司定位于企业形象宣传，以展示企业最新资讯、企业业务及相关信息为目的，从整站研发初衷及目的上，整站建设符合前期网站策划。

2．网站特色

与旧官网相比，新官网的动态化使得网站在维护时大大减少了工作人员工作量。通过 WordPress 搭建的新官方网站，在内容维护、用户留言管理方面表现非常出色。

3．用户体验

（1）页面与频道。新官方网站的建立，在结构上打破了旧网站的布局简单、页面内容单一的局面，丰富的页面展示信息及动态焦点图窗口给浏览者视觉冲击，在企业信息呈现上给用户留下深刻印象。

网站的频道规划比较明确，能够方便用户快速了解企业信息，其中主营业务栏目单独列出，也突出了企业网站的宣传重点。留言板及在线客服的支撑使得官方网站更专业。

（2）信息量与更新。北京博导前程信息技术有限公司官方网站承载了公司企业详细信息，从企业介绍至企业业务。企业新闻及在线 FAQ，每一个页面都和企业联系密切。旧的官方网站由于静态网站原因，在维护及更新上较为麻烦，而新的网站在内容更新上只需编写文章，选择相应栏目单击发布即可，若需要对栏目进行重新整理，在 WordPress 后台菜单选项即可直接完成，大大节省了维护人员的时间。

4．网站不足

新的北京博导前程信息技术有限公司官方网站尽管在网站上实现了动态化，方便维护及管理，并未实现完整的电子商务化，但作为官方网站，其栏目的覆盖已经足够描述企业的详细信息。

（一）支持企业

河北宏业股份有限公司。

（二）企业背景

中航河北安吉宏业机械股份有限公司始建于 1947 年，是目前国内大型综合性机械产品生产型高新技术企业之一。

公司占地 25 万平方米，以机械制造为主导，集研发、制造、贸易、服务于一体，专业生产车用采暖及空气净化系统（汽车加热器、散热器、除霜器等）、流量计量仪表、泵阀产品和铸件等。产品远销欧、美、日、韩等多个国家及地区。公司率先通过 TS16949、ISO 9001 国际质量体系认证、GJB9001B 军工产品质量管理体系认证、保密认证、挪威船级社 CE 认证及多种产品 E-MARK 认证。受世界经济增长放缓的影响，国内部分生产同类型产品的企业倒闭，宏业部分产品销售也出现不畅。面对此逆境，企业除了在生产和管理上降低成本外，就是开拓新的市场，电子商务也被企业提到运营层面来。

2012 年，企业成立了独立的网络营销部，主要是用来完善企业信息化进程，通过网络开拓公司新的市场。网络营销部初成立时，原有企业网站已经长时间没有更新和维护，核心关键词在搜索引擎中排名也不尽如人意，针对企业网站现状，企业决定建立新的营销型企业网站（从单纯的介绍公司产品型的网站转向研究客户应用、以客户需求为中心的营销型网站），主要是重新整理了企业现有的内部资料，包括产品介绍、样品、行业解决方案、对外宣传文档等工作，建立了能通过后台生成静态网页的动态网站（考虑到后期 SEO、SEM 等优化工作）。

（三）案例详解

任务一　栏目策划

为了解决原有企业网站长期的运营与维护上突显出的问题，新版网站遵循营销型网站建设理念，根据之前的网站以及客户对旧网站的用户体验及反馈，在原有网站栏目设置上进行更改及扩充。具体栏目内容如表 6-3 所示。

表 6-3　网站基本栏目设置

一级栏目	二级栏目	三级栏目	备　注
关于我们（企业介绍）	企业简介	总体介绍	图文介绍，突出公司的历史、规模、实力等
		宏业永盛	分公司专题页面
		宏业永泰	分公司专题页面
		泊头宏昌	分公司专题页面
	经理致词		图文介绍
	企业文化		图文介绍

一　级　栏　目	二　级　栏　目	三　级　栏　目	备　　注
关于我们 （企业介绍）	资质荣誉		图文介绍
	设备能力		图文介绍
	主要客户		客户列表，按行业分类突出大客户
	工程案例		案例列表（图文）按行业分类突出大项目
	营销网络		各地营销组织简介、联系方式
	服务承诺		文字介绍
	企业大事记		文章列表，单击查看详细
新闻动态	企业动态		文章列表，单击查看详细
	企业公告		文章列表，单击查看详细
	业界资讯		文章列表，单击查看详细
	文化活动		文章列表，单击查看详细。体现公司、员工的相关活动、评选、征文等
产品中心	加热器系列	分类1	图文列表，单击查看详细
		分类2	图文列表，单击查看详细
		分类…	图文列表，单击查看详细
	流体机械系列	分类	图文列表，单击查看详细
	暖风系统	分类	图文列表，单击查看详细
	产品分类	分类	图文列表，单击查看详细
	……	分类	图文列表，单击查看详细
技术支持	技术参数		文章列表，单击查看详细
	产品说明		文章列表，单击查看详细（如各种电子版产品说明书，可供下载）
	常见问题		文章列表，单击查看详细（产品相关的常见问题解决方法，可以从用户咨询中归纳）
	技术知识		文章列表，单击查看详细（选购、安装、使用、维护、保养等知识）
	在线问答		在线提交问题，管理员后台回复
服务中心	在线留言		文字介绍
	留言反馈		页面效果+链接
	即时通讯		动态表单
	免费电话		动态表单
联系我们			总公司地址联系方式，重点部门联系方式，各分公司地址联系方式，支持地图地理位置展现

网站页面布局如图 6-33 所示。

图 6-33　企业改版后的首页布局

任务二　下载并安装 ASPCMS

登录官方网站（http://www.aspcms.com/），进入官方下载中心，免费下载 ASPCMS V2.3.5 版本，如图 6-34 所示。

下载地址：
官方下载：
http://61.191.188.101:1002/aspcms235.rar

分流下载地址：
chinaz
http://down.chinaz.com/soft/29759.htm
admin5
http://down.admin5.com/asp/73162.html
cnzz
http://down.cnzz.cn/info/59587.aspx
downcodes
http://www.downcodes.com/download/view-software-10520.html

图 6-34　下载 ASPCMS V2.3.5 版本

接下来，就是解压和 IIS 架设工作了。文件解压（版本是.rar 压缩包，右击，在弹出的快捷菜单中选择【解压到当前文件夹】命令），解压到需要的目录。

以安装在根目录为例。打开刚才解压时选择的目录 F 盘根目录，可以看到 ASPCMS 这个文件夹，再打开 IIS 服务器（选择【开始】→【设置】→【控制面板】→【管理工具】→【Internet 信息服务】命令），打开【目录】选项卡，本地路径选择 ASPCMS 在线测试，如图 6-35 所示。

图 6-35　主目录设置

单击【开始位置】右边的【配置】按钮，弹出应用程序配置对话框，选中【启用父路径】复选框，如图 6-36 所示。

图 6-36　应用程序配置

若安装在虚拟（二级）目录需要修改 config 文件夹下 AspCms_Config.asp，最后单击【保存】按钮。到此为止，系统安装结束。

任务三　网站后台操作

1．进入网站后台管理登录界面

打开浏览器，输入后台登录地址：http://localhost/admin/，输入用户名、密码、验证码，认证码通过认证登录后台，开始建站，如图 6-37 所示。ASPCMS 系统默认的用户名是 admin，密码是 123456。需要更改密码可以登录【后台用户管理】→【管理员管理密码】进行修改。

图 6-37　后台登录入口

登录后进入后台管理中心，如图 6-38 所示。

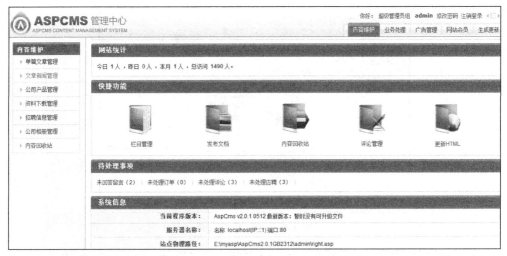

图 6-38　后台管理中心

（1）网站会员管理。图 6-39 为超级管理员的管理界面，可以修改其名称、描述及具体的权限。通过设置不同会员等级和不同管理组和管理员的角色，可以实现网站的分类权限管理。

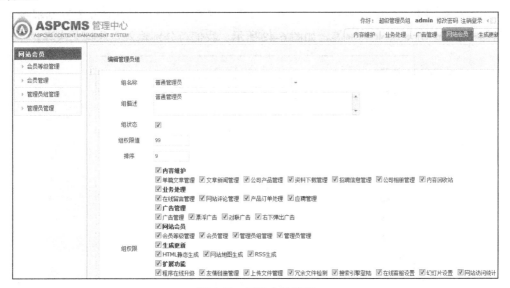

图 6-39　网站会员管理

（2）模板选择。系统自带一套模板，如果不需要自己的模板，可以直接到后台建栏目，添加信息，然后利用标签调用就行了。一般模板都放在 template 目录下，图片放在与 template 目录同级的 images 目录下；把做好的静态模板或者到模板下载区下载的模板解压后的文件放到 ASPCMS 的 template 目录下，把下载的 images 目录下的图片复制到 ASPCMS 的 images 目录下。后台选择【界面风格】→【模板选择】，选择需要的模板即可，如果没有出现模板，单击【刷新】按钮即可，如图 6-40 所示。

图 6-40 网站模板选择

（3）网站信息设置。进入后台，单击【系统设置】按钮，如图 6-41 所示。

图 6-41 网站信息设置

可以看到网页左边出现网站信息设置。这里，可设置网站的具体信息有网站标题、网页附加标题、网址、企业名称等。如图 6-42 所示，我们可分别输入企业相关内容。

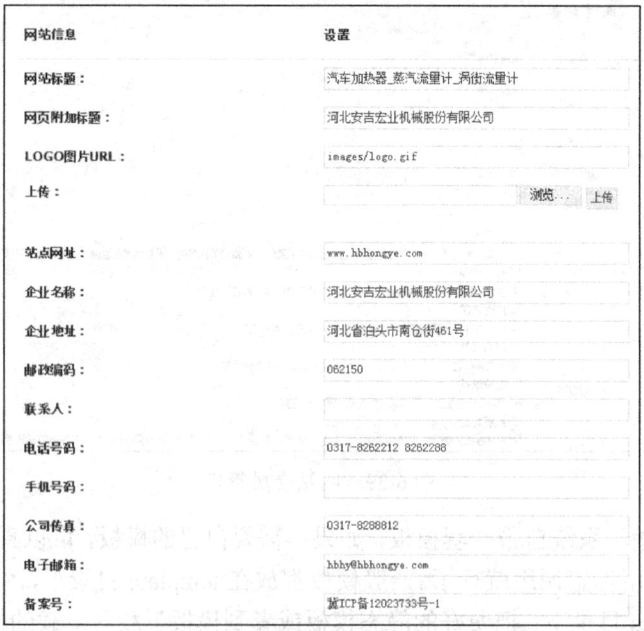

图 6-42 网站信息设置导航图

事实上，这里的修改对应了很多模板的设置，如 index.html，图 6-43 为网站模板代码。其中，标签{aspcms:sitetitle}对应了网页标题，标签{aspcms:additiontitle}对应了网页附加标题。

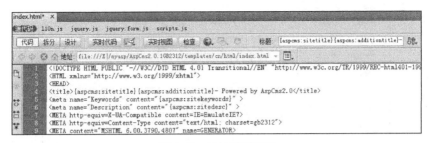

图 6-43　网站模板代码

2. 网站栏目设置与内容添加

（1）网站栏目管理。打开后台，系统提供了一些默认的栏目，可以根据前面的企业网站规划，重新设置网站的栏目。如图 6-44 所示。

选择	编号	分类名称	类型	链接	排序	状态
☑	1	新闻中心	文章		1	◎
☑	2	├ 公司新闻	文章		1	◎
☑	3	├ 公司公告	文章		2	◎
☑	4	├ 行业新闻	文章		3	◎
☑	5	产品展示	产品		2	◎

图 6-44　网站默认栏目

选择【系统设置】→【网站栏目管理】，可以修改或者建立网站栏目。【添加分类】选项可以添加网站的栏目，详细设置内容如图 6-45 所示。

选择	编号	分类名称	类型	链接	排序	状态	操作	导航显示	底部导航显示
☐	1	∨ 走进安业	单篇		1	◎	添加子类 修改 删除	◎	◎
☐	177	├ 集团介绍	单篇		2	◎	添加子类 修改 删除	◎	◎
☐	178	├ 企业文化	单篇		3	◎	添加子类 修改 删除	◎	◎
☐	179	├ 资质荣誉	相册		4	◎	添加子类 修改 删除	◎	◎
☐	286	├ 荣誉证书	相册		1	◎	添加子类 修改 删除	◎	◎
☐	287	├ 资质证书	相册		2	◎	添加子类 修改 删除	◎	◎
☐	191	├ 设备能力	相册		5	◎	添加子类 修改 删除	◎	◎
☐	192	∨ 企业业绩	单篇		7	◎	添加子类 修改 删除	◎	◎
☐	193	├ 石化化工项目	文章		1	◎	添加子类 修改 删除	◎	◎
☐	195	├ 电力项目	文章		2	◎	添加子类 修改 删除	◎	◎
☐	194	├ 医药食品项目	文章		3	◎	添加子类 修改 删除	◎	◎
☐	196	├ 汽车配套项目	文章		2	◎	添加子类 修改 删除	◎	◎
☐	107	∨ 新闻媒体	文章		3	◎	添加子类 修改 删除	◎	◎
☐	180	├ 企业动态	文章		1	◎	添加子类 修改 删除	◎	◎
☐	181	├ 企业公告	文章		2	◎	添加子类 修改 删除	◎	◎
☐	182	├ 业界资讯	文章		3	◎	添加子类 修改 删除	◎	◎
☐	111	∨ 产品中心	产品		4	◎	添加子类 修改 删除	◎	◎
☐	183	├ 车用加热器系列	产品		1	◎	添加子类 修改 删除	◎	◎
☐	206	├ DJ系列空气加热器	产品		2	◎	添加子类 修改 删除	◎	◎
☐	210	├ PJ系列空气加热器	产品			◎	添加子类 修改 删除	◎	◎

图 6-45　网站栏目设置

这里需要说明，栏目的类型包括"单篇"、"文章"、"产品"、"下载"和"招聘"等。"单篇"通常是指导航没有列表的栏目，如"联系我们"就是一个"单篇"。"文章"是指包含列表的一些栏目，如"企业动态"等，其列表模板和内容页模板设置如图 6-46 所示。"产品"和"文章"类似，单击后，也有一个列表，只不过"文章"对应的是文章的列表，而"产品"则对应的是产品图片的列表。"招聘"和"文章"也类似，只是单击列表后，其详细信息多了一个表单的提交。

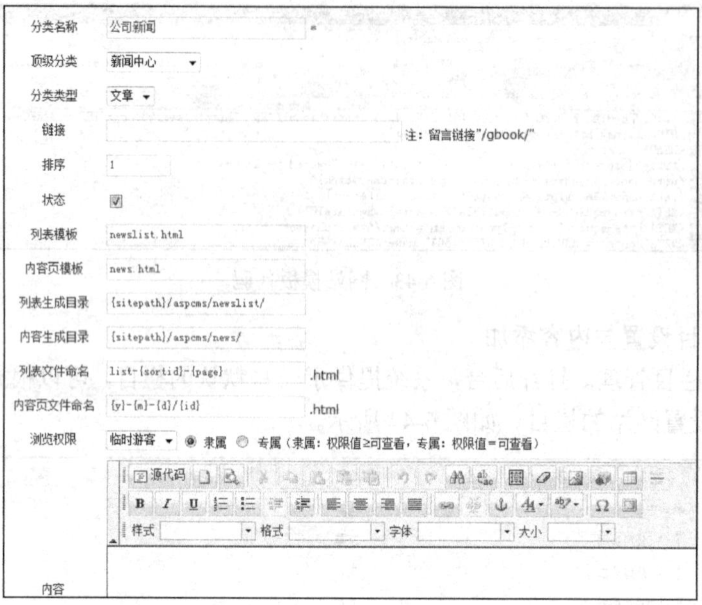

图 6-46   "文章"页模板设置

图 6-46 中，可以修改栏目分类，如企业公司动态、类型文章、列表模板及内容页生成的文件名格式等。这里，本企业网站均采用默认设置。以"单篇"为例，具体内容设置如图 6-47 所示。

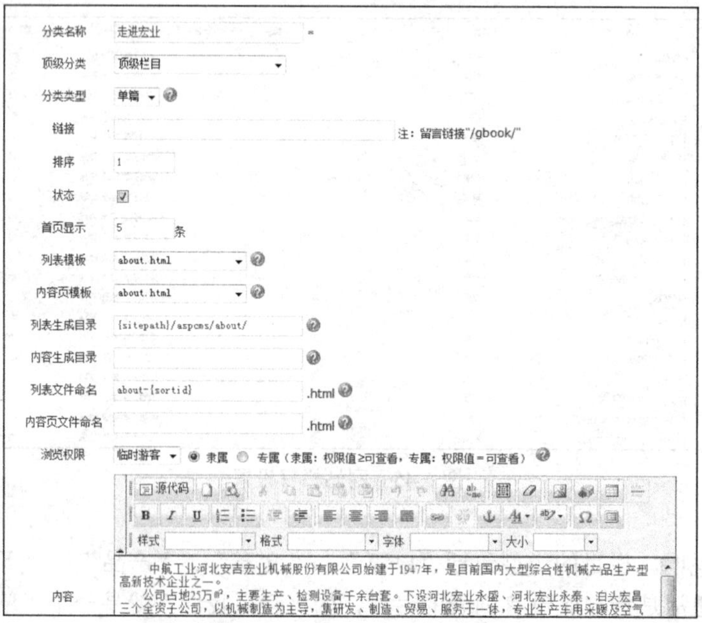

图 6-47   "单篇"页内容添加

（2）文章和产品添加。选择【内容维护】→【添加文章】，如图 6-48 所示。然后选择分类，输入标题和文章内容，如果需要，还可以上传图片。最后，在文章内容添加后，尽量设置好页面关键词和描述，这样做有利于网站的页面优化（SEO），如图 6-49 所示。

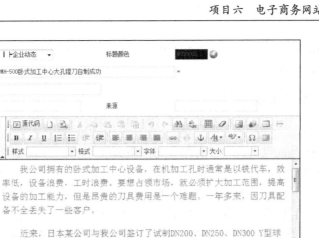

图 6-48　文章内容添加

图 6-49　在文章内容添加后设置页面关键词和描述

与添加文章内容类似，产品内容的添加也比较简单。这里，以添加企业产品"止回阀"为例，具体设置如图 6-50 所示。

图 6-50　添加企业产品

需要指出的是，添加产品可以自定义参数，如参考价格、产品规格可以根据企业产品特点，由自己定义。

（四）相关术语

ASPCMS

ASPCMS 是武汉上谷科技有限公司采用 ASP 与 SQL Server 2000（Access 2003）开发的一套完全开源的企业建站系统，它具有高效、强大、易用、安全、扩展性强的特点。前后已更新过三个大版本及十多个小版本，是目前国内最强大的 ASP 的开源系统之一。其中内置几个企业主要的产品模块，包括文章（新闻）、产品、图片、下载、招聘、相册以及在线客服，可以满足各类中小型企业网站的应用。因此不仅适合于建设一般企业、政府、学校、个人等小型网站，同时也适合于建设地区门户、行业门户型网站。

（五）案例分析

旧版网站由于长时间不维护、不更新，企业形象大打折扣，网站的推广和营销效果也无从谈起，企业网站成了一个摆设。新版网站上线后，通过优化网站信息，精心设置和筛选关键词、长尾关键词和标题，不断完善企业网站内容，坚持以免费推广为主（外部链接、软文、友情链接、行业网站推广、论坛与博客推广及网站 SEO 优化），使得网站的流量与转化率均得到大幅度提升。经过一段时间的运营和维护，主要产品关键词在搜索引擎中的排名均在前三页。网站栏目设置得当，满足了客户的需求，同时，也体现了企业实力和良好的服务。企业内部采购、研发、生产、品质、技术支持、库存等信息都可以让客户在网站上看到，实现了公司整个订单生产流程的企业内部可视化，从而赢得了客户的信任。

模块二　电子商务网站综合开发相关知识

一、WordPress 建站流程

1．注册域名
域名是一个网站最基本的元素，可以选择各类域名服务商进行注册购买。

2．申请虚拟主机
虚拟主机运营商很多。国内主机速度快，但比较贵，而且空间一般比较小；国外主机便宜，且空间大多没有限制，但速度比国内主机慢。如何取舍就看大家对于自己博客的定位了。如果只是用博客写写文章的话，推荐还是用国内的主机，如果是建论坛或者资源站点，经常需要上传附件的话，最好选用国外的不限空间的主机。

3．在虚拟主机上绑定自己的域名
使用虚拟主机控制面板绑定申请的域名。
大多数虚拟主机绑定域名都很简单，实在不会的话，可以找虚拟主机的客服。

4．下载 WordPress 程序
在 WordPress 中文官网上下载最新的 WordPress 程序。

5．修改域名的 DNS 解析

为什么在浏览器上输入某个域名，就会显示其主页呢？这就要靠 DNS 解析了。域名注册商都会提供一个域名管理系统，在里面可以修改自己域名的 DNS 解析。将 DNS 解析到自己购买的虚拟主机上就可以了。虚拟主机的地址在虚拟主机提供商的控制面板上可以查看到，一般在绑定域名的页面会显示。

6．创建 WordPress 数据库

国外的主机有一个好处是可以创建数据库，而国内主机一般要另行购买。

在控制面板中创建数据库，记下数据库的主机地址、数据库名称、用户名、密码这四个要素。

7．修改 WordPress 的安装配置文件

就是修改 WordPress 程序包中的 wp-config-sample.php 文件，将第 6 步中记下的主机地址、数据库名称、用户名、密码填入相应的位置就可以了，并重命名为 wp-config.php。

8．上传 WordPress 程序至 ixwebhosting 主机域名空间

这一步使用 ftp 上传就可以了，很简单。

9．访问域名/wp-admin/install.php 进行 WordPress 安装并填写博客信息及邮箱

这一步最轻松，完全傻瓜化、自动化。填邮箱的时候填第 4 步中的域名邮箱比较好，当然也可以填自己的常用邮箱。

二、ASPCMS 系统介绍

1．网站设置

通过网站设置，可以方便设置网站的运行模式、评论和留言功能开关设置及水印设置等，如图 6-51 所示。

2．TAG 管理

（1）什么是 TAG 标签？运用 TAG 标签，可以使发表的文章更容易被搜索到。TAG 标签是一种由自己定义的，比分类更准确、更具体，可以概括文章主要内容的关键词。

（2）TAG 标签的作用。通过给文章定制标签，文章作者可以让更多人更方便准确地找到自己的文章；而读者可以通过文章标签更快找到自己感兴趣的文章。可以为每篇文章添加一个或多个标签，发表成功后，可以打开文章内的标签，看到网站内所有使用了相同标签的文章。不仅如此，如果文章内使用的某个标签恰巧在首页上推荐，用户打开这个标签时，就会在结果页面上看到您的文章。

（3）TAG 标签的合理优化：

- 明确标签是为了方便用户而设置的。
- 最好设置为与文章内容相关的又是网站的长尾关键词。
- 一篇文章的 TAG 标签的设置应该控制在三个左右，不宜过多。
- 每个 TAG 标签字数控制在两个字左右，切勿写成一个句子。

图 6-51　网站运行模式设置

3. 模板风格设置

界面风格设置可能通过模板选择实现，如图 6-52 所示。

图 6-52　网站模板选择

模板目录在 templates 文件夹下。如果放入模板后没出现你放入的模板，单击右上角 刷新 按钮就可以出现编辑模板/css 文件，如图 6-53 所示。在这里，单击【编辑】超链接即可编辑模板文件。

选择	编号	文件名称	大小	类型	修改日期	操作
☐	1	about.html	12.824KB	html	2011-8-18 17:06:23	编辑｜删除
☐	2	album.html	16.77KB	html	2011-8-18 17:40:16	编辑｜删除
☐	3	albumlist.html	13.275KB	html	2011-8-18 17:40:24	编辑｜删除
☐	4	apply.html	17.033KB	html	2011-8-18 17:00:13	编辑｜删除
☐	5	down.html	13.09KB	html	2011-8-18 17:33:40	编辑｜删除
☐	6	downlist.html	13.131KB	html	2011-8-18 17:33:29	编辑｜删除
☐	7	editpass.html	5.703KB	html	2011-6-13 10:46:24	编辑｜删除
☐	8	foot.html	1.069KB	html	2011-8-18 15:39:56	编辑｜删除
☐	9	gbook.html	15.563KB	html	2011-8-18 17:01:51	编辑｜删除
☐	10	head.html	5.852KB	html	2011-8-18 14:24:52	编辑｜删除
☐	11	index.html	19.431KB	html	2011-8-18 15:44:31	编辑｜删除
☐	12	job.html	13.187KB	html	2011-8-18 16:59:01	编辑｜删除

图 6-53　网站模板编辑

Html 目录为模板文件存放的目录。ASPCMS 系统支持不同栏目采用不同的模板，并且可以自己新建栏目，无需修改 ASP 文件。网站模板文件如表 6-4 所示。

表 6-4　网站模板文件列表

模　板　名　称	标准文件名	说　　明
首页	index.html	
相册详细模板	album.html	
相册列表模板	albumlist.html	
职位申请模板	apply.html	
下载模板	down.html	
下载列表模板	downlist.html	
资料修改模板	editpass.html	
底部模板	foot.html	底部固定模板为 foot.html，固定调用标签{aspcms:foot}
在线留言模板	gbook.html	
头部模板	head.html	头部固定模板为 head.html，固定调用标签{aspcms:top}
首页模板	Index.html	
招聘详细模板	job.html	
招聘列表模板	joblist.html	
辅助模板	left.html	辅助模板可以任意命名
登录模板	login.html	
新闻详细模板	news.html	

续表

模 板 名 称	标准文件名	说　明
新闻列表模板	newslist.html	
产品详细模板	product.html	
产品购买模板	productbuy.html	
产品列表模板	productlist.html	
注册模板	reg.html	
RSS 模板	rssmap.html	
搜索模板	search.html	
网站地图模板	sitemap.html	
tag 列表模板	taglist.html	
热门 tag 列表模板	tags.html	

4. 在线客服设置和其他客服

在后台中，还可以设置 QQ 和旺旺在线客服的样式。选择【扩展功能】→【在线客服设置】，如图 6-54 所示。调用标签是 QQ{aspcms:onlineservice}。

图 6-54　在线客服设置与前台显示

若设置其他客服，如申请 53 客服账号后，可将其代码填写到图 6-54 中，并设置为"显示"，调用标签是 {aspcms:kf}。

5. 幻灯片设置

单击【扩展功能】→【幻灯片设置】，如图 6-55 所示。

图 6-55　扩展功能导航

　　然后，上传幻灯片需要的图片。注意，应先设置好幻灯片的个数、高度、宽度，单击【保存】按钮后再上传图片。如图 6-56 所示。幻灯片调用标签是{aspcms:slide}。

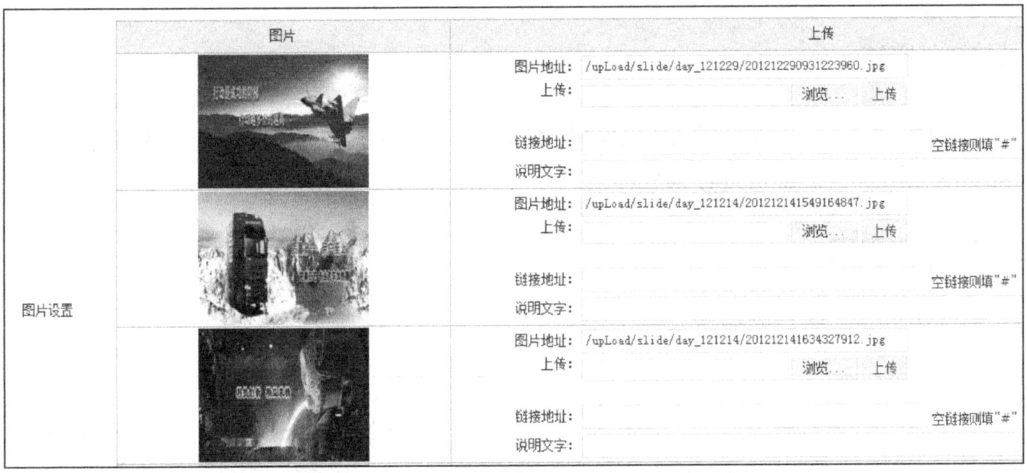

图 6-56　幻灯片设置

6. 友情链接管理

　　选择【扩展功能】→【友情链接管理】，可以增加和管理现有的友情链接。如图 6-57和图 6-58 所示，这里可设置文字链接和图片链接两种。

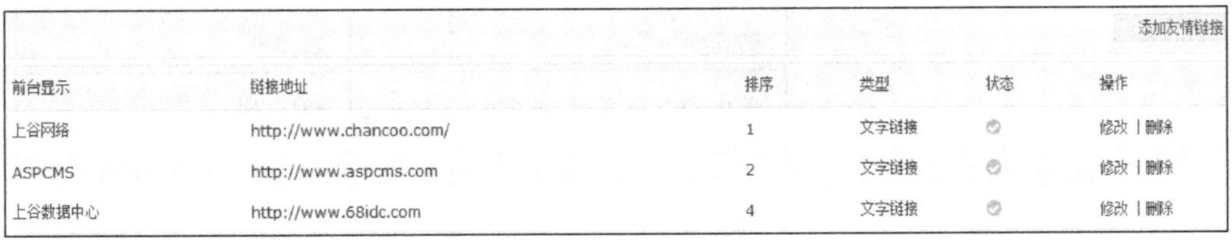

前台显示	链接地址	排序	类型	状态	操作
上谷网络	http://www.chancoo.com/	1	文字链接	⊘	修改 | 删除
ASPCMS	http://www.aspcms.com	2	文字链接	⊘	修改 | 删除
上谷数据中心	http://www.68idc.com	4	文字链接	⊘	修改 | 删除

图 6-57　友情链接管理

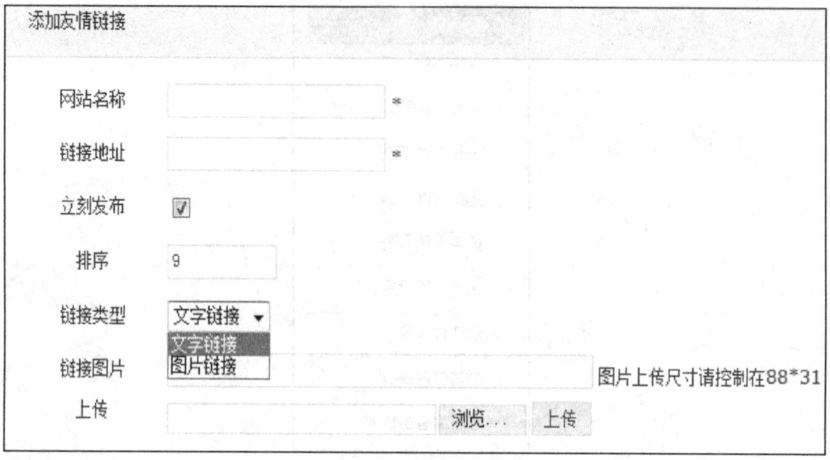

添加友情链接
网站名称
*
链接地址
*
立刻发布
排序
9
链接类型
文字链接
文字链接
图片链接
链接图片
图片上传尺寸请控制在88*31
上传
浏览...
上传

图 6-58　添加友情链接

模块三　电子商务网站综合开发项目实训

一、实训概述

本实训为电子商务网站综合开发实训项目，本项目意在帮助学生通过对本章节的学习，了解熟悉相应章节知识点及技术掌握点。

二、实训流程图

网站建设实训流程图如图 6-59 所示。

第一步
明确实训内容，了解实训素材
第二步
搭建网站运行环境
第三步
制作网站方案策划
第四步
网站设计
第五步
学生相互评价并提交实训报告

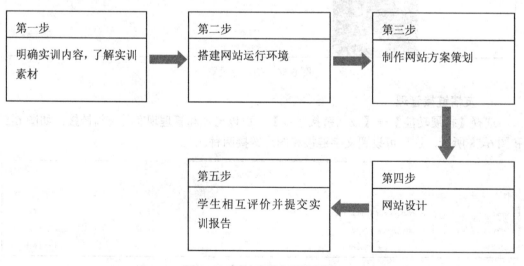

图 6-59　网站建设实训流程图

三、实训素材

1. WordPress 系统。
2. PHP 环境。
3. 织梦 CMS 系统。
4. 博星卓越电子商务网站建设实训系统。

四、实训内容

新创文化传媒有限公司，是一家集创意策划、设计布局、现场施工为一体的专业传播服务机构。公司自成立之初就立足于高端庆典礼仪这一专业领域，在不懈的探索和孜孜追求中，从大量成功的活动策划执行中积累了宝贵的经验。

优秀的策划方案，隆重、大方、高端的现场布置，全面周到的礼仪服务，专业的活动流程安排，为客户营造了喜庆、祥和的典礼环境，也树立了良好的企业形象。

搜索相关行业资料，观察并参考，通过织梦 CMS 系统或 WordPress 系统完成新创文化传媒公司官方网站的建设。

任务一 企业网站需求分析

学生进入学生端，单击【电子商务网站综合开发实训】按钮，进入后阅读教师提供实训内容。

（1）以小组为单位，在实训教师的指导下，确定企业网站的方向。

（2）对该企业进行分析和研究，完成企业网站行业分析、市场分析、受众分析等内容，并确定出网站定位。

（3）可按表 6-5 进行填写，填写完毕提交表单至实训教师。

表 6-5 营销型企业网站需求分析

小组名称/成员	
企业名称	小组所承担的企业的名称：
企业所属行业	小组所承担的企业归属的行业：
企业产品市场分析	小组所承担的企业目前产品或企业的市场情况：
企业网站行业分析	该企业网站的行业分析：
网站受众分析	网站所针对的受众群体的分析：
网站定位	网站的主要目的：

任务二　企业网站项目策划

完成后单击【下一步】按钮，完成企业网站项目策划。

以小组为单位，根据任务一所完成的站点需求分析，完成本组营销型企业网站的策划方案。该内容可按表 6-5 和表 6-6 以小组为单位分别进行填写。

表 6-6　营销型企业网站项目策划

小组名称/成员	
网站名称	请给出网站的名字：
网站定位	网站针对的群体及其主要目的：
风格分析	网站主色调与辅色设计及其设计风格：
栏目设置	网站栏目设置原因：
首页页面	以 Word/图片或其他形式，勾勒出所涉及的网站首页：
栏目页页面	以 Word/图片或其他形式，勾勒出所涉及的网站栏目页：
内容页页面	以 Word/图片或其他形式，勾勒出所涉及的网站内容页：
其他页面	以 Word/图片或其他形式，勾勒出所涉及的网站其他页面：
网站功能设置	网站的主要功能及其作用：

任务三　企业网站项目实施

学生在指导老师帮助下，通过 WordPress 或织梦 CMS 系统完成创新文化传播有限公司官方网站的制作。

（1）使用建站工具，在服务器上完成站点配置。

（2）为网站选择合适的主题模板。

（3）完成网站信息的初步修改。

● 网站顶部编辑与设计网站名称、META 标签（标题、描述、关键字）、企业联系方式、简介等相关内容；各频道或栏目等。

● 网站底部编辑与设计（导航栏、友情链接及企业简介等）。

（4）栏目编辑与设置。

（5）对其他栏目内容的完善与调整。

● 网站内容的编辑与设计；

● 对网站产品信息进行完善，包括产品类别、产品详情、售后服务等内容。

任务四　企业网站测试

（1）按照课程中的方法，各小组对本组网站进行常规测试，包括链接测试、表单测试、导航测试、图形测试、页面布局测试、内容测试、浏览器兼容性测试。

（2）使用工具，完成压力测试、速度测试。

（3）完成网站测试报告，可按表6-7填写。

表6-7　测试报告表

编　　号	1
URL	填入错误页面的 URL：
截图	插入存在问题的页面或局部页面截图：
错误描述	错误问题的描述：
修改意见	解决上述错误的办法：
备注	
URL	填入错误页面的 URL：
截图	插入存在问题的页面或局部页面截图：
错误描述	错误问题的描述：
修改意见	解决上述错误的办法：
备注	

（4）将测试报告发送至实训教师端，并按照测试的结果对各组站点进行完善。

（5）以小组形式进行演示答辩，完成后教师评分。

第三篇　电子商务网站后期维护

▶▶▶ 项目七　电子商务网站的安全与维护

项目七　电子商务网站的安全与维护

能力目标

📖 了解电子商务网站面临的安全隐患；

📖 了解 ASP 网站的常见漏洞及其防范对策；

📖 熟悉网站运营与管理的内容。

知识目标

📖 了解常见流量统计系统；

📖 了解网站流量指标含义；

📖 了解可信网站的验证步骤。

　　建立电子商务网站并不是最终目的，而仅仅是电子商务网站运营的开端。首先，从安全角度来讲，没有安全就没有交易，没有交易也就没有电子商务。所以，对于电子商务网站来讲，安全是第一位的。如何保证网站的安全、稳定、持续运营等一系列问题应被提高到战略高度上来。其次，网站运营初期，由于在客户群体中的知名度较低，需要对网站进行宣传推广和营销管理以及综合维护和信息更新。本项目将结合具体案例介绍如何做好电子商务网站安全管理以及企业网站信息的维护。

模块一 案 例 学 习

| 案例一 | 北方虹光商贸网站安全管理 | |

（一）案例详解

以下是北方虹光商贸企业网站人才频道的后台，由于网站没有进行非法字符过滤，存在漏洞，所以很容易被人用 SQL 注入的方法进入后台管理页面。如图 7-1 所示，在管理员和密码文本框中分别输入一串字符"'or'"，单击【登录】按钮，就轻松进入了系统后台，如图 7-2 所示。

图 7-1 某网站后台登录入口

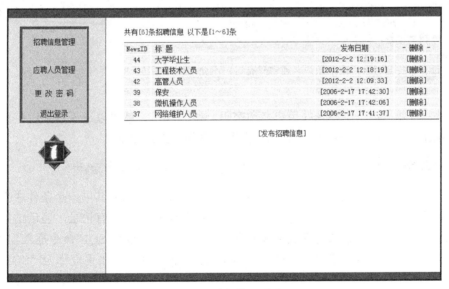

图 7-2 后台管理页面

显然，网站被 SQL 注入后的危害是很可怕的，有可能导致以下后果：

（1）网页被篡改。

（2）核心数据被窃取。

（3）通过木马种植，数据库所在服务器被攻击，变成傀儡主机。

目前几乎所有银行、证券、电信、移动以及电子商务企业都提供在线交易，查询和交互服务。用户的机密信息包括账户、个人私密信息（如身份证）、交易信息等，都是通过 Web 存储于后台数据库中，这样，在线服务器一旦瘫痪，或虽在正常运行，但后台数据已被篡改或者窃取，都将造成企业或个人巨大的损失。

任务一　防止 SQL 注入

在前面章节已经了解到，作为服务器端脚本编写环境，ASP 可以快速创建和运行动态交互的 Web 服务器应用程序。但有些网站管理员只看到 ASP 的快速开发能力，忽视了 ASP 的安全问题。事实上，ASP 从一开始就一直受到众多漏洞、后门的困扰，下面就常见的 ASP 网站漏洞及防范措施作一些归纳和总结。

1. 常见 ASP 网站漏洞

很多网站把密码放到数据库中，例如在登录表单中，用户输入用户名和密码，如图 7-3 所示。

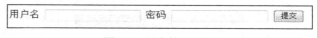

用户名 [　　　　　　]　　密码 [　　　　　　]　　[提交]

图 7-3　后台管理页面

一般程序在验证中会用到类似以下的 SQL 语句：

```
username=request.form("username")
pass=request.form("password")
sql="select * from users where username='"&username&"'and pass='"& pass &"'"
If not rs.bof and not rs.eof then
  ' 查找到记录，表示这是合法用户，允许其进入系统
Else
  ' 没有查找到记录，表示用户名或密码有误，不允许进入系统。
End if
```

此时，只要构造一个特殊的用户名和密码，如：' or '，就可以进入本来没有特权的页面。把 username=' or '和 pass=' or '代入上面那个语句，结果如下：

```
sql="select * from users where username=' 'or' ' and pass=' ' or ' '"
```

Or 是一个逻辑运算符，作用是在判断两个条件的时候，只要其中一个条件成立，那么等式将会成立。上面的 SQL 语句执行结果会返回表 users 中的所有记录，显示结果就是找到了。这样用户就可以成功的骗过系统而进入。类似这种通过把 SQL 命令插入到 Web 表单递交或页面请求的查询字符串，最终达到欺骗服务器的目的攻击手段称为"SQL 注入式攻击"。

2. 非法字符过滤

SQL 注入是从正常的 WWW 端口访问，而且表面看起来跟一般的 Web 页面访问没什么区别，所以目前市面的防火墙都不会对 SQL 注入发出警报，如果管理员没查看 IIS 日志的习惯，可能被入侵很长时间都不会发觉。SQL 注入式漏洞是当前网站最大的威胁。

防范 SQL 注入的主要手段就是将请求中的参数信息中的非法字符和关键字如 "'、or、"、and、exec、insert、select、*、%" 进行过滤，或采用存储过程和参数化 SQL 编程。

【例7-1】字符过滤函数

该函数用来处理客户提交的文本，将其中的特殊字符替换为实体字符，从而达到防范 SQL 注入的目的。

```
Function myReplace(myString)
myString=Replace(myString,"&","&amp;")            '替换&为字符实体&amp;
myString=Replace(myString,"<","&lt;")             '替换<
myString=Replace(myString,">","&gt;")             '替换>
myString=Replace(myString,chr(13),"<br>")         '替换回车符
myString=Replace(myString,chr(32)," ")       '替换空格符
myString=Replace(myString,chr(9),"        ")'替换 Tab 符
myString=Replace(myString,chr(39),"&acute;")      '替换单引号
myString=Replace(myString,chr(34),"&quot;")       '替换双引号
myReplace=myString                                '返回函数值
End Function
```

说明：上述代码中，每一层的替换都是在上一层的结果上进行的，其中的字符实体也可以用空字符""替换，此时即为删除。

任务二　防止 mdb 数据库可能被下载的漏洞

在用 Access 做后台数据库时，如果有人通过各种方法知道或者猜到了服务器的 Access 数据库的路径和数据库名称，那么他就能够下载这个 Access 数据库文件，这是非常危险的。例如，如果你的 Access 数据库 user.mdb 放在虚拟目录下的 database 目录下，那么有人在浏览器地址栏中输入 http://网站 url/database/ user.mdb，即可下载 user.mdb。

解决方法是为数据库文件名称起个复杂的非常规的名字，并把它放在几层目录下。例如 2012d34ksfsl718f.mdb，把它放在如./rhghf/i67/的几层目录下，这样黑客要想通过猜的方式得到你的 Access 数据库文件就难上加难了。

事实上，代码漏洞还有很多形式，例如，数据库连接错误导致 Web 服务器错误提示，而这些错误提示中可能会含有数据库或表等重要信息。又例如，后台程序只有主程序验证了管理员的身份信息，而其他页面忽视了身份验证，使得非法用户可以绕过登录而直接打开后台的某个管理页面。

（二）相关术语

所谓 SQL 注入，就是通过把 SQL 命令插入到 Web 表单递交或输入域名或页面请求的查询字符串，最终达到欺骗服务器执行恶意 SQL 命令的目的。

（三）案例分析

防火墙、防病毒、漏洞扫描等都是已经被企业广泛采用的传统网站安全措施，尤其是防火墙的部署，使得网站阻挡了大部分来自网络层的攻击，发挥了重要作用。但是面对目前的新情况，这些传统的安全措施能够应对吗？

由于针对网站的网络访问控制措施被广泛采用，且一般只开放 HTTP 等必要的服务端口，因此黑客已经难以通过传统网络层攻击方式（查找并攻击操作系统漏洞、数据库漏洞）

攻击网站。然而，Web 应用程序漏洞的存在更加普遍，随着 Web 应用技术的深入普及，Web 应用程序漏洞的发掘和被攻击速度越来越快，基于 Web 漏洞的攻击更容易被利用，已经成为黑客首选。据统计，目前对网站的成功攻击中，超过七成都是基于 Web 应用层，而非网络层。如上面的网站被 SQL 注入的例子就是一个很好的说明。

网站面临的环境已经发生了很大变化，更多的威胁来自于 Web 应用层，而大部分的网站的安全措施却仍然停留在原来对威胁认识的基础上，甚至于网站是否已经被入侵并实施网页挂马，也往往是在访问者投诉或被监管部门查处时方才察觉，但此时损失已经造成，无法挽回。

案例二　企业网站的维护与管理

（一）案例详解

【例 7-2】系统出错——卓越上千元图书只要 25 元

"昨晚卓越网上的书 25 元随便买，有谁买了吗？""快抢啊，几千块的书只要 25 元"……昨日凌晨，包括重庆、上海、北京在内的网友不断在泡泡网、开心网等论坛上发出上述帖子。一套全 19 册《宋元明清书目题跋丛刊》的商品说明中显示，其市场价为 4 600 元，卓越网当晚价格标为 25 元，后面还提示"为您节省 4 575 元"，而超级 VIP 价则仅为 23.75元。据悉，当晚有大量来自上海、北京、天津等地的网友抓住了"机会"。

大量上千元的图书只卖 25 元，难到天上会掉馅饼？天亮后正等着收货的网友，却等来了卓越方面退单的通知。（资料来源：新浪网，2009-12-25）

网站运营与管理的主要内容包括网站的推广、网站信息的管理、与客户进行交互、网站统计管理与网站的管理等。

任务一　网站信息的维护

当今处于信息时代，人们最关心的是有无需要的信息、信息的可靠性、信息是否为最新信息等。一个电子商务网站建立起来之后，要让它发挥尽可能大的作用，吸引更多的浏览者，壮大自己的客户群，就必须研究和跟踪最新的变化情况，及时发布企业最新的产品、价格、服务等信息，保持网站内容的准确性、实效性。网站的更新包括以下三个方面。

（1）维护新闻栏目。网站的新闻栏目是客户了解企业的门户，其应将企业的重大活动、产品的最新动态、企业的发展趋势、客户服务措施等及时、真实地呈现给客户，让新闻栏目成为网站的亮点，以此吸引更多的客户前来浏览、交易。

（2）维护商品信息。商品信息是电子商务网站的主体，随着外在条件的变化，商品的信息（如商品的价格、种类、功能等）也在不断地变化，网站必须追随其变化，不断地对商品信息进行维护更新，反映商品的真实状态。

（3）为保证网站中的链接通畅，网站的维护人员要经常对网站所有的网页链接进行测试，保证各链接正确无误。

网站信息更新是网站维护过程中的一个瓶颈，如何快捷地更新网页、提高更新效率，可以从以下四个方面予以考虑：

（1）在网站的设计时期，就应充分考虑到网站的维护计划，因为网站的整体运作具有开放性、动态性和可扩展性，所以网站的维护是一个长期工作，其目的是提供一个可靠、稳定的系统。使信息与内容更加完整、统一，并使内容更加丰富、新颖，不断满足用户更高的要求。

（2）在网站开发过程中，对网站结构进行策划设计时，既要保证信息浏览环境的方便性，又要保证信息维护环境的方便性。

（3）制定一整套信息收集、信息审查、信息发布的信息管理体系，保证信息渠道的通畅和信息发布流程的合理性，既要考虑信息的准确性和安全性，又要保证信息更新的及时性。

（4）根据需要选择合适的网页更新工具，如数据库技术和动态网页技术。

任务二　网站的在线交易管理

在线交易管理可以分为购物车管理、订单管理等多个方面。在线购物车管理应对用户正在进行的购买活动进行实时跟踪，从而使管理员能够看到消费者的购买、挑选和退货的全部过程，并实时监测用户的购买行为，纠正一些错误或不当事件的发生。订单信息管理，也是网上销售管理的一个不可缺少的部分，要对网上全部交易产生的订单进行跟踪管理。管理员可以浏览、查询、修改订单，对订单/合同进行分析，追踪从订单发生到订单完成的全过程，例如，目前的各订单处理状态如何，有多少新订单进来，要不要打印出订货单，订单出货有没有设定，以及进行在线清款与顾客退货等相关交易的处理等。只有通过完善的、安全的订单管理，才能使基于网络的电子商务活动顺利进行，从而达到预期的效果。

任务三　网站统计管理

在网站运营中，访问者的多少直接关系到网站的生存，电子商务网站访问量统计是电子商务网站的一个重要组成部分。通过对访问量数据的统计与分析，可以找出网站的优势与不足，从而对网站进行相应的修改，更好地实现网站的建设目标；还可以根据数据变化规律和趋势随时调整网站的发展方向；此外，访问量统计与分析还有助于选择更合适的网站宣传推广手段。

电子商务网站统计管理的内容主要包括：

（1）统计网站使用率。

（2）统计新会员购物比率、会员总数、所有会员购物比率、复购率、转化率。概括性分析会员购物状态，重点在于分析本周新增了多少会员，新增会员购物比率是否高于总体水平。如果注册会员购物比率很高，那么引导新会员注册不失为提高销售额的好方法。

（3）比对每日运营数据。

（二）相关术语

1．网站使用率

网站使用率包括IP、PV、平均浏览页数、在线时间、跳出率、回访者比率、访问时间比率。实际上，这些最基本的每项数据提高起来都不容易，意味着要不断改进每一个发现问题的细节，不断去完善购物体验。

2．每日运营数据

每日运营数据包括总订单、订单有效率、总销售额、毛利润、毛利率、下单转化率、付款转化率、退货率。通过每日、每周的数据汇总，重点指导运营内部的工作，如产品引导、定价策略、促销策略、包邮策略等。所有的问题，在运营数据中都能够找到答案。

3．会员复购率

会员复购率包括 1 次购物比例、2 次购物比例、3 次购物比例、4 次购物比例、5 次购物比例、6 次购物比例；转化率体现的是 B2C 的购物流程、用户体验是否友好，可以称为外功，复购率则体现 B2C 整体的竞争力，绝对是内功，这包括知名度、口碑、客户服务、包装、发货单等每个细节，好的电子商务网站复购率能做到 90%，没有复购率的网站没有前途。

模块二　电子商务网站安全与维护相关知识

一、电子商务网站的安全隐患与安全需求

1．电子商务网站面临的安全隐患

（1）信息的截获和窃取。如果采用的加密措施不够，攻击者通过互联网、公共电话网在电磁波辐射范围内安装截获装置或在数据包通过网关和路由器上截获数据，获取机密信息，或通过对信息流量、流向、通信频度和长度分析，推测出有用信息如消费者的银行账号、密码以及企业的商业机密等，从而破坏信息的机密性。

（2）信息的篡改。当攻击者熟悉网络信息格式后，通过技术手段对网络传输信息中途修改并发往目的地，破坏信息完整性。

（3）信息假冒。当攻击者掌握网络信息数据规律或解密商务信息后，假冒合法用户或发送假冒信息欺骗其他用户。如钓鱼网站就是指不法分子利用各种手段，假冒真实网站的URL 地址以及页面内容，以此来骗取用户银行或信用卡账号、密码等私人资料。

（4）交易抵赖。交易抵赖包括多方面，如发信者事后否认曾发送信息、收信者事后否认曾收到消息、购买者下了订货单不承认、商家卖出的商品因价格差而不承认原有的交易等。

2．电子商务网站安全需求

电子商务网站面临的安全隐患导致了对网站安全的需求，也是真正实现一个安全电子商务系统所要求做到的各个方面，主要包括保密性、隐私性、正确性和完整性、不可抵赖性。

（1）保密性。传统贸易是通过可靠的通信渠道发送商业报文来达到保守机密的目的，而电子商务网站如果没有采取相应的安全措施，就很有可能导致一些敏感的商业信息被泄露。

（2）隐私性。隐私性与保密性相关，但并不是同一个概念。如果没有保密性可能会损害到隐私，但并不是绝对的。因为个人可以选择不与他人分享自己的隐私，从而保全自己的隐私。但参与到电子商务中的个人却无法进行后一种选择，因为想在不提供个人信息的前提下参与电子商务活动几乎是不可能的事。而这些个人信息如果被泄露，就必然会破坏到个人隐私。

个人隐私的泄露不仅涉及技术问题，有时企业会因为商业利益，在未经客户许可的情况下，彼此交换所获取的客户信息，这实际上就已经破坏了其客户的隐私。

侵犯隐私的问题不解决，参与电子商务对于个人用户来说是一件很危险的事。技术问题可以结合解决保密性的方法，但非技术问题就只能依靠道德和法律来约束了。

（3）正确性和完整性。信息的正确性和完整性问题要从两方面来考虑，一方面非人为因素，如因传输介质损坏而引起的信息丢失、错误等。这个问题通常通过校验来解决，一旦校验出错误，接收方可向发送方请求重发。另一方面则是人为因素，主要是指非法用户对信息的恶意篡改。这方面的安全性也是由信息加密来保证的，因为如果无法破译信息，也就很难篡改信息了。

（4）不可抵赖性。电子商务离不开商业交易，如何确定要进行交易的贸易方正是进行交易所期望的贸易方，是保证电子商务顺利进行的关键。在传统的纸面贸易中，贸易双方通过在交易合同、契约或贸易单据等书面文件上手写签名或印章来鉴别贸易伙伴，从而确定合同、契约、单据的可靠性并预防抵赖行为的发生。然而在无纸化的电子商务方式下，通过上述方法进行贸易方的鉴别已不可能。因此，要在交易信息的传输过程中为参与交易的个人、企业或国家提供可靠的标识。不可抵赖性可通过对发送的消息进行数字签名来获取。

二、电子商务网站安全措施及分析

1．电子商务网站安全措施

（1）防病毒技术。长期以来，计算机病毒一直是计算机信息系统中一个很大的安全隐患。由于在网络环境下，计算机病毒更有不可估量的威胁性和破坏力，因此计算机病毒的防范是网络安全性建设中重要的一环。

反病毒技术主要包括预防病毒、检测病毒和消毒三种技术。

① 预防病毒技术，它通过自身常驻系统内存优先获得系统的控制权，监视和判断系统中是否有病毒存在，进而阻止计算机病毒进入计算机系统和对系统进行破坏。这类技术有加密可执行程序、引导区保护、系统监控与读写控制等；

② 检测病毒技术，它是通过对计算机病毒的特征来进行判断的技术，如自身校验、关键字、文件长度的变化等；

③ 消毒技术，它通过对计算机病毒的分析，开发出具有删除病毒程序并恢复原文件的软件。

（2）防火墙。当一个网络接上互联网之后，系统的安全除了考虑计算机病毒、系统的健壮性之外，更主要的是防止非法用户的入侵。而目前防止的措施主要是靠防火墙技术完成。网络防火墙是一种用来加强网络之间访问控制的特殊网络设备，它对两个或多个网络之间传输的数据包和连接方式按照一定的安全策略进行检查，从而决定网络之间的通信是否被允许。其中，被保护的网络称为内部网络或私有网络，而另一方则被称为外部网络或公用网络。防火墙能有效地控制内部网络与外部网络之间的访问及数据传输，从而达到保护内部网络的信息不受外部非授权用户的访问和过滤不良信息的目的。

（3）漏洞扫描。通常是指基于漏洞数据库，通过扫描等手段，对指定的远程或者本地计算机系统的安全脆弱性进行检测。通过漏洞扫描，可发现服务器的各种 TCP 端口的分配、提供的服务、Web 服务软件版本和这些服务及软件呈现在互联网上的安全漏洞。从而做到及时修补计算机网络系统的漏洞，阻止入侵事件的发生，构筑坚固的安全防线。

2．传统安全措施分析

不少人会问：我的网站已经有了安全措施，仍然会发生这样的事情，到底是为什么呢？下面来分析一下现有的安全措施。

（1）防火墙。启用网络访问控制策略后，防火墙可以阻挡对网站其他服务端口的访问，而仅仅只允许访问 HTTP 服务端口，这样，基于其他协议、服务端口的漏洞扫描和攻击尝试都将被阻断。但针对正在流行的 Web 应用层攻击，其行为类似一次正常的 Web 访问，防火墙是无法识别和阻止的，一旦阻止，将意味着正常的 Web 访问也会被切断。

（2）防病毒。不管在网关处还是网站服务器上部署，防病毒系统都可以有效地进行病毒检测和防护，但无法识别网页中存在的恶意代码，即网页木马。由于网页木马通常表现为网页程序中一段正常的脚本，只有在被执行的时候，才可能去下载有害的程序或者直接盗取受害访问者的隐私。同理，对于 Web 应用程序中的漏洞，防病毒系统更难以识别。

（3）漏洞扫描。在查找和修补网站的操作系统漏洞、数据库漏洞、发布系统（如 IIS，Apache）等漏洞时，漏洞扫描系统发挥了很大作用，但是作为通用的漏洞扫描系统，它对 Web 漏洞的识别却极其有限，原因是 Web 应用程序漏洞并非某一特定软件或者服务上的漏洞，其形式复杂多样，通常需要在自动工具检查的基础上，通过人工审核才可准确定位。

综上所述，识别并阻止基于 Web 漏洞的攻击，仅靠漏洞扫描、网络访问控制、病毒检测防护等传统的安全措施是难以做到的。针对新的网站安全威胁，我们应该保持足够的紧迫性，并采取有效措施积极应对。

三、网站安全面临的主要问题及解决

1．网站安全面临的主要问题

网站安全形势堪忧，究其原因，主要是因为存在以下几个方面的问题。

（1）大多数网站设计只关注正常应用，未关注代码安全。网站设计者更多地考虑满足用户应用，如何实现业务，而很少考虑网站应用开发过程中所存在的漏洞，这些漏洞在不关注安全代码设计的人员眼里几乎不可见。大多数网站设计开发者、网站维护人员对网站攻防技术的了解甚少。在正常使用过程中，即便存在安全漏洞，正常的使用者并不会察觉。但在黑客对漏洞敏锐的发觉和充分利用的动力下，这些存在的安全漏洞就会被挖掘出来，且成为黑客们直接或间接获取利益的机会。对于 Web 应用程序的 SQL 注入漏洞，有试验表明，通过搜寻 1 000 个网站取样测试，结果检测到其中有 11.3% 存在 SQL 注入漏洞。

（2）黑客入侵后，未及时发现。有些黑客通过篡改网页来传播一些非法信息或炫耀自己的水平，但篡改网页之前，黑客肯定基于对漏洞的利用，获得了网站控制权限。可怕的是，通常黑客在获取网站的控制权限之后，并不暴露自己，而是持续利用所控制网站产生直接利益，如网页挂马就是一种利用网站给访问者种植木马的一种非常隐蔽且直接获取利益的主要方式之一。被种植木马的一方通常是在不知情的情况下，被黑客窃取了自身的机密信息。这样，网站成了黑客散布木马的一个渠道：网站本身虽然能够提供正常服务，但网站的访问者却遭受着持续的危害。

（3）网站防御措施滞后，甚至没有真正的防御。大多数入侵防御设备保护网站抵御黑客攻击的效果不佳。例如，对应用层的 SQL 注入、XSS 攻击这种基于应用层构建的攻击，防火墙束手无策，甚至是基于特征匹配技术的入侵防御产品，也由于这类攻击特征的不唯一性，不能精确阻断攻击。因此，导致目前有很多黑客将 SQL 注入、XSS 攻击作为入侵网站的首选攻击技术。

网站防御不佳的另一个原因是，有很多网站管理员对网站的价值认识仅仅是一台服务器或网站的建设成本，因而认为为了这台服务器而增加超出其成本的安全防护措施得不偿失。而实际网站遭受攻击之后，带来的间接损失往往不能用一台服务器或网站建设成本来衡量，很多信息资产在遭受攻击之后造成了无形价值的流失。不幸地是，很多拥有网站的组织和个人，只有在网站遭受攻击且造成的损失远超过网站本身造价之后才意识到网站安全问题的严重性。

（4）发现安全问题不能彻底解决。网站技术发展较快、安全问题日益突出，但由于关注重点不同，绝大多数的网站开发与设计公司，对网站安全代码设计方面了解甚少，发现网站安全存在问题和漏洞，其修补方式只能停留在页面修复，很难针对网站具体的漏洞原理对源代码进行改造。这些也是有些网站安装网页防篡改、网站恢复软件后仍然遭受攻击的原因。

2．网站安全问题的解决

亡羊补牢，为时未晚。事实表明，针对新形势下网站安全问题的考虑，需要变被动应对为主动关注，实施积极防御。具体的解决方法如下。

（1）建立主动的安全检测机制。面对 Web 应用的威胁，我们缺乏有效的检查机制，因此，首先要建立一个主动的网站安全检查机制，确保网站安全情况的及时获知，例如，是否已经遭到攻击，是否存在还被攻击的风险。

（2）进行有效的入侵防护。面对 Web 应用的攻击，我们缺乏有效的检测防护机制，因此，需要部署针对网站的入侵防护产品，加强网站防入侵能力，能够对网站主流的应用层攻击（如 SQL 注入和 XSS 攻击）进行防护。

（3）针对网站安全问题，建立及时响应机制。面对 Web 应用程序漏洞和已经造成的危害，我们缺乏恢复的机制和足够的技术储备，因此，需要确立专业支持团队的外援保障，解决及时响应问题，在网站安全问题被验证后，能确保对网站进行木马清除以及针对 Web 漏洞的安全代码审核修补等工作。

只有通过以上三个环节有机结合，方可建立一套有检测、有防护、有响应的网站安全保障方案，确保在新威胁环境下网站的安全运营。

四、网站防范对策

网站的防范除了从技术上要制定一些措施，如经常对 Web 服务器软件升级、安装相应的安全补丁外，还要注意以下问题。

（1）天天关注你负责的网站。把你管理的网站设为浏览器的首页，每天至少看一次你所管理的网站，尤其是节假日，因为节假日恰恰是攻击的高发时段。

（2）定期备份数据库和可供下载的文档。网站如果不是经常更新，访问量不大，大概每周备份一次，反之每天一次。不要怕麻烦，这个制度很有必要，特别是要经常对外发布信息，提供资料下载的网站，更要做好这方面的工作。

（3）密码要健壮。后台管理的账号密码应与管理员个人常用的不同，以防他人从别处得到网站的密码。如果有多个管理员，要保证所有人的密码都是"健壮的"，即不能像"admin，123456，生日，电话"这样容易猜测，必须是数字、字母和符号的组合。

（4）网站改版后，如需保留旧版，要记得删除旧版的后台。如果改版，应及时删除旧版的后台管理，特别是上传模块。同时，注意清理放到网站上的文件，不要把包含敏感信息的文档放到网站空间里。很多人以为在网页上看不到的文档就是安全的，其实不然。

（5）文件时间一致原则。简单地说，就是保持大部分文件的上传时间一致（数据库之类频繁读写的文件除外）。具体做法是一次上传所有文件，就算修改了一个文件也建议重新上传所有网页，这样做主要是方便查找木马。

（6）要把数据库扩展名更名为.asa，实验证明，扩展名改成.asp 是没用的，还是可以下载，而且可能被暗藏 ASP 木马在数据库中。要备份数据库，直接以 FTP 格式下载就可以。

（7）给用户尽可能少的功能和权限，功能越复杂，可能出现的漏洞越多，除非你对自己的技术很有信心，否则请谨慎向用户开放上传等容易受到攻击的功能。

（8）出错信息越模糊越好，这里的出错信息包括程序的错误信息和对攻击行为的提示信息。程序的错误信息可能暴露数据库的类型、位置，也可能为注入提供方便；对攻击行为的提示信息太激烈则可能激怒对方，要知道，没有做不到只有想不到，你自以为安全的网站别人总是有办法进入的，不管用什么手段。

（9）访问网站时提示发现病毒，遇到这种情况，十有八九是被入侵了，而且几乎可以肯定是上传漏洞被利用，入侵者在网页中加入了病毒代码，企图让网站访问者中毒。遇到这种情况，首先应该马上替换掉染毒页面，然后按应对非法入侵的方法处理。

（10）定期修改密码。定期修改服务器登录密码，密码采用字符为英文字符、数字字符及特殊字符混合组成的高强度组合。

以上是在网站防范中经常用到的技巧，对维护网站的安全能起到很大的作用。尽管如此，随着网络上攻击形式越来越多，攻击方式越来越傻瓜化，仅仅掌握一些技巧仍显不足，还需要在实战中不断积累经验，一旦遇到突发的入侵事件，首先应该保持冷静，理清头绪，做到以下几点：

- 下载被黑的网站以保存相关证据。然后用平时备份的资料替代被篡改的数据，及时恢复网站功能，最大限度降低不良影响。
- 暂时把管理后台删除，这是没有办法的办法。在漏洞没找出之前，网站是极不安全的，可能遭到二次破坏，造成更恶劣的影响。
- 在初步处理完后，把损失情况报告分管领导，必要时向公安机关网监部门报警。
- 分析入侵途径，可以向虚拟主机管理员索要事故发生前后几天的 IIS 访问记录，分析漏洞所在。修补漏洞，查找后门。

五、电子商务网站运营与维护

建立电子商务网站并不是最终目的，而仅仅是电子商务网站运营的开端。网站运营初期，由于在客户群体中的知名度较低，需要对网站进行宣传推广和营销管理，同时为了满足客户不断增长的服务需求，管理人员应该对网站进行综合维护和信息更新。

1．网站运营管理内容

在网站运营过程中，根据网站运营以及发展的需要，还要对网站的功能进行优化和扩充，如增加客户关系管理模块（CRM）等，这样才能更好地提升企业的管理水平，为客户提供个性化的服务。

（1）用户反馈信息管理。电子商务网站是一个动态网站，具有很强的交互性。例如，多数电子商务网站都包含留言板、BBS、投票调查、电子邮件列表等信息发布和存放系统，它提供了与浏览者交流、沟通的平台。通过这些平台，可以收集浏览者提出的各种意见和建议，了解浏览者的需求。对于浏览者的留言、邮件和提出的问题应该给予必要的重视，及时解决并回复，这样有助于为网站树立良好的公众形象，进一步增加网站客户的数量。

（2）系统权限管理。电子商务网站管理系统是负责整个网站所有资料的管理，因此管理系统的安全性显得格外重要，系统权限管理正是针对这一点而设置的。系统权限管理，应根据不同的用户进行不同的管理列表控制，设定和修改企业内部不同部门用户的权限，限制所有使用电子商务网站管理系统的人员与相关的使用权限。给予每个管理账号专属的进入代码与确认密码，以确认各管理者的真实身份，做到级别控制。超级用户可根据要求管理所设定的相应的管理功能，对订单、产品目录、历史信息、用户管理、超级用户管理、次目录管理、功能列表控制、购物车管理等进行添加、删除、修改等功能进行一系列操作。

（3）网站数据的备份与恢复。防止数据丢失的第一道防线是实行数据备份。尽管备份很重要，但却常常被忽视。当网站更新或添加内容时，如果实行了数据备份，那么，即使出现操作失误，一些重要的内容或资讯删掉了，那么也不至于丢失辛辛苦苦建立起来的数据；当企业网站发生灾难，原始数据丢失或遭到破坏，利用备份数据就可以很快恢复，使网站继续正常工作。可见，数据的备份是多么的重要。

备份是一种实现数据安全的策略，是对原始数据完全一致的复制。网站数据备份通常可分为文件备份和数据库备份。文件备份的对象是电子文档、电子图表、图片及影音文件，数据库的备份主要包括数据库文件及数据库日志等。在数据备份的管理工作中，要合理地制定备份方式、备份进度，选择合适的备份设备和备份软件，实施合理高效的备份策略。

总之，在电子商务活动中，网站是企业与用户交流及沟通的窗口，是买方和卖方信息交汇与传递的渠道，是企业展示其产品与服务的舞台，是企业体现其企业形象和经营战略的载体。一个电子商务网站能否发挥其预期的效用、达到建站的目的、收到应有的效益，很大程度上依赖于网站内容的丰富程度、网页的更新程度及相关信息的回复速度，这就要求网站的运营维护应该到位。任何一个电子商务网站建成后，不管其规模大小都不可能一劳永逸，事物在不断地变化，网站的内容也需要随之不断调整。因此，电子商务网站的全面管理和不断维护更新是网站高效运行的前提和保障。

2. 电子商务网站运营与维护策略

（1）运营与维护策略。

① 产品的定位。在做电子商务前首先要考虑清楚自己准备做产品还是服务，做产品做哪些产品等问题。定位好产品后，根据这个定位去考虑接下来的推广营销计划。不做好产品或者服务的定位就不能很好地开展下一步的工作。

② 网络营销和推广。有了平台、产品以及对产品的定位，接下来要考虑的是怎样对平台及其产品进行宣传，即如何开展网络营销和推广工作。这一步对电子商务来说很关键也很重要，电子商务的成败大部分取决于这个环节，这是因为网络营销是电子商务的核心所在。

③ 品牌信用度的建立。品牌信用度的建立大部分靠网络营销来实现。需要注意的是，前期建设网站的时候就需要考虑这些问题，要在网站上显现出来诚信和品牌的统一性。品牌的建立需要做到统一和长久，要不间断地去影响互联网中的网民。

④ 客户关系的维护。当网站运营到一定阶段的时候，会拥有很多的新老客户，这个时候要想提升网站的客户忠诚度以及再次购买的行为，就需要学会客户关系的维护。对于那些曾经消费过的老客户，他们是曾经认可你并且可能再次消费的群体，要保持联系，如节假日的时候为他们送上一些温馨的问候，哪怕只是一个短信。或者给快过生日的客户寄一个小小的生日礼物等。别忘了客户就是上帝！

⑤ 售后服务。售后服务的好坏决定了客户再次购买的行为。所以一定要做好售后服务这个环节，保证和承诺一定要做到，例如，网站上有 7 天无条件退换货的承诺，那么，当客户在 7 天之内要求退换货时，不要问客户为什么，直接爽快并且快捷地办好退换货的工作即可。因为电子商务最重要的一点就是诚信。

⑥ 物流配送。电子商务的最后环节就是物流配送了。物流配送的快捷和准确无误也决定了客户再次购买的行为。总之一句话：要做到对客户的承诺。为此需要和物流公司洽谈好一切细节的合作事宜，决不能让最后一个环节制约整个销售流程和环节！

电子商务网站的管理包括多层次多类型的工作，既有日常的维护管理，也有定期或不定期的更新；既有信息技术层面的网页外观设计的优化，也有营销和管理层面的创意。

（2）电子商务运营中的角色及岗位职责。

① 部门经理岗位职责：

- 负责统筹本部门各岗位（网站编辑、网站美工、网站文案、网站策划、网站程序等）的整体工作；
- 负责对下级岗位人员工作绩效的考核和评审，以及转正解职、升职降级的申请；
- 负责网站运营相关各项文档（各项资质申请、高新企业申请等）的撰写；
- 负责与业务部门进行沟通，了解网站开发和修改的需求，形成技术文档，供网站系统开发商进行开发和修改；
- 负责与网站系统开发商进行沟通，保证业务需求通过技术方式得以实现；
- 负责网站运营设备（服务器、路由器、交换机等）的购置方案制定、安装配置与日常运行维护；
- 负责网站运营环境（主机托管、网站域名、通用网址等）的构建，接洽与甄选 IDC、ISP，保证网站运营环境的畅通、稳定、高效；
- 负责网站各项运营资质（ICP 备案等）的办理，月报、季报、年审工作；
- 负责网站各项运营认证（可信网站等）的办理、年审工作。

② 商品编辑岗位职责：
- 将采购部门采集提供的商品信息进行整理；
- 将整理好的商品信息在网站平台进行发布；
- 根据业务流程需要，参照采购部门、仓储部门同步来的信息，对已经发布的商品信息进行价格修改、库存调整、下架删除、分类调整等管理；
- 根据采购部门制定的货架展示规划，将美工编辑设计制作完成的广告图片，对网站广告信息进行定期更新调整。

③ 文案编辑岗位职责：
- 根据网站基础需要，制定和收集网站基础展示文档，并发布到网站平台；
- 根据网站业务流程需要，制定网站业务流程文档，并发布到网站平台；
- 根据网站业务流程需要，制定网站宣传文档，并发布到网站平台；
- 根据网站业务流程需要，制定网站相关的各种宣传语、广告词等；
- 对于需要制作静态页面的文档，交美工编辑进行页面设计制作。

④ 外联推广岗位职责：
- 协助网站采购部门、网站销售部门相关岗位进行网站合作伙伴在网站的推广宣传，以及在合作伙伴网站的推广宣传互换；
- 负责国内各大 BBS 社区、博客、SNS 社区机构合作、形象展示、软文发布、在线互动等；
- 制定推广方案、定时提交推广报告；
- 网站外联推广的其他相关工作。

⑤ 程序维护岗位职责：
- 根据网站需要，对现有的功能模块存在的问题和局限进行调试修改；
- 根据网站需要，对可能调用网站程序的专题页面添加相应程序支持；
- 和网站相关的其他程序维护工作。

⑥ 美工编辑岗位职责：

- 根据网站策划制定的网站专题策划案，进行网站专题页面的设计制作；
- 根据网站采购部门制作的货架展示规划，对网站广告需要的图片进行设计制作；
- 根据业务发展需要，对网站部分模块的重新设计制作；
- 网站所需静态页面的设计制作与更新维护；
- 网站总编安排的其他美工设计制作工作。

3．可信网站的验证

【例 7-3】假链接骗顾客钱财

李女士近日打算在网上买一部手机。在淘宝网上浏览一番后，她在一家名为 aibei62960 的网店看中了一款手机，价格是 430 元。李女士仔细查看了店铺在淘宝的开业时间和信用评级，觉得没什么问题。经过与商家联系后，商家爽快答应她，可以 400 元成交，并免运费。

在李女士要拍下手机时，商家表示，请她等修改价格后再拍。之后，商家发来一个网址链接，让李女士单击这个网址购买。李女士看到网址中含有 "taobao" 字样，打开链接，看到的也是和淘宝极其相似的页面，因此她并未在意，根据提示单击了"立即购买"图标，并输入了付款密码。

可是当李女士提示商家她已经付款时，商家却表示没有看到付款信息，可能是数据延期，没有收到货款，并要她重拍一次，如果收到两次货款，李女士可以申请退款。然而，当李女士查询自己的淘宝支付宝账户时，发现钱没有打入支付宝，而是通过网上银行，直接汇入了一个杭州的个人账户。

付款出现问题，引起了李女士警惕，她立刻联系淘宝客服。客服表示，李女士是被钓鱼网站骗了，她支付的货款直接转到了骗子的账户上。淘宝网客服让她首先对电脑杀毒，修改所有密码，然后及时到当地网监部门报案，并表示淘宝和支付宝会配合网监部门的调查处理。之后，李女士与那名卖家再度联系，但对方已不再上线。

据中国互联网络信息中心（CNNIC）估算，目前我国电子商务市场规模已达 3.3 万亿元，众多中小企业纷纷注域名、建网站，甚至花费巨资为其网站进行宣传推广，希望分得 3.3 万亿元市场的一杯羹。然而，这虽然带来了网站流量的大幅提高，但真正成功的交易支付却仍增长寥寥。究其原因，最主要的还是信任信用的缺失。越来越多的仿冒网站、钓鱼网站泛滥，使本来就薄弱的互联网"信任基础"更不牢靠。甚至"工商银行"、"建设银行"这样的国有大银行也被仿冒，如图 7-4 所示。据中国反钓鱼网站联盟秘书处统计，全球"钓鱼"案件自 2005 年始，正在以每年高于 200%的速度增长。

统计显示，企业因无法为自己的网站提供任何可信的"身份验证"信息会导致九成左右的客户流失，为保障电子商务、网上交易的正常进行，由第三方权威机构来构建网络诚信机制迫在眉睫。

"可信网站"作为第三方验证服务将帮助企业网站建立其在用户心中的信任，将访客变为企业的生意伙伴，从而为企业尤其是中小企业网站的"身份验证缺失"破解困局。这或将掀起一场打造可信电子商务的革命。

（1）什么是"可信网站"的验证？如图 7-5 所示，"可信网站"验证服务（站点卫士）是由中国互联网络信息中心携手北龙中网联合颁发的验证网站真实身份的第三方权威服务。它通过对域名注册信息、网站信息和企业工商或事业单位组织机构信息进行严格交互审核来认证网站真实信息，并利用先进的木马扫描技术帮助网站了解自身安全情况，是中国数百万网站的"可信身份证"。

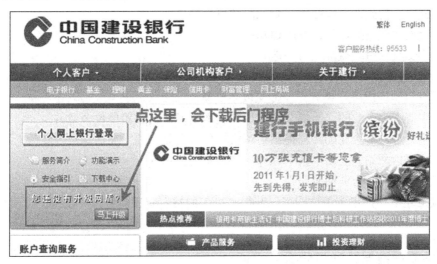

图 7-4　仿冒中国建行网站截图

图 7-5　"可信网站"验证服务商——中网首页

（2）企业为什么需要"可信网站"的验证服务？"可信网站"验证服务，将由网站付费安装一个"可信网站"的第三方认证标识，所有网民都可以通过单击网站页面底部的"可信网站"标识确认企业的真实身份。"可信网站"验证服务通过对企业域名注册信息、网站信息和企业工商登记信息进行严格交互审核来验证网站真实身份。通过验证后，企业网站就进入 CNNIC 运行的国家最高目录数据库中的"可信网站"子数据库中，从而提高网站本身的可信度。

（3）"可信网站"验证服务功能：

- 验证网站真伪，可有效防范钓鱼、仿冒网站；
- 权威机构验证，增强中小企业网站可信性；
- 全天木马扫描，每日及时通知；
- 享受反钓鱼联盟准成员待遇。

（4）验证注册。为保证"可信网站"验证的申请单位信息及其域名信息真实、可靠，"可信网站"验证服务申请者需要提交以下资料：

- 申请者为企业的，需提交营业执照副本复印件（加盖单位公章）；
- 申请者为非企业的，需提供组织机构代码证复印件（加盖单位公章）；
- "可信网站"注册申请书原件（加盖单位公章）；
- 经办人的身份证明复印件。

通过上述审核，申请单位即可以获得"可信网站"验证服务，并获得"可信网站"验证标识。

六、网站流量数据统计与分析

网站的推广和 SEO 的优化都会提高网站的访问流量，可是如何才能知道网站的访问流量呢？如何分析用户的来源、地区分布，是哪些关键字或是哪种推广策略发挥了作用呢？如果能解决以上问题，可有效帮助我们分析企业目标客户群，及时掌握网站推广的效果，减少盲目性，从而更好实现网站的推广和企业的营销目标。

1. 什么是网站流量统计与分析

通常说的网站流量（traffic）是指网站的访问量，是用来描述访问一个网站的用户数量以及用户所浏览的网页数量等指标，常用的统计指标包括网站的独立用户数量、总用户数量（含重复访问者）、网页浏览数量、每个用户的页面浏览数量、用户在网站的平均停留时间等。

网站流量统计分析，是指在获得网站访问量基本数据的情况下，对有关数据进行统计、分析，以了解网站当前的访问效果和访问用户行为并发现当前网络营销活动中存在的问题，并为进一步修正或重新制定网络营销策略提供依据。

2. 网站流量指标

网站访问统计分析的基础是获取网站流量的基本数据，这些数据大致可以分为三类，每类包含若干数量的统计指标。

（1）网站流量指标。网站流量统计指标常用来对网站效果进行评价，主要指标包括：

- 独立访问者数量（unique visitors）；
- 重复访问者数量（repeat visitors）
- 页面浏览数（page views）；

- 每个访问者的页面浏览数（page views per user）；
- 某些具体文件/页面的统计指标，如页面显示次数、文件下载次数等。

（2）用户行为指标。用户行为指标主要反映用户是如何来到网站的、在网站上停留了多长时间、访问了哪些页面等，统计指标主要包括：

- 用户在网站的停留时间；
- 用户来源网站（也叫"引导网站"）；
- 用户所使用的搜索引擎及其关键词；
- 在不同时段的用户访问量情况等。

（3）用户浏览网站的方式。用户浏览网站的方式相关统计指标主要包括：

- 用户上网设备类型；
- 用户浏览器的名称和版本；
- 访问者计算机分辨率显示模式；
- 用户所使用的操作系统名称和版本；
- 用户所在地理区域分布状况等。

3．常见流量统计系统介绍

（1）CNZZ 站长统计。CNEE 是由国际著名风险投资商 IDG 投资的网络技术服务公司，是目前中国互联网最有影响力的免费流量统计技术服务提供商，专注于为互联网各类网站提供专业、权威、独立的第三方数据统计分析，如图 7-6 所示。

图 7-6　CNZZ 网站首页

同时，CNZZ 拥有全球领先的互联网数据采集、统计和挖掘三大技术，专业从事互联网数据监测、统计分析的技术研究、产品开发和应用，其技术性及专业性值得依赖。这也是笔者经常使用的统计工具，感觉还不错。

（2）51.la 统计服务。51.la 统计也是国内较经典的统计服务。"我要啦"的功能是所有统计服务中比较丰富的，甚至一些不是很重要的内容如屏幕颜色和屏幕分辨率都可以查到。不过比较实用的功能还是关键词分析功能，通过这一功能可以了解到访客是通过搜索哪些关键词找到了你的网站。外此，网站排名、SEO 数据分析等对于了解网站的概况也很有用处。

51.la 的缺点是有少数时间会对页面载入速度有一定的影响，毕竟它要统计的功能太多了。此外，51.la 的统计代码为了保证绝对有效，连客户端不支持 JavaScript 的情况都考虑到了。

4．流量统计系统的使用

在流量统计系统中，CNZZ 站长统计以其强大的功能和免费的服务赢得了众多用户的支持，下面以该系统为例，介绍流量统计系统的使用方法和步骤。

（1）进入 CNZZ 网站（http://www.cnzz.com），注册成功后，添加要统计的网站名称、网址和相关简介，如图 7-7 所示。

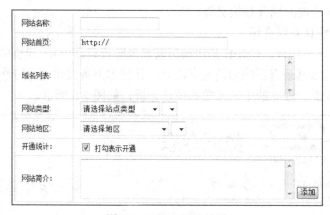

图 7-7　CNZZ 网站首页

（2）登录获取代码，如图 7-8 所示。

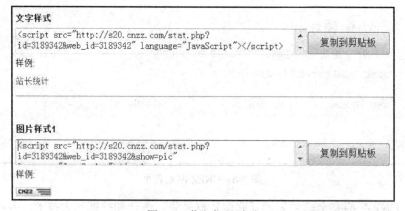

图 7-8　获取代码页面

（3）加载代码。将选择好的样式代码放到网页的结尾部分，即您要跟踪的每个网页标记</body>之前。

（4）统计数据。登录后，进入网站列表页，单击【查看统计报表】按钮，即可查看该网站统计数据，如图 7-9 所示。

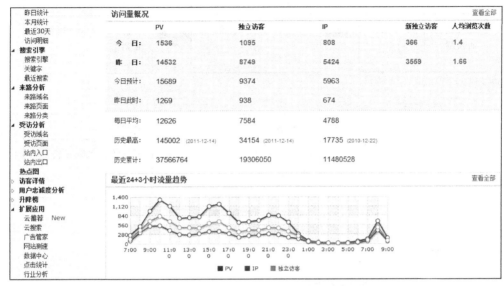

图 7-9 查看该网站统计数据页面

通过 CNZZ 站长统计的数据分析，站长们可以随时知道自己网站的被访问情况，包括每天有多少人看了哪些网页，搜索关键字带来的搜索次数、新访客的来源是哪里，用户的忠诚度如何、网站的用户分布在什么地区等非常有价值的信息数据，从而及时调整页面内容和推广方式。

模块三 电子商务网站安全与维护项目实训

一、实训概述

本实训为电子商务网站安全与维护，意在帮助学生通过对本项目的学习，了解电子商务网站安全知识点，掌握常见流量统计系统的安装与使用。

二、实训流程图

实训流程如图 7-10 所示。

三、实训素材

1. Dreamweaver、IIS 服务器软件。
2. 含有 SQL 注入漏洞的企业网站（见本书配套电子课件素材）。

3．CNZZ 流量统计系统、百度统计系统。

4．博星卓越电子商务网站建设实训平台。

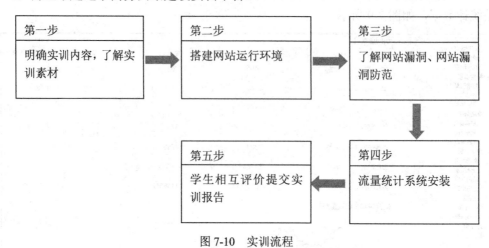

图 7-10 实训流程

四、实训内容

任务一 SQL 注入漏洞的防范

学生单击电子商务网站安全与维护实训，进入该项目实训。

1．了解 SQL 注入漏洞

本地运行由教师提供的万象园或其他相应网站素材，并进入管理员后台入口
（admin_login.asp），不使用管理员的用户名和密码，而将用户名和密码尝试采用' or '进行
登录，观察结果。

2．SQL 注入的防范

在后台登录相关文件中加入以下程序段，防范 SQL 注入，并进行测试。

```
<%
Sql_in="and |or |on |in |select |insert |update |delete |exec |declare |'"
  '区分出注入字符
  Sql=Split(Sql_in,"|")
  IF Request.Form<>"" Then
    For Each Sql_Post In Request.Form
    For Sql_Data=0 To Ubound(Sql)
    IF Instr(Lcase(Request.Form(Sql_Post)),Sql(Sql_Data))<>0 Then
        Response.Write("<script>alert('系统提示：请不要输入非法字符尝试注入，你的
IP已记录!');history.go(-1);</script>")
    Response.End()
    End IF
  Next
  Next
  End if
%>
```

任务二 网站流量统计系统安装

完成任务一后，进入任务二，学生根据教师要求，对对应网站完成统计代码的添加。

网站流量统计可以准确地分析访客用户的来源，便于网站管理者根据访客的需求增加或者修改网站的相关内容，便于更好地提升网站转换率，提高网站流量。

任务要求：仿照模块二中提到的步骤，为项目六中制作的企业网站安装 CNZZ 流量统计系统或百度统计系统。

任务三 提交实训报告及作品，并对小组作品展示评分

在完成对应的代码模板添加后，观看添加效果，系统自动提交页面地址至教师端，实训完成。

参 考 文 献

[1] 李建忠．电子商务网站建设与管理．北京：清华大学出版社，2012
[2] 尚俊杰．网络程序设计——ASP．第 3 版．北京：清华大学出版社，2009
[3] 俞立平，李建忠．电子商务概论．第 3 版．北京：清华大学出版社，2012
[4] 王宇川．电子商务网站规划与建设．北京：机械工业出版社，2007
[5] 尚俊杰．网络程序设计——ASP 案例教程．北京：清华大学出版社，2005
[6] 冯英健．网络营销基础与实践．第 4 版．北京：清华大学出版社，2013
[7] 胡宝介．搜索引擎优化知识完全手册．http://www.jingzhengli.cn
[8] 薛万欣，薛晓霞．电子商务网站建设．北京：清华大学出版社，2007
[9] 臧良运，崔连和．电子商务网站建设与维护．北京：电子工业出版社，2010
[10] 温谦．CSS 网页设计标准教程．北京：人民邮电出版社，2009
[11] 尤克，常敏慧．网页制作教程．北京：机械工业出版社，2008
[12] 潘海兰，王安保．基于 JavaEE 的电子商务网站建设．西安：西安电子科技大学出版社，
     2010
[13] 梁露．电子商务网站建设与实例．北京：机械工业出版社，2007
[14] 宋文官．电子商务概论．大连：东北财经大学出版社，2007
[15] 陈德人．电子商务案例分析．北京：高等教育出版社，2010
[16] 肖红，郑琦．电子商务综合实训．北京：机械工业出版社，2009
[17] 商玮，段建．网络营销．北京：清华大学出版社，2012